计算机辅助
旅游景观规划设计

张克　刘一雄　王洪艳　张昱芊　编著

化学工业出版社

·北京·

全书由 AutoCAD、Photoshop、3ds Max、计算机其他技术在旅游规划上的应用四大篇组成，主要介绍了目前流行的三个软件的基本操作、绘图技巧和案例应用，还介绍了地理信息系统、虚拟现实技术在旅游规划设计中的应用。内容丰富，通俗易懂，理论联系实际，适于高等院校以及中等职业学校和培训机构计算机辅助旅游规划设计参考使用，也可作为旅游规划设计爱好者的自学教材。

图书在版编目（CIP）数据

计算机辅助旅游景观规划设计/张克，刘一雄，王洪艳等编著. —北京：化学工业出版社，2014.1（2021.2 重印）
ISBN 978-7-122-19232-5

Ⅰ.①计…　Ⅱ.①张…②刘…③王…　Ⅲ.①旅游规划-计算机辅助设计　Ⅳ.①F590.1-39

中国版本图书馆 CIP 数据核字（2013）第 294338 号

责任编辑：袁海燕　　　　　　　　　　　　　　文字编辑：吴开亮
责任校对：边　涛　　　　　　　　　　　　　　装帧设计：王晓宇

出版发行：化学工业出版社（北京市东城区青年湖南街 13 号　邮政编码 100011）
印　　装：北京虎彩文化传播有限公司
787mm×1092mm　1/16　印张 20　字数 534 千字　2021 年 2 月北京第 1 版第 2 次印刷

购书咨询：010-64518888　　　　　　　　　售后服务：010-64518899
网　　址：http://www.cip.com.cn
凡购买本书，如有缺损质量问题，本社销售中心负责调换。

定　　价：78.00 元　　　　　　　　　　　　　版权所有　违者必究

前 言

随着人们收入的提高和闲暇时间的增多，外出旅游已成为首选活动。这就对旅游环境的规划建设提出了更高的要求。旅游规划设计已成为一门越来越重要的学科。

计算机技术的发展为旅游规划设计提供了很好的平台，成为旅游规划中一种方便、快速的大众化设计手段。计算机辅助设计具有低成本、高精度、速度快、方便修改的特点，将计算机辅助设计应用于旅游规划，方便了旅游规划的设计，提高了设计的速度和准确性，以三维和虚拟的方式更有效地展示规划的效果。

计算机辅助旅游景观规划设计是旅游管理专业旅游规划方向的主干课程。它综合运用计算机科学、旅游景观、规划设计、制图基础等学科的概念和方法，进行旅游景观、规划设计和工作。计算机辅助旅游景观、规划设计具有很强的实践性，理论与实践紧密结合是该课程的关键。通过本书学习，读者能够掌握计算机辅助旅游景观、规划设计基本概念、作用；了解计算机辅助旅游景观、规划设计的发展趋势；掌握用计算机对旅游景观、规划进行辅助设计的方法，能够应用常用的计算机辅助设计软件、图像处理软件进行旅游规划图的制作和表达。

全书分为 4 篇，共 26 章。第 1~3 章介绍了计算机辅助设计在旅游规划中的应用概况，旅游规划常用软件及规划图设计流程，旅游规划中图形的绘制基本常识。第 1 篇主要介绍 AutoCAD 的基本知识、绘图技能、旅游景观平面图绘制技巧；第 2 篇主要介绍 Photoshop 的基本知识及绘图工具的应用，以实例讲解了旅游规划平面图、透视图、鸟瞰图的后期绘制过程；第 3 篇介绍了 3ds Max 的基本知识和模型建立方法，通过案例展示了游憩设施模型的建立技巧以及旅游自然景观设计；第 4 篇主要介绍了地理信息系统和虚拟现实技术在旅游规划中的应用，并有实际案例示范，可体验三维、虚拟、动态的旅游规划设计。第 1~3 章和第 26 章由张昱芊编写；第 1 篇、第 2 篇、第 3 篇和第 25 章由刘一雄和王洪艳编写，张凯锋参加了部分编辑工作，全书由张克统稿。本书的特色是按照旅游规划设计的流程，由浅入深，步骤详细，既有练习，又有各种案例，可以快速掌握相关的设计经验。特别是该书介绍了地理信息系统和虚拟现实技术在旅游规划上的应用，并有实际案例示范，可体验三维、虚拟、动态的旅游规划设计。

本书采用的软件版本是 AutoCAD 2012 版、Photoshop CS5 中文版、3ds Max 2012 版、VRP - BUILDER 12.0 版、SuperMap GIS6R 版本，因操作命令几乎一致，因此也适合使用其他版本的读者阅读。

本书的素材资源可到百度网盘下载。下载的地址是：http://pan.baidu.com/s/1gSx2n。

本书在编写过程中得到有关老师和学生的大力支持和帮助，参阅并引用了许多专家和学者的著作、论文和教材，在此一并致以诚挚的感谢。由于编者水平有限，书中难免有不足之处，恳请广大读者批评指正。

编著者

2013 年 11 月

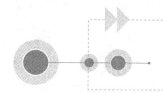

目 录
CONTENTS

第 3 篇　3ds Max 部分

第 1 章

计算机辅助设计在旅游规划中的应用

1.1 计算机辅助设计与旅游规划

1.1.1 计算机辅助设计的涵义

计算机辅助设计是一种用计算机硬件、软件系统辅助人们对产品或工程进行设计的方法和技术，是一门多学科综合应用的新技术。计算机在很多方面都可以协助人更好地完成工作，从而进一步实现设计自动化。

1.1.2 旅游规划发展对计算机技术的需求

2012 年中国旅游业总收入约 2.57 万亿元，同比增长 14％。其中国内旅游约 29 亿人次，增长 10％，国内旅游收入约 2.22 万亿元，增长 15％。目前，乡村旅游成为国内旅游主战场和居民消费重要领域，年接待游客 7.2 亿人次；红色旅游发展再上新台阶，年接待游客 6 亿人次，增长 15％；假日旅游持续火爆，中秋国庆长假接待游客增长 41％，收入增长 44％；国内旅游消费占居民消费总量达 9％左右，新增旅游拉动直接就业约 50 万人。

旅游业的发展给旅游规划提出了更高的要求。全国旅游规划发展工作会分析了当前及今后旅游发展形势，部署了全国旅游规划发展工作，充分发挥规划产业对实现"两大战略目标"的基础性和保障性作用。会议着重强调了做好旅游规划发展工作的重要意义，同时在宏观和战略层面对进一步做好相关工作提出了明确要求。旅游规划发展部门担负着落实国家战略部署，制定和实施旅游规划，指导产业布局和重点旅游区、旅游线路规划建设，引领旅游投资，推动旅游新产品、新业态开发，实施旅游产业财经管理等方面的职责，意义重大，责任艰巨。

旅游规划市场的迅速发展，再加上计算机制图技术的不断成熟，使计算机辅助设计在旅游规划中得到了广泛应用。

20 世纪 90 年代，计算机技术已经相当成熟，并广泛应用于国民经济和社会发展的各个方面。伴随计算机技术的进步，一些应用技术如地理信息系统（GIS）、遥感（RS）、现代制图及全球定位系统（GPS）等也雨后春笋般崛起，它们在社会实践中尤其是近几年的旅游业中得到了广泛应用，受到越来越多的重视。与此同时，互联网的发展与普及，使得计算机辅助设计所需的大量资源得以实现网络共享，计算机辅助设计也逐渐成为旅游规划中一种方便、快速的大众化的手段。在计算机辅助设计方面，西方发达国家在 20 世纪中后期就已经进入成熟阶段，我国在 20 世纪 90 年代开始培训计算机应用方面的相关人员，取得了一定的效果。目前，有关计算机辅助设计的各类软件大量出现，大部分软件在旅游规划中大显身手，如在美术设计、平面设计以及图片处理方面的 Photoshop、CorelDRAW、AutoCAD 等。另外，像 Mapsource、Powerpoint（PPT）、Windows 画图板等也在旅游规划当中发挥着一定作用。

1.2 计算机辅助设计在旅游规划设计中的应用

1.2.1 地理信息系统在旅游规划设计中的应用

GIS（Geographical Information System，地理信息系统）以地理空间数据库为基础，在计算机软、硬件的支持下，对空间对象的属性和空间信息数据进行采集、管理、操作、存储、分析、模拟和显示，并采用地理模型分析方法，适时提供多种空间和动态的地理信息，为地理研究和决策服务提供支持，是集计算机科学、地理学、测绘遥感学、环境科学、城市科学、信息科学为一体的新兴学科。

应用案例见第 4 篇第 25 章。

1.2.2 虚拟现实技术在旅游规划设计中的应用

虚拟现实（Virtual Reality，VR，又译作灵境、幻真）是近年来出现的高新技术，也称灵境技术或人工环境。虚拟现实是利用电脑模拟产生一个三维空间的虚拟世界，提供使用者关于视觉、听觉、触觉等感官的模拟，让使用者如同身临其境一般，可以及时、没有限制地观察三度空间内的事物。使用者进行位置移动时，电脑可以立即进行复杂的运算，将精确的3D 世界影像传回产生临场感。该技术集成了计算机图形（CG）技术、计算机仿真技术、人工智能、传感技术、显示技术、网络并行处理等技术的最新发展成果，是一种由计算机技术辅助生成的高技术模拟系统。这种技术的特点在于，计算机产生一种人为虚拟的环境，这种虚拟的环境是通过计算机图形构成的三维数字模型，编制到计算机中去产生逼真的"虚拟环境"，从而使得用户在视觉上产生一种沉浸于虚拟环境的感觉，这就是虚拟现实技术的浸没感（immersion）或临场参与感。

应用案例见第 4 篇第 26 章。

第 2 章

旅游规划常用软件及规划图设计流程

2.1 旅游规划常用软件介绍

在旅游规划中，计算机辅助设计的常用软件包括 AutoCAD、Photoshop、3ds Max、CorelDRAW、GIS、RS、GPS，除此之外还有 Mapsource、PPT 及 Windows 画图板等。

2.1.1 AutoCAD

AutoCAD 目前广泛应用于旅游规划设计、建筑设计、城市规划、园林设计、机械设计等各个领域，是设计中最基本的设计软件，具有精确、方便等特点，在旅游规划设计中主要用来绘制总平面图、立面图、园林建筑的施工图等，其操作界面如图 2-1 所示。

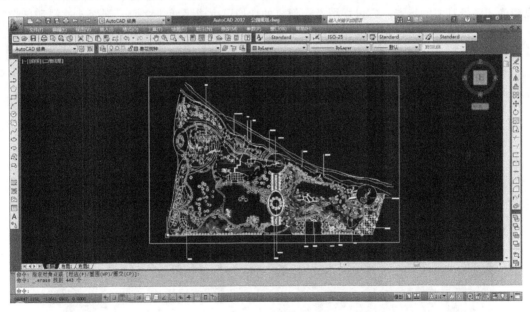

图 2-1　AutoCAD 操作界面

2.1.2 Photoshop

Photoshop 是功能强大的图像处理软件，在旅游景观设计中主要用来绘制平面、立面效果图等，其操作界面如图 2-2 所示。

图像编辑是图像处理的基础，可以对图像做各种变换，如放大、缩小、旋转等操作，也可以进行复制、修补、修饰图像的残损等。Photoshop 提供的绘图工具让外来图像与创意很好地融合，使图像的合成天衣无缝。

图 2-2　Photoshop 操作界面

2.1.3　3ds Max

3ds Max 是 Autodesk 公司推出的功能强大的三维制作软件,广泛应用于影视、广告、军事、建筑等领域。它在旅游景观规划设计中常用于规划设计的场景建模、效果图制作,具有透视精确、场景真实的特点,通过视图及摄像机的切换可生成平面、立面、剖面、透视和鸟瞰等多个视角,真实表达设计者的创作意图。三维景观效果图在通过设计人员的加工和处理后,以其直观生动的形象和逼真的三维形态给人强烈的空间感和身临其境的感受,因而受到欢迎。3ds Max 软件三维设计功能强大,用它处理的后期渲染图表现细腻,是旅游景观效果图制作不可缺少的一款软件,3ds Max 可以多角度地展示空间的三维关系。其操作界面如图 2-3 所示。

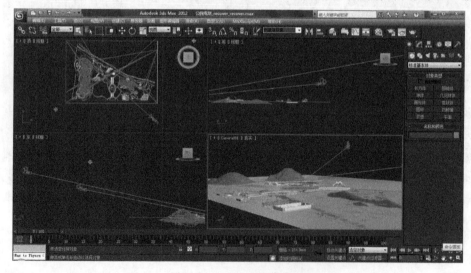

图 2-3　3ds Max 操作界面

2.1.4　GIS

地理信息系统是一款空间数据整合管理系统,它具有数据的输入、存储、编辑、查询、显示和输出等基本功能。其中,输入数据主要采用人工输入和扫描输入两种方法,遥感技术

（RS）和全球卫星定位系统（GPS）是常用的数据来源。通过对这些数据的存储和编辑，可以以更直观和准确地对数据进行查询和输出。运用 GIS 相关软件对其数据库中的相关数据进行综合处理，从而生成对应的空间仿真图形，让使用者从复杂的数据中解放出来，通过直观的仿真图形提高对目标空间的观察和分析。GIS 不仅可以通过相关数据生成空间仿真图形，还可以对数据或图形进行空间分析、网格分析、栅格分析等。得到的分析结果可以为设计和管理者服务。GIS 可以为分析结果提供多种输出方式，包括数据、表格、统计图、专题图等形式。其操作界面如图 2-4 所示。

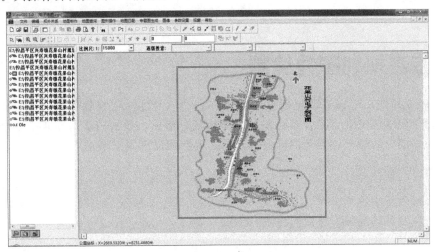

图 2-4　GIS 操作界面

2.2　旅游规划图设计流程

旅游规划图的设计主要是通过 AutoCAD、Photoshop、3ds Max 软件实现的。

2.2.1　创建模型

利用 AutoCAD 和 3ds Max 可以绘制二维图形和三维模型。AutoCAD 绘图精确，用来绘制大型、复杂、精确的二维图形，然后利用 3ds Max 放样建模。

2.2.2　赋予材质

材质是物体表面的材料，是在一定光照下反映出来的颜色质地。可以通过指定材质，实现三维模型的各种质感和特性。

2.2.3　设置相机和灯光

建立相机系统可以从各个视角观摩效果图，并可以快速创建动画。设置灯光的目的在于使三维模型产生真实的光影特效。

2.2.4　渲染输出

将绘制好的图纸根据所需尺寸进行渲染输出。

2.2.5　后期处理

主要是对渲染输出的图纸进行润色和加工。

Chapter 03

旅游规划中图形的绘制

3.1 旅游规划图件编制

《旅游规划通则》将旅游区规划分为总体规划、控制性详细规划、修建性详细规划等。其图件包括旅游区区位图、综合现状图、旅游市场分析图、旅游资源评价图、总体规划图、道路交通规划图、功能分区等其他专业规划图、近期建设规划图等。

3.1.1 区位分析图

区位分析图是表达旅游区空间特征的图件，如图 3-1 所示，主要受旅游资源、经济特征、交通条件及市场范围等因素的影响。

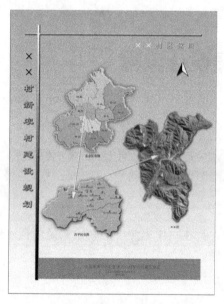

图 3-1　区位分析图

3.1.2 旅游资源分析图

旅游资源是旅游规划的基础，也是旅游规划的核心。根据《旅游资源分类、调查与评价》，分为 8 个主类、31 个亚类、155 个基本类型。通过实地调查进行分类评价，并绘出旅游资源分析图和旅游资源评价图，如图 3-2 所示。

图 3-2 旅游资源分析图

3.1.3 旅游市场分析图

旅游客源市场是指旅游区内旅游产品的经常购买者和潜在购买者。根据距离远近标出近距离、中距离、远距离客源市场区域图或根据不同等级目标市场标出一级、二级、三级客源市场。

3.1.4 综合现状图

综合现状图主要是通过对旅游区实地调查、踏勘、测量等工作，表现现有的地形、自然状况、土地利用情况等，如图 3-3 所示。

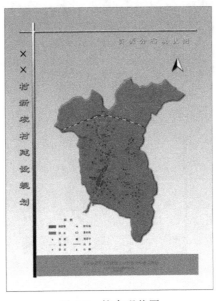

图 3-3 综合现状图

3.1.5　总体规划图

总体规划图是在旅游资源调查评价的基础上，绘出综合现状图，然后根据旅游区的发展需要划分功能分区，规划道路、绿地、水电、通信等基础设施。如图3-4所示。

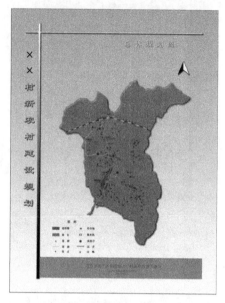

图3-4　总体规划图

3.1.6　功能分区图

功能分区是根据旅游资源的特点和空间特性，对不同的功能地块类型进行划分，各功能区的作用要与景区的主题一致。如图3-5所示。

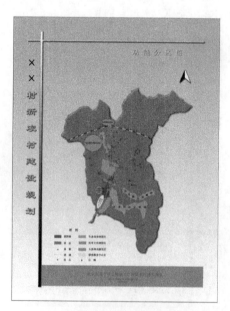

图3-5　功能分区图

3.1.7 交通规划图

交通是旅游区的网络，除了规划交通的通道、站点、等级外，还要考虑交通的绿地系统及沿路的附属设施。

3.1.8 控制性详细规划图

控制性详细规划是根据旅游区各功能分区规划进行的，主要是对建设地区的土地使用性质、使用强度等控制指标，道路和工程管线控制性位置，以及空间环境控制的规划。如图3-6所示。

图 3-6　节点设计图

3.1.9 竖向规划设计图

在旅游区修建性详细规划中，应用设计标高法、等高线法和局部剖面法对地形进行竖向规划设计。通过三维绘图绘出竖向规划图，标出道路标高，各景点、景片主要控制标高，以及地表径流走向等内容。

3.1.10 鸟瞰或透视效果图

鸟瞰或透视效果图是旅游区修建性详细规划中通过用高视点透视法从高处某一点俯视地面起伏绘制成的立体图，主要表达旅游区全景、景片、景点或某单体景观面貌效果，如图3-7所示。

图 3-7　景点效果图

3.2　计算机辅助设计技巧

3.2.1　配景素材的获取途径

旅游规划效果图的后期制作需要大量的配景素材，可以利用绘图软件自己制作、使用数码相机拍摄、从专业网站下载、从市场购买等途径获得。

3.2.2　旅游规划图形文件的处理

旅游规划图形文件主要分为两大类，即位图图像和矢量图形。位图图像主要来自计算机扫描或数码相机拍摄的纸质图形或手绘的设计草图；矢量图形主要是矢量地形图。

在 AutoCAD 中，以光栅图像参照的方式调用图形文件。调用时要调整图像的比例。具体方法如下。

如果没有精确比例的手绘图，可单击直线，打开对象捕捉，画十字交叉辅助线，确定图形中心位置。在命令行输入"scale"，单击图边沿，选择"底图"，按回车键。在图形中心位置单击。

① 在"指定比例因子或〔参照（R）〕:"提示下，输入"r"，按回车键。

② 在"指定参照长度（1）:"的提示下按 F8 键打开正交模式，用鼠标在图上选取能够获得准确尺寸边界的标注尺寸线的左右端点分别单击。

③ 在"指定新长度:"的提示下输入实际长度，将图缩放为实际大小。

④ 选中图像边框，右键单击绘图次序，将该图像后置到所有图形的底层，最后删除辅助线。

如果是有精确比例的地形图可在 Photoshop 中打开，在设置图像大小对话框里，分辨率与扫描时采用的分辨率保持一致，也可调整图像尺寸和扫描图纸尺寸相同。在 AutoCAD 中调用 INSUNTS 命令，保持图像自动缩放时所参照的单位制与工作文件相同。以光栅图像对照方式插入，其中插入比例按图像缩放要求设置。

在旅游规划中，大多数涉及的是大尺寸图形，通常需要将多幅扫描的地图在 Photoshop 进行拼接，分别将图像模式转换为灰度模式。通过颜色替换或明亮度、对比度调整，将图像的线条变得黑白分明、线条清晰，然后合并图层，形成一个完整的图像再转到 AutoCAD 中，将图像设置为透明。

第 1 篇
AutoCAD 部分

第 4 章

AutoCAD 2012 基础入门

4.1 AutoCAD 2012 中文版的安装与运行

提示：

AutoCAD2012 中文版安装配置要求如下。

- 操作系统：Windows XP Home（SP3）或更高版本。
- 处理器：使用 Windows XP 时，Intel Pentium 4 或 AMD Athlon 双核处理器，1.6GHz 或更高，采用 SSE2 技术；使用 Windows Vista 或 Windows 7 时，Intel Pentium 4 或 AMD Athlon 双核，3.0GHz 或更高，采用 SSE2 技术。
- 内存：2GB RAM（建议使用 4GB）。
- 显示器分辨率：1024×768。
- 硬盘空间：安装 2.0GB。

4.1.1 AutoCAD 2012 中文版的安装

① 双击 AutoCAD 2012 安装文件 setup. exe，安装程序将自动进行初始化。

② 初始化完成后，将弹出 AutoCAD 2012 的安装界面，在界面右下角处单击"安装"按钮，如图 4-1 所示。

图 4-1 点击"安装"选项按钮

③ 待进入"许可协议"窗口后，选择"我同意"选项，并单击"下一步"按钮，如图 4-2 所示。

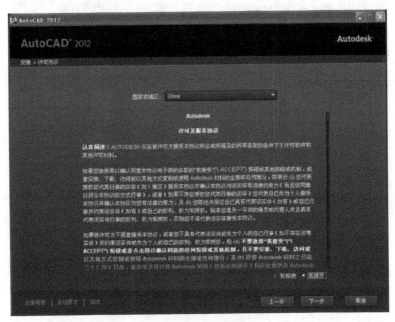

图 4-2 "许可协议"界面

④ 进入"产品信息"界面后，选择相应的选项（这里选择"单机"和"试用 30 天"）后，点击"下一步"按钮，如图 4-3 所示。

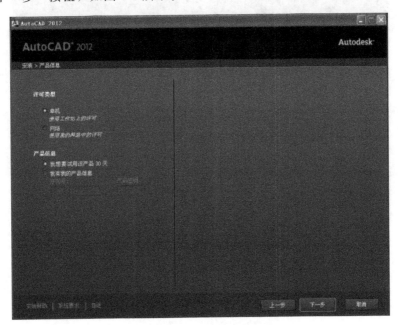

图 4-3 "产品信息"界面

⑤ 进入"配置安装"界面后，指定软件安装目录，点击"安装"按钮，如图 4-4 所示。

⑥ 安装完毕后将会出项"安装完成"界面，点击"完成"按钮完成 AutoCAD 2012 的安装。如图 4-5 所示。

图 4-4 "配置安装"界面

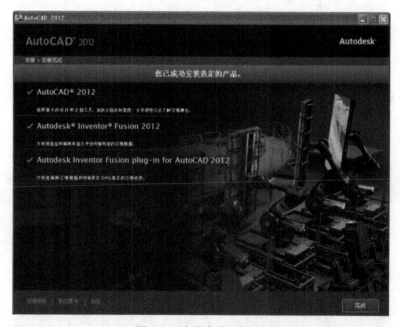

图 4-5 "安装完成"界面

4.1.2 AutoCAD 2012 中文版的运行

① 安装好程序后，双击桌面■图标，或单击"开始" ⇨ "所有程序" ⇨ "Autodesk" ⇨ "AutoCAD 2012-Simplified Chinese" ⇨ "AutoCAD 2011-Simplified Chinese"来打开程序。

② 首次使用 AutoCAD 2012 会弹出"初始化"界面，如图 4-6 所示。

图 4-6 "初始化"界面

③ 之后可进入软件主界面,如图 4-7 所示。

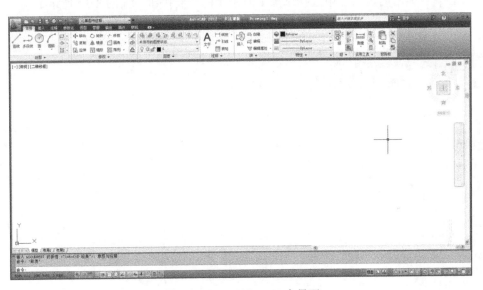

图 4-7 AutoCAD 2012 主界面

4.1.3 AutoCAD 2012 中文版界面简介

AutoCAD 2012 中文版界面与以前常用的 AutoCAD 2004/2007 等版本相比,有较大改变。软件启动后默认工作界面是"草图与注释"界面,该界面主要由"菜单浏览器"按钮、快速访问工具栏、标题栏、功能区、绘图区、命令行和状态行组成,如图 4-8 所示。

(1)"菜单浏览器"按钮 单击软件左上角按钮即可弹出菜单浏览器,其中包括新建、打开、保存、另存为以及打印等常用功能按钮,如图 4-9 所示。

(2)快速访问工具栏 快速访问工具栏位于"菜单浏览器"按钮右侧。快速访问工具栏中包括工作空间选项栏、"新建"按钮、"打开"按钮、"保存"按钮、"另存为"按钮、"放

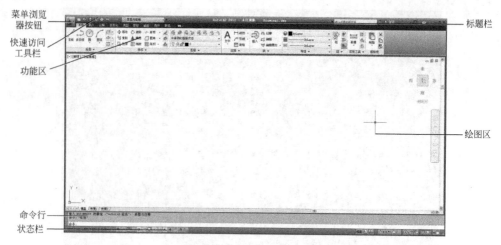

图 4-8 "草图与注释"界面

"弃"按钮、"重做"按钮、"打印"按钮等常用功能按钮。另外，使用者还可以通过右边的向下箭头按钮 ▼ 在弹出的选项栏中选择添加平时常用的功能按钮，如图 4-10 所示。

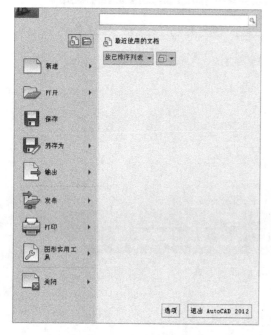

图 4-9 菜单浏览器

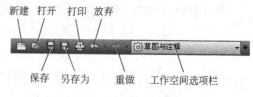

图 4-10 快速访问工具栏

（3）标题栏　标题栏位于快速访问工具栏右侧，主要用于显示当前运行的任务文件名称及类型信息。还包括可以进行帮助查询的"搜索"按钮，可显示产品更新和通知的"通信中心"按钮，"收藏夹"按钮，以及软件的"最小化"、"最大化"、"关闭"按钮，如图 4-11 所示。

（4）功能区　功能区位于标题栏下方。进入 AutoCAD 2012 后默认的工作界面为"草图与注释"界面，此界面与以往 AutoCAD 软件界面有所不同，此界面以功能区取代了以往的菜单栏和工具栏。默认状态下，在"草图与注释"界面中的功能区包括"常用"、"插入"、

当前任务信息　　　　　　　　　　　　　　　　　搜索　　　最小化、最大化、关闭

图 4-11　标题栏

"注释"、"参数化"、"视图"、"管理"、"输出"、"插件"和"联机"等 9 个选项卡，这 9 个选项卡中几乎包括了 AutoCAD 2012 中的所有功能指令，如图 4-12 所示。

图 4-12　功能区

（5）绘图区　功能区与命令行之间的大部分的空白区域即为绘图区，这是绘制图纸时的主要显示区域。在该区域内，使用者不仅可以简单地观察图纸，对图纸进行放大缩小，也可通过绘图区右上角的导航面板查看图纸不同角度、方向的视图。绘图区的左下角有坐标系标示，使用者可以通过该坐标系方便地定位图纸坐标朝向，如图 4-13 所示。

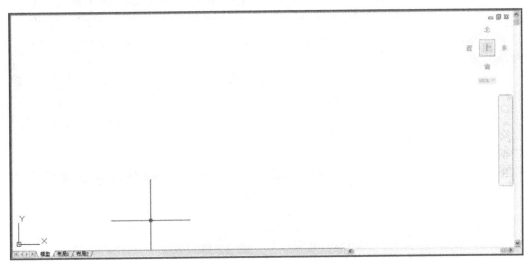

图 4-13　绘图区

提示：

① AutoCAD 软件的绘图区背景颜色可以由使用者自由设定，常用颜色有黑色和白色，黑色由于对使用者的眼睛刺激较小所以更多地被采用。背景颜色的设定方法为：在"草图与注释"界面中在功能区中选择"视图"，单击下面"窗口"选项栏右下角的 图标进入"选项"窗口，如图 4-14 所示。选中"显示"标签栏中的"颜色"按钮进入"图形窗口颜色"窗口，然后在右侧的"颜色"下拉列表中选择黑色，单击"应用并关闭"按钮即可改变绘图区背景颜色，如图 4-15 所示。

② 在"选项"窗口中还能调节诸如文件自动保存时间、自动保存文件的存储位置、十字光标大小等很多选项。由于 AutoCAD 是一款功能强大、使用灵活的计算机辅助设计软件，所以要想使用好 AutoCAD 这款软件，更多的是需要使用者通过不断地在实际应用过程中摸索，而不是单单通过书本来学习。

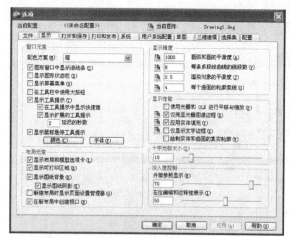

图 4-14 "选项" 窗口

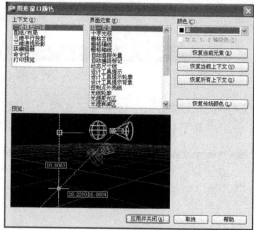

图 4-15 "图形窗口颜色" 窗口

（6）命令行　命令行位于绘图区下方，主要用于显示使用者输入的命令信息以及软件所反馈的提示信息，如图 4-16 所示。当使用者通过单击某一功能键或直接在命令行中输入命令时，在命令行最下一行

图 4-16　命令行

都会显示当前真正进行的操作或者提示信息，使用者可根据这些信息的指引进行下一步的操作。

（7）状态栏　状态栏位于软件界面的最底部，如图 4-17 所示。状态栏左端显示当前光标所在的 X，Y，Z 三维坐标值，右边依次是"推断约束"、"捕捉模式"、"栅格显示"、"正交模式"等作图辅助工具的开关或设置按钮。单击状态栏最右端的 ▪ 按钮，在弹出的菜单中可以选择在状态栏中的设置项目，如图 4-18 所示。

图 4-17　状态栏

图 4-18　状态栏菜单

4.1.4　保存与退出 AutoCAD 2012

① 对任务进行了修改后，需要保存该任务以便日后调用，可单击菜单栏中的"文件" ⇨"保存"来保存任务。

② 保存完成后，可单击主程序屏幕右上角 ▨ 按钮或单击菜单栏中的"文件" ⇨ "退出"来退出程序。

4.2 绘图前的基本设置

旅游规划及园林景观等设计项目的图纸绘制工作是一项严谨的任务，在绘图前需要对图纸的各个要素进行设置，这样不仅能够保证图纸符合一定的制图标准，而且有利于绘图者在绘图工作中方便地改变字体、标注样式等。

下面就以园林图纸为例进行绘图前的基本设置。

4.2.1 工作空间的设置

AutoCAD 2012 的默认工作空间是"草图与注释"工作空间，见图 4-8。该工作空间与以往常用的工作空间有较大区别。作者认为，在通常的作图工作中，还是在原有的 AutoCAD 标准工作空间中比较方便，所以在进入 AutoCAD 2012 后，在快速访问工具栏中的下拉列表中选择"AutoCAD 经典"工作空间即可调整当前工作空间到以往常用的经典工作空间，如图 4-19 所示。

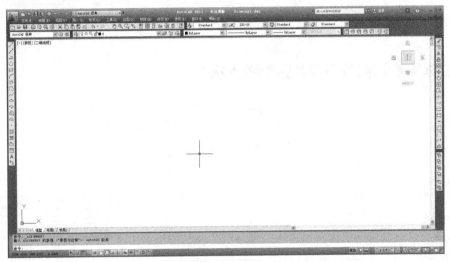

图 4-19 "AutoCAD 经典"工作空间

4.2.2 图纸单位设置

图纸内容的不同，对单位的要求也有所不同。如建筑设计常使用"毫米"为单位，旅游规划和城市规划由于尺寸通常较大，所以常使用"米"为单位。具体设置过程为：单击菜单栏的"格式" ⇨ "单位"进入"图形单位"窗口，如图 4-20 所示，根据需要设计所需单位类型、精度等信息，设置完后点击"确定"按钮退出即可。

图 4-20 "图形单位"窗口

4.2.3 文字样式设置

在绘图过程中经常要为绘制的图纸内容添加说明等文字信息，为了在绘图过程中能方便地调用所需的字体，对字体的事先设置就显得十分必要了。设置字体的方法为：单击菜单栏中的"格式"⇨"文字样式"进入"文字样式"窗口，如图 4-21 所示；单点击"文字样式"窗口中的"新建"按钮，在弹出的"新建文字样式"窗口中为新建的文字样式取一个名字为"宋体 200"，如图 4-22 所示；之后，回到"文字样式"窗口，在"字体名"下拉列表中选择"宋体"，在"高度"中输入"200"（表示 200mm 高的字体），单击"应用"按钮完成一种字体的设置，如图 4-23 所示。通过同样方法再设置两种字高分别是 140mm 和 120mm 的宋体字体来满足绘图过程中的需要，这样在工具栏的"字体"下拉菜单中就新增了三种字体以供选择，如图 4-24 所示。

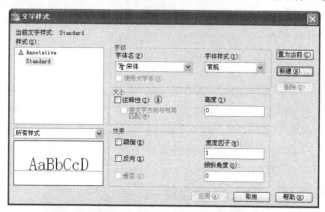

图 4-21 "文字样式"窗口

图 4-22 "新建文字样式"窗口

图 4-23 回到"文字样式"窗口

图 4-24 新建的三个文字样式

4.2.4 点样式的设置

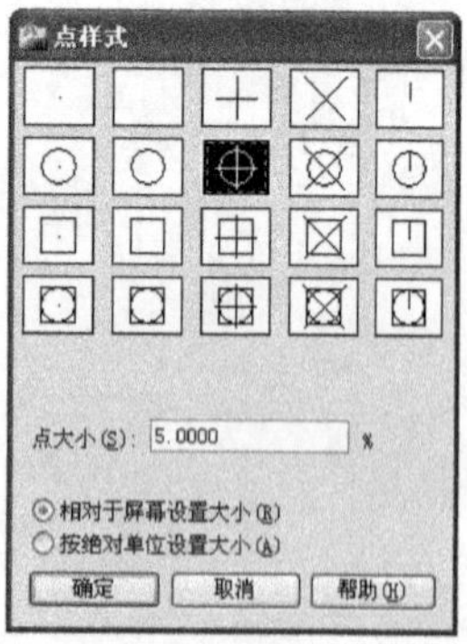

在园林图纸中常包括植物配置平面图等需要精确标示植物位置的图纸，在这些图纸中常会用到一些点符号来代表植物的栽植位置，所以这里介绍一下点样式的设置方法。单击菜单栏中的"格式"⇨"点样式"进入"点样式"窗口，如图 4-25 所示。在"点样式"窗口中选择自己需要的点样式然后单击"确定"按钮即可。

4.2.5 标注样式的设置

标注多应用在旅游规划、园林等制图中的平面图、立面图、剖面图等中以标示绘制对象的尺寸等。设置方法为：单击菜单栏中"标注"⇨"标注样式"进入"标注样式管理器"窗口，如图

图 4-25 "点样式"窗口

4-26 所示；点击"新建"按钮进入"创建新标注样式"窗口，如图 4-27 所示；在"新样式名"栏中输入名称"园林标注"，点击"继续"按钮，进入具体设置窗口，绘图者可根据具体要求设置自己的标注样式。如图 4-28 所示。

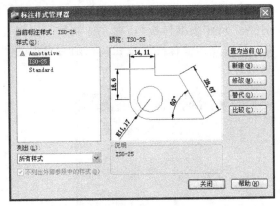

图 4-26　"标注样式管理器"窗口　　　　图 4-27　"创建新标注样式"窗口

通常情况下，旅游规划、园林、建筑等图纸标注符号的"尺寸线"和"延伸线"为细实线，两线相交处不是系统默认的箭头而是斜线。设置完后点击"确定"按钮回到"标注样式管理器"窗口，点击"置为当前" ⇨ "关闭"按钮完成设置，如图 4-29 所示。

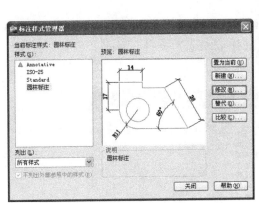

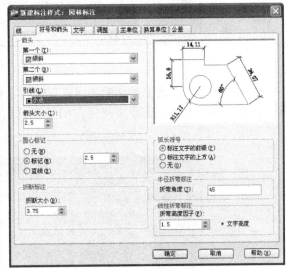

图 4-28　设置标注样式　　　　图 4-29　回到"标注样式管理器"窗口

至此，绘图前的设置工作基本结束。这样，在绘图过程中就可以方便地在工具栏中调用字体、标注样式等项目了，如图 4-30 所示。

图 4-30　"样式"工具栏

4.2.6　保存样板文件

绘图前的设置完成后就可以进行绘图工作了。但是当关闭 AutoCAD 后再进入时，之前设置的项目会变回软件默认的状态，因而每次都要对字体、单位等项目进行设置，这无疑会对工作效率造成影响。所以，可以通过保存"样板文件"的方法来保存设置好的项目，以便下次方便地调用。

具体方法是：单击菜单栏"文件" 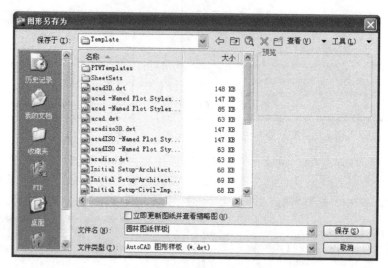 "另存为"进入"图形另存为"窗口，如图 4-31 所示；在"文件名"栏中为图形样板起一个名字"园林图纸样板"，在文件类型下拉列表中选择"AutoCAD 图形样板（＊.dwt）"格式，然后点击"保存"按钮，在随后出现的"样板选项"窗口点击"确定"按钮完成图形样板的保存。

图 4-31 "图形另存为"窗口

如果要打开一个之前保存的图形样板文件，单击菜单栏中"文件"  "打开"，在弹出的"选择文件"窗口中选择之前保存的"园林图纸样板.dwt"文件，单击"打开"按钮即可，如图 4-32 所示。

图 4-32 "选择文件"窗口

Chapter 05

图层的建立、设置和管理

图层是 AutoCAD 软件中极其重要的概念。可以想象一下将若干张绘有图案的草图纸重叠到一起来看的景象，这些图案经过重叠形成了一张新的图纸。这里每一张草图纸就像 AutoCAD 中的一个图层，每个图层都包含了一些图纸元素，当这些图纸元素重叠在一起时也就形成了所要绘制的图纸。

AutoCAD 2012 中有完善的图层管理器，借助对图层的合理管理可以将复杂的图纸简单化。例如，某个公园的方案图纸中通常包括道路、水体、草坪、文字和建筑等元素，我们可以在绘图中建立道路图层、水体图层、草坪图层和建筑图层等，在这些图层中分别绘制特定的内容，如在道路图层中绘制道路，在水体图层中绘制水体等。当整张图纸都绘制完后突然发现道路的颜色不对怎么办？一条线一条线地去选择修改显然太费时间，想要一下把道路都选中，在线条错综复杂的图纸上似乎也不太现实。这时，图层就发挥了作用。我们只需在图层管理器中将其他图层关闭、锁定或者冻结，只剩下道路图层，然后只要全选中道路就可以很方便地改变其颜色等属性了。在绘图中，图层还会在很多地方体现它的重要性。

下面就来具体学习一下图层的使用。

5.1 建立图层

打开 AutoCAD 2012 后，软件会自动建立一个 0 图层，绘图者既不能删除也不能重新命名该图层。

绘制旅游规划图纸时仅仅使用 0 图层是远远不够的，绘图者还要根据需要建立其他图层。可以通过以下方法建立新的图层。

方法一：通过单击工具栏中的 █ 按钮进入"图层特性管理器"后单击 █ 按钮新建图层，如图 5-1 所示。

方法二：单击菜单栏中的"格式" ▭▷ "图层"进入"图层特性管理器"来新建图层。

方法三：在命令行中输入"layer"（快捷命令：la）同样可以进入"图层特性管理器"来新建图层。

方法四：在"草图与注释"界面下的"视图"选项卡中的"选项板"中单击 █ 按钮进入"图层特性管理器"来新建图层。

提示：

从新建图层的讲解中可以发现，在 AutoCAD 中要执行某一操作，可以通过多个不同的方法来实现，所以我们要合理选择又方便、又快捷的方法来达到绘图的目的。初学者特别要注意快捷命令的操作技巧，因为它通常比用鼠标去单击命令按钮方便得多。

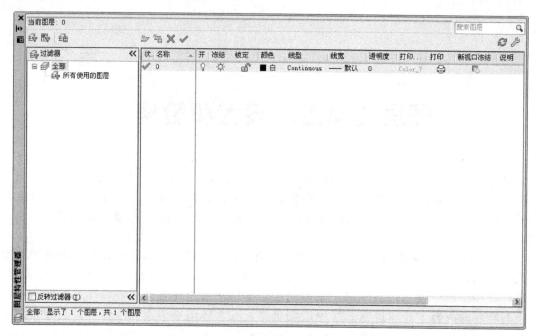

图 5-1 "图层特性管理器"窗口

5.2 设置图层颜色、线宽等图层特性

在建立新图层后，通常还要对图层的一些特征属性进行设置，如颜色、线型、线宽等。合理地设置这些属性可以有效地提高一张图纸的可读性，绘图者也可以很方便地分辨图上的对象是道路红线还是道路中心线或是建筑边缘线，因为这些线通常是用不同的线型或颜色进行绘制的。

设置图层颜色和线宽的步骤如下。

① 单击菜单栏中的"文件" ⇨ "打开"，打开一张某公园的局部景观平面图，如图 5-2 所示。

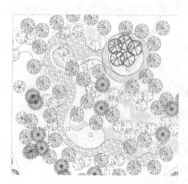

图 5-2 某公园局部景观平面图

② 在命令行中输入快捷命令"la"打开"图层特性管理器"窗口，在"建筑"图层的"颜色"栏中单击方形颜色块，如图 5-3 所示。

③ 在弹出的"选择颜色"窗口中选择红色，单击"确定"按钮将"建筑"图层中的所有颜色改为"红色"，如图 5-4 所示。

④ 回到"图层特性管理器"窗口后再单击"建筑"图层的"线宽"栏，如图 5-5 所示。

⑤ 在弹出的"线宽"窗口中为建筑轮廓线选择合适的线宽，如图 5-6 所示。

⑥ 单击"确定"按钮回到"图层特性管理器"窗口，点击"关闭"按钮即完成了对图中"建筑"图层的颜色和线宽的修改设置，如图 5-7 所示。

提示：

如果改变完线宽后在"绘图区"中显示的线宽没有变化，绘图者可单击状态栏中"显示/隐藏线宽"按钮 ┿ 。

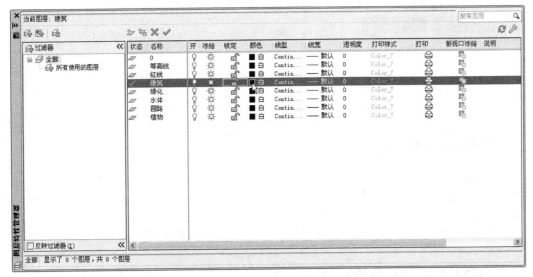

图 5-3　点击"颜色"栏中的颜色块

图 5-4　"选择颜色"窗口

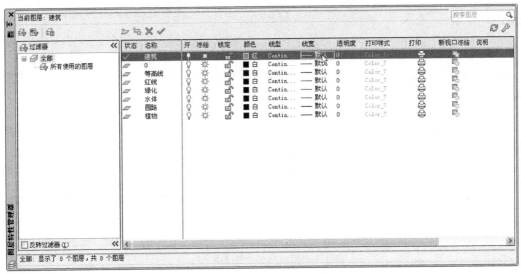

图 5-5　"图层特性管理器"窗口

图 5-6 "线宽"窗口

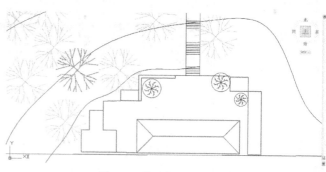

图 5-7 设置颜色和线宽后

5.3 设置图层线型

线型是指图形对象中线条的显示方式，主要包括连续线、点划线、虚线等。在绘图过程中，根据不同的需要设置线型，如道路中心线多使用点划线，被物体遮挡的线条多用虚线表示等。

设置图层线型的步骤如下。

① 单击菜单栏中的"文件" ⇨ "打开"，打开某道路平面图，如图 5-8 所示。

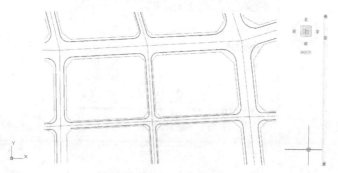

图 5-8 某道路平面图

② 在命令行中输入"la"命令进入"图层特性管理器"窗口，单击"道路中线"图层的"线型"栏，如图 5-9 所示。

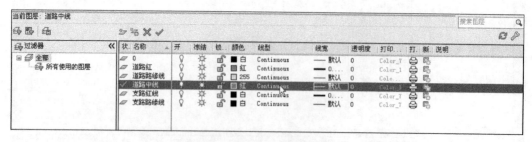

图 5-9 "图层特性管理器"窗口

③ 在"选择线型"窗口中如果没有所需的线型则单击"加载"按钮，添加所需的线型，如图 5-10 所示。

④ 进入"加载或重载线型"窗口，选择其中的 ACAD _ ISO10W100 点划线线型，单击"确定"按钮回到"选择线型"窗口后就可以在"已加载的线型"中看到刚才加载的线型出现在其中，选择点划线线型后单击"确定"按钮完成设置，如图 5-11、图 5-12 所示。

⑤ 关闭"图层特性管理器"后，可以发现道路平面图中的道路中心线已经变为所需的点划线，如图 5-13 所示。

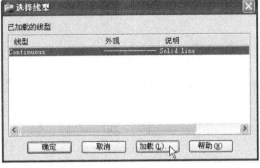

图 5-10 "选择线型"窗口

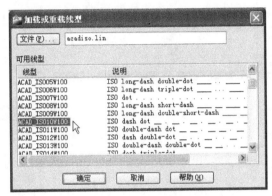

图 5-11 "加载或重载线型"窗口

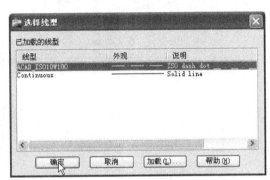

图 5-12 出现新加载的线型

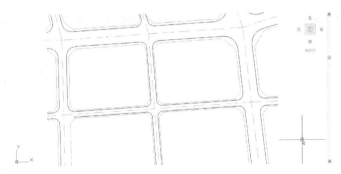

图 5-13 改变线型后效果

5.4 关闭和打开图层

在绘图的过程中，图纸常常会变得越来越复杂，这时希望图纸看上去能简洁一些，这就需要关闭那些暂时不用看到的线条对象。关闭这些线条对象只需关闭它们所在的图层即可。

关闭和打开图层的步骤如下。

① 单击菜单栏中的"文件"⇨"打开"，打开某公园入口平面图，如图 5-14 所示。

② 在 AutoCAD 的工具栏中单击 按钮进入"图层特性管理器"窗口（或直接单击工

具栏中"图层"下拉列表框中的  按钮，如图 5-15 所示），单击"植物"图层中 按钮，当"灯泡"变为灰色即表明已将"植物"图层关闭，如图 5-16、图 5-17 所示。

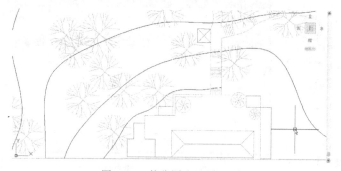

图 5-14 某公园入口平面图

图 5-15 "图层"下拉列表框

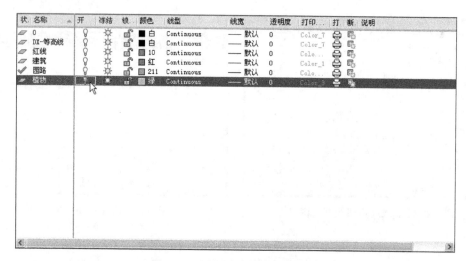

图 5-16 "图层特性管理器"窗口

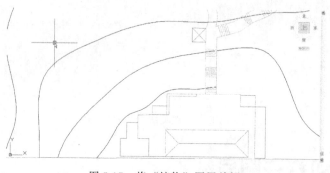

图 5-17 将"植物"图层关闭

③ 如果想要从新打开"植物"图层，只需单击 按钮即可。

5.5 冻结和解冻图层

冻结图层后，在该图层上的图纸对象将不可见，并且不会被执行重生（regen）、缩放

（room）、平移（pan）等操作，所以把图纸中暂时不需要的图层冻结可以提高软件的运行速度。可以将冻结命令看作关闭图层命令的"加强版"。

冻结和解冻图层的操作与关闭和打开图层的操作类似。

① 单击菜单栏中的"文件" ⇨ "打开"，打开一张树和汽车的平面图，如图 5-18 所示。

② 在 AutoCAD 的工具栏中单击 按钮，进入"图层特性管理器"窗口，在"汽车"图层中单击按钮 ☼，当"太阳"按钮变为灰色即表明已将"汽车"图层冻结，如图 5-19、图 5-20 所示。

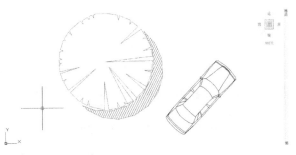

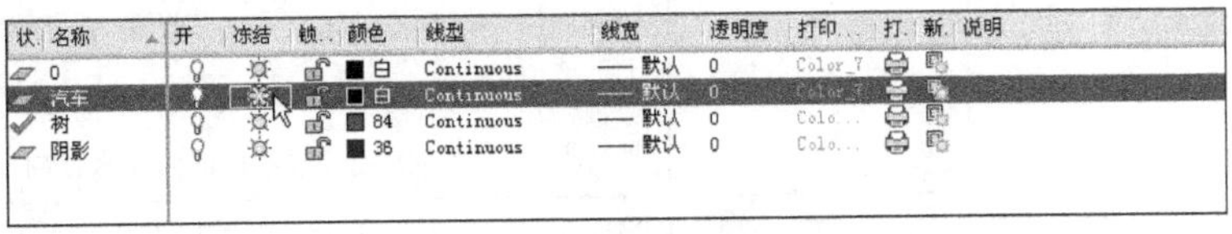

图 5-18　树和汽车平面图

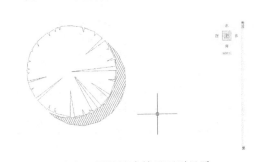

图 5-19　"图层特性管理器"窗口

图 5-20　"汽车"图层被冻结后不再显示

③ 如果想要解冻"汽车"图层，只需单击 ✿ 按钮即可。

5.6　锁定和解锁图层

当锁定某一图层后，该图层上的图纸对象虽然继续保持可见状态，但是无法被修改。所以，当某一图层需要显示又不想对它进行修改时，可进行"锁定"操作。

具体操作步骤如下。

① 单击菜单栏中的"文件" ⇨ "打开"，打开一张树和汽车的平面图，如图 5-18 所示。

② 在 AutoCAD 的工具栏中单击 按钮进入"图层特性管理器"窗口，单击"汽车"图层中 🔓 按钮，当"锁"按钮变为 🔒 即表明已将"汽车"图层锁定，当将十字光标移动到被锁定的图层对象时，光标右侧将显示"小锁"图案，如图 5-21、图 5-22 所示。

③ 如果想要解锁"汽车"图层，只需单击 🔒 按钮即可。

提示：

初学者常常会对打开与关闭图层、冻结与解冻图层、锁定与解锁图层之间在功能上的异同点存在一些疑惑，无法准确把握它们的应用场合。为了让读者更好地理解这些功能，现将各主要控制图层显示状态的功能键以表格形式说明（表 5-1）。

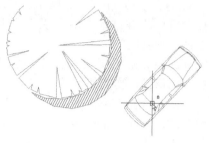

状	名称	开	冻结	锁..	颜色	线型	线宽	通明度	打印..	打	新	说明
	0				■白	Continuous	—— 默认	0	Color_7			
✓	汽车				■白	Continuous	—— 默认	0	Color_7			
	树				■84	Continuous	—— 默认	0	Colo..			
	阴影				■36	Continuous	—— 默认	0	Colo..			

图 5-21 "图层特性管理器"窗口   图 5-22 将"汽车"图层锁定

表 5-1   图层功能键说明

功 能 名 称	关闭、冻结或锁定时是否可见	关闭、冻结或锁定时是否可被编辑	功 能 简 介
打开/关闭	否	是	控制图层的打开或关闭。当将其设置为关闭状态时,在该图层上的所有图纸对象将被隐藏不可见,并且在图纸打印输出时不会被输出。当图层置于打开状态时,该图层上的图纸对象可见。所以,可以关闭暂时不用的图层来控制该图层打印与否
解冻/冻结	否	否	当图层置于冻结状态时,该图层上的图纸对象将被隐藏不可见,并且在图纸打印输出时不会被输出,同是也不会被执行重生(regen)、缩放(room)、平移(pan)等操作,所以在不想对某一图层上的对象进行编辑时可采用冻结操作,同时可提高软件的运行速度。于此不同的是,关闭图层的操作只是使图层对象不可见
解锁/锁定	是	否	当某一图层被锁定时,在该图层上的图纸对象仍可以看见,但是不能对这些图纸对象进行编辑操作
打印/不打印			用来控制图层上的对象是否被打印

5.7 改变绘图对象所在图层

绘图者可在绘图时改变某一图纸对象的所在图层。

改变图纸对象图层的方法如下。

① 单击菜单栏中的"文件" ⇨ "打开",打开某道路平面图,如图 5-23 所示。

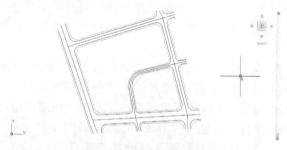

图 5-23 某道路平面图

② 在图中选中道路中线后发现它们并不在"道路中线"图层上,而是在"0"图层上,如图 5-24 所示。将图纸中的道路中线全部选中,在 AutoCAD 工具栏的"图层"下拉列表中选择"道路中线"图层即可将图纸中的道路中线由"0"图层改为"道路中线"图层,如图 5-25 所示。

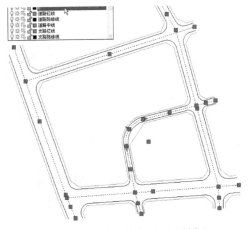
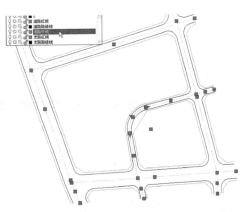

图 5-24　道路中线在"0"图层上　　　　图 5-25　将所在图层改为"道路中线"图层

5.8　删除图层

删除图层可以删除该图层上的所有图纸对象并删除图层本身。

删除图层的方法如下。

① 单击菜单栏中的"文件" ➡ "打开"，打开某道路平面图，如图 5-26 所示。

② 单击菜单栏中的"格式" ➡ "图层工具" ➡ "图层删除"，如图 5-27 所示。

图 5-26　某道路平面图

图 5-27　"格式"下拉列表

③ 命令行提示"选择要删除的图层上的对象或［名称（N）］"，如图 5-28 所示。如果要删除"道路中线"图层，则将鼠标方框移动到任意一条道路中线上单击，这时图中的道路中线消失，然后按"空格"键，在命令行中输入"Y"就可删除"道路中线"图层，如图 5-29 所示。

图 5-28　命令行　　　　　　　　　　图 5-29　删除"道路中线"图层

Chapter 06

基本绘图命令

坐标系在绘图过程中有着非常重要的作用。它可以为绘图者指明方向，避免在复杂的图纸中失去方向感；同时也可以通过设置用户坐标系（UCS）来标示某一图纸中一部分对象的方向。所以，理解和掌握坐标系的使用就显得十分必要了。

6.1 世界坐标系（WCS）

在 AutoCAD 中，二维绘图中的默认坐标系为世界坐标系（WCS），绝大部分使用者都

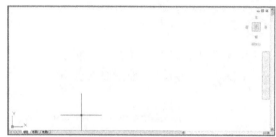

图 6-1 世界坐标系（WCS）

会在世界坐标系下进行绘图等操作。在 AutoCAD 2012 软件的绘图区的左下角可以看到世界坐标系的标志，其中 X 轴为水平的，Y 轴是垂直的，而 Z 轴是垂直于 X 轴和 Y 轴的（Z 轴在默认状态下看不到，需要点击绘图区右上角的导航面板改变视图角度才能看到）。世界坐标系的原点位于 X 轴、Y 轴、Z 轴的交点，为（0，0，0）点，如图 6-1 所示。

6.2 用户坐标系（UCS）

在绘图过程中，为了更好地标示图纸中的对象，绘图者可以根据需要创建用户坐标系，即 UCS。用户坐标系的原点以及 X 轴、Y 轴、Z 轴的方向都可以根据需要旋转和移动，使得对象的方向和位置的标示更加灵活。

绘图者可以运用以下方法创建用户坐标系。

方法一：在命令行中输入命令 "UCS"，按回车键或空格键确认。

方法二：在 "AutoCAD 经典" 用户界面中的菜单栏中单击 "工具" ⇨ "新建 UCS" ⇨ "原点"。

方法三：在 "草图与注释" 用户界面中的 "视图" 选项卡中单击 "坐标" 面板中的 图标。

用户坐标系（UCS）在机械制图中使用较多，在园林规划制图的过程中运用较少，所以只简要介绍。

6.3 绝对坐标与相对坐标

（1）绝对坐标　绝对坐标以原点，即（0，0）或（0，0，0，）点作为基准点来定位图纸

中所有的点。AutoCAD 中，绝对坐标的原点位于打开软件后默认状态下绘图区左下角 X 轴和 Y 轴的交点。

（2）相对坐标　相对坐标是图中以一个点为基准点的另一个点的坐标。绘图过程中，常常以前一个点作为基准点，运用相对坐标法来定位后一个点。

6.4　点坐标的输入方法

在 AutoCAD 2012 中，点坐标的输入可以采用指教坐标或极坐标的方法，而两种坐标法中又分别有绝对坐标和相对坐标之分。在点坐标的输入过程中，绘图者可以任意采用这些坐标法，只要遵循 AutoCAD 特定的输入格式，软件会自动识别。

（1）直角坐标输入法　直角坐标输入法是在输入一个点坐标时以原点为基准，通过输入二维（如 X 轴和 Y 轴）的数值来确定点的方法。如一点的绝对 X、Y 坐标为 300 和 200，则在输入时就输入"300，200"（两坐标值中间以"逗号"分割）。

（2）极坐标输入法　极坐标输入法是以坐标原点为基准，通过输入要确定的点与原点的直线距离和角度来确定点的方法。如一个点与原点直线距离是 500，并且该点与原点形成的直线与 X 轴之间的夹角为 30°，则输入形式为"500＜30"（"＜"是英文的小于号）。

（3）绝对坐标与相对坐标输入法的区别　前面我们了解了直角坐标和极坐标输入的方法，但是它们都是以绝对坐标的输入法输入的，而相对坐标的输入要在绝对坐标的前面加一个"@"符号，如"@300，200"或者"@500＜30"。

【练习】　分别采用直角坐标和极坐标输入法绘制下面两条直线，如图 6-2、图 6-3 所示。

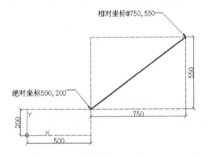

图 6-2　绘制图中直线（一）

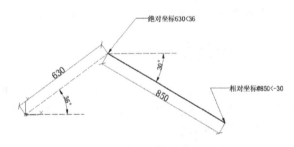

图 6-3　绘制图中直线（二）

（1）直角坐标输入法

① 单击直线绘图区左边的直线命令按钮 ／。

② 在命令行中输入直线的第一点坐标"500，200"，按回车键或空格键确认。

③ 再输入直线的第二点的相对坐标"@750，550"，按回车键或空格键确认。

（2）极坐标输入法

① 单击直线绘图区左边的直线命令按钮 ／。

② 在命令行中输入直线的第一点坐标"630＜36"，按回车键或空格键确认。

③ 再输入直线的第二点的相对坐标"@850＜－30"（或@850＜330），按回车键或空格键确认。

6.5 直线

直线命令是 AutoCAD 中最常用的绘图命令。直线命令也是所有绘图命令中最简单的一个。

创建直线的方法如下。

方法一：在命令行中输入"line"命令（快捷命令"l"），按空格键确认。

方法二：在绘图区左侧的绘图工具栏中单击 ✎ 按钮。

方法三：在菜单栏中单击"绘图" ➪ "直线"。

【练习】 创建直线。

① 打开 AutoCAD 2012，在命令行中输入"l"并按空格键确认。

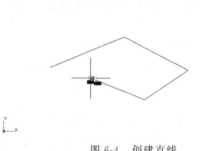

图 6-4 创建直线

② 根据命令行的提示，在绘图区中单击鼠标左键绘制直线的第一点，移动鼠标在合适位置单击鼠标左键确定第二点，这时就创建好了一条直线，按空格键可完成创建，如果想要继续创建彼此相连的直线，可继续单击鼠标左键来创建直线，如图 6-4 所示。

提示：

① 如果要绘制水平或垂直的直线，可单击状态栏中的正交模式按钮 ▣ （快捷键<F8>）。打开正交模式后，创建的直线将是垂线或水平线。

② 当要绘制一个由直线围成的封闭图形时，可在命令行中输入"c"，软件会自动连接第一条直线的第一点和最后一条直线的第二点。

6.6 构造线

构造线是一条向两个方向无限延伸贯穿整个绘图区的直线。构造线是绘图时的辅助线，在打印输出时一般不予打印。构造线在机械制图中使用较多，在园林、规划中使用较少。

创建构造线的方法如下。

方法一：在命令行中输入"xline"命令（快捷命令"xl"），按空格键确认。

方法二：在绘图区左侧的绘图工具栏中单击 ✎ 按钮。

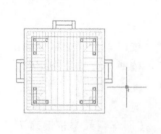

图 6-5 方亭平面图

方法三：在菜单栏中单击"绘图" ➪ "构造线"。

【练习】 创建构造线。

① 单击菜单栏中"文件" ➪ "打开"，打开一张方亭的平面图，如图 6-5 所示。

② 在命令行中输入"xl"并按空格键确认；在命令行中先后输入"h"和"v"，分别绘制一条水平和垂直构造线，如图 6-6、图 6-7 所示。

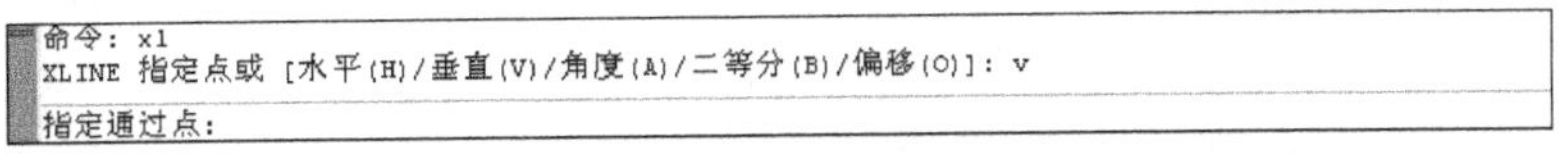

```
命令: x1
XLINE 指定点或 [水平(H)/垂直(V)/角度(A)/二等分(B)/偏移(O)]: v
指定通过点:
```

图 6-6   命令行

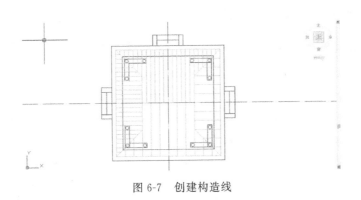

图 6-7   创建构造线

6.7   多断线和多线

6.7.1   多段线

多段线是由多条线段首尾相连组成的线段序列。多段线中可以包括支线段和圆弧段。相对于前面讲到的直线段，多段线拥有更加丰富的编辑功能，绘图者不仅可以分别编辑组成多段线的每一条线段的起点宽度和末尾宽度使这条线段具有不同的宽度，还可以根据需要来移动直线段的折点或移动线段的中点使这条线段做平行移动。

创建多段线的方法如下。

方法一：在命令行中输入"pline"命令（快捷命令"pl"），按空格键确认。

方法二：在绘图区左侧的绘图工具栏中单击 🕁 按钮。

方法三：在菜单栏中单击"绘图" ⇨ "多段线"。

【练习】   创建多段线，如图 6-8 所示。

① 打开 AutoCAD 2012 后首先在状态栏中单击 ▄ 按钮打开正交模式（快捷键<F8>）。

② 在命令行中输入"pl"按空格键确认。

③ 在绘图区任意点单击确定点 1。

指定下一个点或 [圆弧（A）/半宽（H）/长度（L）/放弃（U）/宽度（W）]：800

• 指定下一点或 [圆弧（A）/闭合（C）/半宽（H）/长度（L）/放弃（U）/宽度（W）]：400

• 指定下一点或 [圆弧（A）/闭合（C）/半宽（H）/长度（L）/放弃（U）/宽度（W）]：200

• 指定下一点或 [圆弧（A）/闭合（C）/半宽（H）/长度（L）/放弃（U）/宽度（W）]：a

• 指定圆弧的端点或 [角度（A）/圆心（CE）/闭合（CL）/方向（D）/半宽（H）/直线（L）/半径（R）/第二个点（S）/放弃（U）/宽度（W）]：ce

• 指定圆弧的圆心：@200<180

• 单击鼠标左键选择位置"5"。

- 指定圆弧的端点或〔角度（A）/圆心（CE）/闭合（CL）/方向（D）/半宽（H）/直线（L）/半径（R）/第二个点（S）/放弃（U）/宽度（W）〕：1
- 指定下一点或〔圆弧（A）/闭合（C）/半宽（H）/长度（L）/放弃（U）/宽度（W）〕：200
- 指定下一点或〔圆弧（A）/闭合（C）/半宽（H）/长度（L）/放弃（U）/宽度（W）〕：c

完成多段线的绘制，如图 6-9 所示。

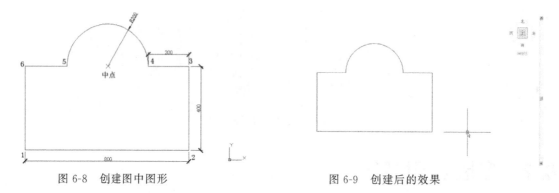

图 6-8 创建图中图形   图 6-9 创建后的效果

6.7.2 编辑多段线

可以对所创建的多段线进行编辑。在 AutoCAD 中，除多段线外，矩形、多边形等都可以看作多段线的特殊形式，它们都可以用编辑多段线的方法进行编辑。

编辑多段线的方法如下。

方法一：在绘图区中用鼠标双击要修改的多段线。

方法二：在命令行中输入"pedit"命令（快捷命令"pe"），按空格键确认。

方法三：在菜单栏中单击"修改" ⇨ "对象" ⇨ "多段线"。

【练习】 编辑多段线。

① 单击菜单栏中"文件" ⇨ "打开"，打开前面创建的多段线，如图 6-9 所示。

② 双击要编辑的多段线，如图 6-10 所示。

③ 在弹出的选项列表中选择"宽度"，然后输入想要的多段线宽度"20"，这样就对多段线的线宽进行了编辑，如图 6-11 所示。

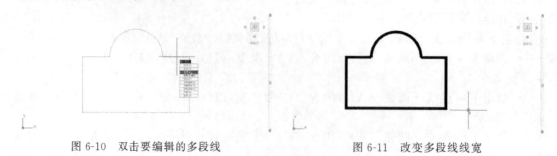

图 6-10 双击要编辑的多段线   图 6-11 改变多段线线宽

6.7.3 新建多线样式

多线样式是指由多条相互平行的线段组成的组合线型，可以将多线样式理解为经过平移的多段线。像多段线一样，同样可以对多线样式进行编辑。在实际绘图中，多线常被用于绘制建筑平面图的墙体部分。

新建多线样式的方法如下。

方法一：在菜单栏中单击"格式" ⇨ "多线样式"。

方法二：在命令行中输入"mlstyle"命令，按空格键确认。

【练习】 新建多线样式。

① 在菜单栏中单击"格式" ⇨ "多线样式"，弹出"多线样式"窗口，如图 6-12 所示。

② 在"多线样式"窗口中单击"新建"按钮，在弹出的"创建新的多线样式"窗口中输入新建样式的名称"墙体"，如图 6-13 所示。

图 6-12 "多线样式"窗口

图 6-13 "创建新的多线样式"窗口

③ 单击"继续"按钮，在弹出的"修改多线样式：墙体"窗口的右侧输入偏移的数值等参数，如图 6-14 所示。

④ 单击"确定"按钮回到"多线样式"窗口，可以看到已经增加了"墙体"样式，如图 6-15 所示。

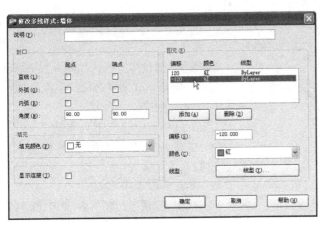

图 6-14 "修改多线样式：墙体"窗口

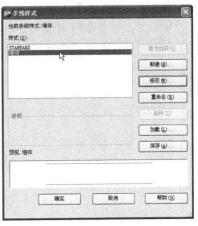

图 6-15 回到"多线样式"窗口

6.7.4 创建多线

创建多线的方法如下。

方法一：在命令行中输入"mline"命令（快捷命令"ml"），按空格键确认。

方法二：在菜单栏中单击"绘图" ⇨ "多线"。

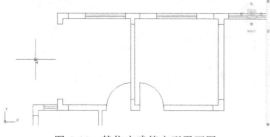

图 6-16　某住宅建筑户型平面图

【练习】　创建多线。

① 单击菜单栏中"文件" ⇨ "打开"，打开某住宅建筑户型平面图，如图 6-16 所示。

② 在命令行中输入"ml"，按空格键确定；在命令行的提示下输入"s"；然后输入比例"1"，按空格键确认，如图 6-17 所示。

③ 在设置好比例后，用鼠标单击要创建双线的位置即可，如图 6-18 所示。

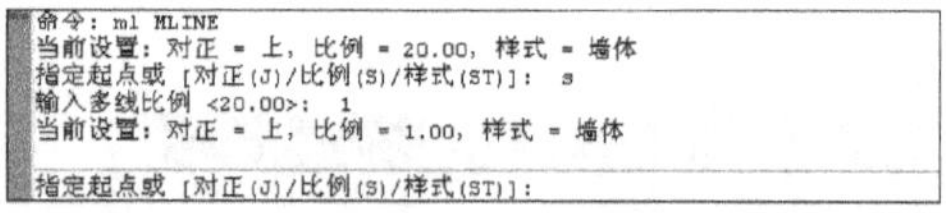

```
命令: ml MLINE
当前设置: 对正 = 上, 比例 = 20.00, 样式 = 墙体
指定起点或 [对正(J)/比例(S)/样式(ST)]: s
输入多线比例 <20.00>: 1
当前设置: 对正 = 上, 比例 = 1.00, 样式 = 墙体
指定起点或 [对正(J)/比例(S)/样式(ST)]:
```

图 6-17　命令行

图 6-18　创建双线

6.8　多边形

在 AutoCAD 2012 中创建的多边形为边数最少为 3 条、最多为 1024 条的正多边形。多边形命令可以方便地创建平时常用的如三角形、正方形、五边形等正多边形，在旅游规划、园林制图中可以绘制如方亭、六角亭等的平面图。

创建正多边形的方法如下。

方法一：在绘图区左侧的绘图工具栏中点击⬡按钮。

方法二：在命令行中输入"polygon"命令（快捷命令"pol"），按空格键确认。

方法三：在菜单栏中单击"绘图" ⇨ "多边形"。

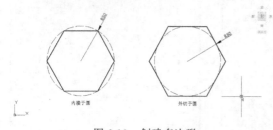

图 6-19　创建多边形

【练习】　创建多边形，如图 6-19 所示。

① 打开 AutoCAD 2012 后首先在工具栏中单击⬡按钮。

② 在命令行中输入下列参数。

• 在命令行中输入所要创建的多变行的边数 6（默认为 4）。

• 指定多边形中心点。

• 根据需要选择"内接于圆"或"外切于圆"。

• 指定圆的半径为"50"。

6.9　矩形

矩形工具可以在绘图中通过指定矩形的两个对角点来创建带有圆角、倒角或直角的矩形。

创建矩形的方法如下。

方法一：在绘图区左侧的绘图工具栏中单击□按钮。

方法二：在命令行中输入"rectang"命令（快捷命令"rec"），按空格键确认。

方法三：在菜单栏中单击"绘图"⇨"矩形"。

图 6-20　创建倒角矩形

【练习】　创建倒角矩形，如图 6-20 所示。

① 打开 AutoCAD 2012 后，首先在状态栏中单击□按钮。

② 在命令行中输入下列命令。

• 指定第一个角点或［倒角（C）/标高（E）/圆角（F）/厚度（T）/宽度（W）］：c

• 指定矩形的第一个倒角距离 <0.0000>：20

• 指定矩形的第二个倒角距离 <20.0000>：10

• 指定第一个角点或［倒角（C）/标高（E）/圆角（F）/厚度（T）/宽度（W）］：0，0（绝对坐标）

• 指定另一个角点或［面积（A）/尺寸（D）/旋转（R）］：200，100（绝对坐标）

提示：

① 创建矩形时命令行中选项的主要含义如下。

• 指定第一个角点：指定矩形中的一个角点坐标（一般为左下角的点）。

• 指定另一个角点：指定第一个角点的对角点的坐标。

• 倒角（C）：可以理解为将矩形的四角削成一定的斜面，练习中应注意在输入倒角距离时的规律。

• 标高（E）：用于指定矩形的平面高度。

• 圆角（F）：与倒角有一些相似，只是将矩形的四角削成四分之一圆弧形，如图 6-21 所示是一个圆角半径为 20 的矩形。

图 6-21　圆角矩形

• 厚度（T）：矩形在 Z 轴方向的高度。

• 宽度（W）：为矩形的边设定线宽。

② 如果设定好倒角数值后无法在绘制的矩形中显示出倒角，很可能是设置的数值过大（两个倒角值之和超过了矩形短边长度）或倒角值相对创建的矩形过小，无法用肉眼识别。

6.10　圆类

AutoCAD 2012 中圆类命令主要包括"圆弧"、"圆"、"椭圆"和"椭圆弧"。其中，"圆弧"和"圆"在旅游规划和园林规划制图中较常用到。

6.10.1　圆弧

圆弧的绘制方式有很多种，在菜单栏的"绘图"⇨"圆弧"中列出了详细绘制圆弧的组合方式，如图 6-22 所示。

创建圆弧的方法如下。

方法一：在命令行中输入"arc"命令（快捷命令"a"），按空格键确认。

方法二：在绘图区左侧的绘图工具栏中单击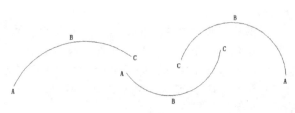按钮。

方法三：在菜单栏中单击"绘图"➡"圆弧"，选择相应命令。

【练习】 创建圆弧，如图 6-23 所示。

① 打开 AutoCAD 2012 后，首先在状态栏中点击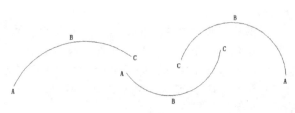按钮。

② 按照命令行的提示先后输入 A、B、C 三点的坐标，不同的输入位置所创建的圆弧也有所不同，如图 6-23 所示。

图 6-22 "绘图"下拉列表——圆弧

图 6-23 创建圆弧

6.10.2 圆

圆是在旅游规划 AutoCAD 制图中经常要用到的二维图形，主要用于绘制平面树、广场铺装图案、柱子等。

圆的绘制方式也有多种，在菜单栏的"绘图"➡"圆"中列出了详细的绘制圆的组合方式，如图 6-24 所示。

在 AutoCAD 2012 中创建圆的方法如下。

方法一：在绘图区左侧的绘图工具栏中单击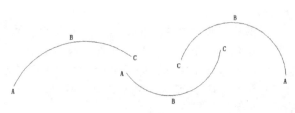按钮。

方法二：在命令行中输入"circle"命令（快捷命令"c"），按空格键确认。

方法三：在菜单栏中单击"绘图"➡"圆"。

【练习】 创建圆，如图 6-25 所示。

① 打开 AutoCAD 后，首先在命令行中输入"c"，按空格键确认。

② 在命令行中输入下列命令。

• 指定圆的圆心坐标：500,400

• 指定圆的半径：200

提示：

创建圆的过程中，命令行选项的主要含义如下。

图 6-24 "绘图"下拉列表——圆

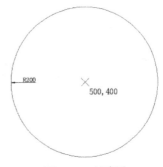

图 6-25 创建圆

- 三点（3P）：通过指定圆上三点的方式来创建圆。
- 二点（2P）：通过指定圆直径的两个端点来创建圆。
- 切点、切点、半径（T）：通过指定与圆相切的两个对象和圆的半径来创建圆，如图 6-26 所示。

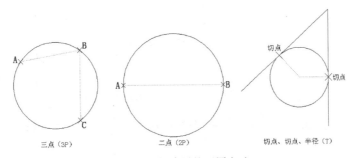

图 6-26 创建圆的不同方法

6.10.3 椭圆和椭圆弧

在 AutoCAD 2012 中创建椭圆的方法如下。

方法一：在命令行中输入"ellipse"命令（快捷命令"el"），按空格键确认。

方法二：在绘图区左侧的绘图工具栏中单击 ⊕ 按钮。

方法三：在菜单栏中单击"绘图" ➡ "椭圆"。

【练习】 创建椭圆，如图 6-27 所示。

① 打开 AutoCAD 2012 后，首先在命令行中输入"el"，按空格键确认。

② 在命令行中输入下列命令。

- 指定椭圆的轴端点或［圆弧（A）/中心点（C）］：c
- 指定椭圆的中心点：500,400
- 指定轴的端点：500
- 指定另一条半轴长度或［旋转（R）］：200

在 AutoCAD 2012 中创建椭圆弧的方法如下。

方法一：在命令行中输入"ellipse"命令（快捷命令"el"），按空格键确认，在命令行提示下输入"a"。

方法二：在绘图区左侧的绘图工具栏中单击 ⊙ 按钮。

方法三：在菜单栏中单击"绘图" ➡ "椭圆" ➡ "圆弧"。

【练习】 创建椭圆弧，如图 6-28 所示。

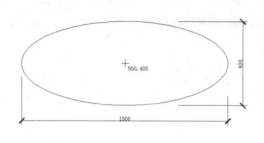

图 6-27 创建椭圆

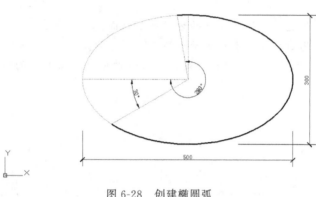

图 6-28 创建椭圆弧

①打开 AutoCAD 2012 后，首先在命令行中输入"el"，按空格键确认，在命令行提示下输入"a"。

②在命令行中输入下列命令。

- 指定轴的另一个端点：500
- 指定另一条半轴长度或［旋转（R）］：150
- 指定起始角度或［参数（P）］：30
- 指定终止角度或［参数（P）/包含角度（I）］：280

提示：

①在 AutoCAD 中，角度的方向以逆时针为正，所以在输入角度值时应注意角度的方向。

②在命令行中输入"el"或点击绘图工具栏 ⊘ 按钮后出现的提示项中的"圆弧（A）"的功能与点击绘图工具栏 ⌒ 按钮是一样的。

6.11 修订云线

顾名思义，云线就是形状像云彩边缘的线，在旅游规划、园林、城市规划制图中常常用云线来绘制树丛平面图。

在 AutoCAD 2012 中创建云线的方法如下。

方法一：在绘图区左侧的绘图工具栏中单击 ⊠ 按钮。

方法二：在命令行中输入"revcloud"命令，按空格键确认。

方法三：在菜单栏中单击"绘图" ⇨ "修订云线"。

【练习】 利用"修订云线"工具绘制小山丘上的树丛，如图 6-29 所示。

① 单击菜单栏中"文件" ⇨ "打开"，打开某山丘等高线图，如图 6-30 所示。

图 6-29 "修订云线"绘制树丛   图 6-30   等高线图

② 在绘图区左侧的绘图工具栏中单击❄按钮。在命令行中按照提示输入以下命令。

- 指定起点或［弧长（A）/对象（O）/样式（S）］＜对象＞：a
- 指定最小弧长 ＜5＞：4
- 指定最大弧长 ＜5＞：12

③ 在等高线图的合适位置单击鼠标左键确定云线的起点，通过拖动鼠标来绘制云线，当鼠标指针接近云线的起点时会自动闭合云线完成云线的绘制，如图 6-31 所示。

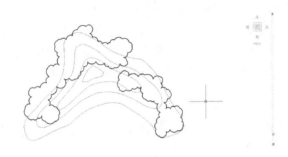

图 6-31   绘制后效果

提示：
创建圆的过程中，命令行选项的主要含义如下。

- 弧长（A）：用于设置云线中的最大弧长和最小弧长，其中最大弧长不能超过最小弧长的 3 倍。
- 对象（O）：该命令可将指定的对象转换为云线。
- 样式（S）：有普通样式和手绘样式两种。

6.12   样条曲线和编辑样条曲线

可以将样条曲线看作是一条光滑的曲线，在旅游规划、园林和城市规划制图中常用来绘制自然岸线或等高线等对象。

6.12.1   样条曲线

在 AutoCAD 2012 中创建样条曲线的方法如下。

方法一：在绘图区左侧的绘图工具栏中单击〜按钮。

方法二：在命令行中输入"spline"命令（快捷命令"spl"），按空格键确认。

方法三：在菜单栏中单击"绘图" ⇨ "样条曲线"。

【练习】 创建样条曲线。

① 打开 AutoCAD 2012 后，首先在工具栏中单击█按钮。

② 在命令行的提示下，首先确定样条曲线的第一点，然后移动鼠标确定下一点，完成后按空格键确认。如图 6-32 所示。

图 6-32　创建样条曲线

6.12.2　编辑样条曲线

辑样条曲线可以添加和删除样条线的拟合点，也可进行闭合样条曲线等操作。

在 AutoCAD 2012 中编辑样条曲线的方法如下。

方法一：双击要编辑的样条曲线即可弹出编辑列表。

方法二：在命令行中输入"splinedit"命令，按空格键确认。

方法三：在菜单栏中单击"修改"➡"对象"➡"样条曲线"。

【练习】 编辑样条曲线。

① 打开前面绘制的样条曲线，如图 6-32 所示。

② 双击要编辑的样条曲线，在弹出的编辑列表中单击"闭合"，在之后的列表中单击"退出"，闭合的样条曲线如图 6-33 所示。

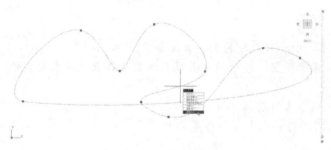

图 6-33　编辑样条曲线

Chapter 07

图形编辑与查询

在创建图形对象的过程中，还需要对图形进行编辑修改，如对图形进行移动、复制、删除等操作以保证能够准确、快速地绘制图纸。在本章中将对 AutoCAD 2012 中的编辑命令进行讲解。

7.1 选择对象

要对所创建的图形对象进行编辑，首先要选择这些对象，快速准确地选择图形对象能够有效地提高绘图速率。

对象选择的方法有很多种。可以在命令行中输入"select"命令，按空格键确认，然后在命令行的提示"选择对象"后输入"?"，再根据需要选择合适的选项。但是此方法在操作上比较烦琐，实际制图过程中很少会用到。

通常情况下可以通过以下方法来选择对象。

方法一：直接将十字光标移动到要选择的对象上，然后单击鼠标左键，当该对象显示为虚线时即被选中，如图 7-1 所示。

方法二：交叉窗选法。在绘图区一点上按住鼠标左键从右向左拖动鼠标，通过鼠标拖动形成的虚线矩形框来选择对象，如图 7-2 所示，只要与矩形框相交或被矩形框包含的图形对象都将被选中，如图 7-3 所示。

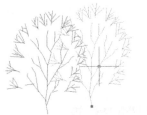

图 7-1　单击要选择的对象

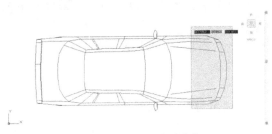

图 7-2　从右向左拖动鼠标

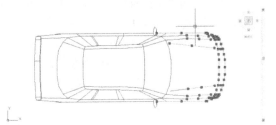

图 7-3　与矩形框相交和包含的对象被选中

方法三：窗选法。与方法二类似，在绘图区一点上按住鼠标左键从左向右拖动鼠标，通过鼠标拖动形成的实线矩形框来选择对象，如图 7-4 所示，只有被矩形框完全包含在内的对象才会被选中，如图 7-5 所示。

方法四：全选。当要选择图纸上的全部对象时，可通过键盘键入快捷键＜Alt ＋ A＞即可，如图 7-6 所示。

提示：

当发现选择完后误选了一些对象，可以按住键盘上的＜Shift＞键，结合前面所讲的选择方法来取消对这些对象的选择。

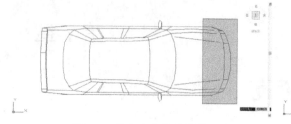

图 7-4 从左向右拖动鼠标

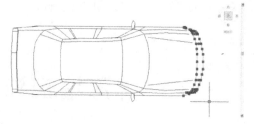

图 7-5 被矩形框完全包含的对象被选中

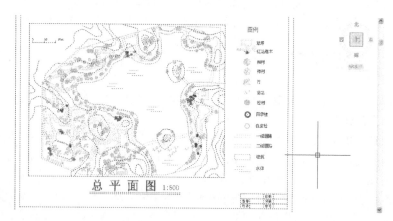

图 7-6 键入快捷键＜Alt ＋ A＞进行全选

7.2 删除对象

通过删除命令可以删除不需要的对象。

在 AutoCAD 2012 中删除对象的方法如下。

方法一：在绘图区将十字光标移动到要删除的对象上，单击选择对象，再按键盘上的
＜Delete＞键直接删除即可。

方法二：在命令行中输入"erase"命令（快捷命令"e"），按空格键确认。

方法三：在绘图区右侧的修改工具栏中单击 ✎ 按钮。

方法四：在菜单栏中单击"修改" ⇨ "删除"。

图 7-7 立面图

【练习】 删除对象。

① 单击菜单栏中"文件" ⇨ "打开"，打开某立面图，如图 7-7 所示。

② 删除图中的汽车。在命令行中输入"e"，按空格键确认；按照命令行的提示选择要删除的对象，如图 7-8 所示。

③ 选择好汽车后，按空格键确认，完成删除操作，如图 7-9 所示。

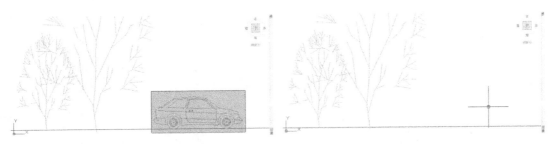

图 7-8　选择要删除的对象　　　　　　　图 7-9　完成删除

7.3　移动对象

移动命令可以移动图纸上的对象，如调整的平面图中树的位置等。移动某一对象时只是位置上的移动，该对象的方向和大小都不改变。

在 AutoCAD 2012 中移动对象的方法如下。

方法一：在命令行中输入"move"命令（快捷命令"m"），按空格键确认。

方法二：在绘图区右侧的修改工具栏中单击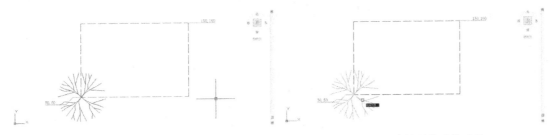按钮。

方法三：在菜单栏中单击"修改"➪"移动"。

方法四：在绘图区将十字光标移动到要移动的对象上，单击选择对象，再按住鼠标左键并拖动该对象（此方法较适用于不需要精确定位时的移动）。

【练习】　移动图形对象。将平面树从坐标（50，50）移动到坐标（150，100），如图7-10 所示。

① 单击菜单栏中"文件"➪"打开"，打开平面树文件。

② 在命令行中输入"m"，按空格键确定，这时十字光标变为小方块，单击要移动的平面树，如图 7-11 所示。

图 7-10　移动平面树　　　　　　　图 7-11　选择要移动的对象

③ 选择好要移动的对象后按空格键确认，在命令行中会提示"指定基点或［位移（D）］＜位移＞"，这时十字光标变成单一十字，移动十字光标到平面树的中心，单击鼠标左键，这时以平面树的中心点为基点来移动平面树，如图 7-12 所示；按照命令行的提示"指定第二个点或 ＜使用第一个点作为位移＞"输入坐标（150，100），按空格键确认，就可将平面树移动到该坐标点，如图 7-13 所示。

提示：

当移动对象时，按＜F3＞键开启对象捕捉功能，会使选择基点或目标点更加准确、便捷。

图 7-12　确定基点　　　　　　　　　　图 7-13　移动后的平面树

7.4　复制对象

在 AutoCAD 2012 中提供了复制、镜像和阵列等复制对象的方式。

7.4.1　复制对象

复制对象就是将已创建的对象通过复制命令方便快捷地创建出与之相同的副本。

复制对象的主要方法如下。

方法一：在命令行中输入"copy"命令（快捷命令"co"），按空格键确认。

方法二：选择要复制的对象，然后在该对象上单击鼠标右键，在弹出的菜单中选择"复制"。

方法三：选择要复制的对象后，按<Ctrl + C>组合键进行复制，然后按<Ctrl + V>组合键进行粘贴。

方法四：在菜单栏中单击"修改" ⇨ "复制"。

【练习】　复制图形对象。

① 单击菜单栏中"文件" ⇨ "打开"，打开某等高线平面图，如图 7-14 所示。

② 在命令行中输入"co"命令，按空格键确认；当光标变为小方块后按命令行的提示选择要复制的对象小树，选中后按空格键确认；确定基点后就可移动鼠标到合适位置单击左键来复制小树了，可以重复单击鼠标左键来复制多个小树，如图 7-15 所示。

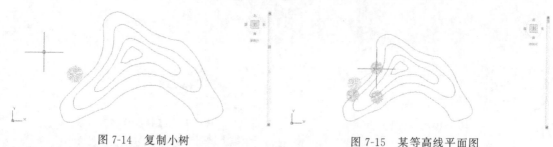

图 7-14　复制小树　　　　　　　　　　图 7-15　某等高线平面图

7.4.2　镜像

镜像命令就是将某一对象相对一条轴线进行左右对称的复制，适用于左右对称但又较难绘制的对象。

镜像对象的方法如下。

方法一：在命令行中输入"mirror"命令（快捷命令"mi"），按空格键确认。

方法二：在绘图区右侧的修改工具栏中单击 按钮。

方法三：在菜单栏中单击"修改" ⇨ "镜像"。

【练习】 镜像图形对象。

① 单击菜单栏中"文件" ⇨ "打开"，打开某道路横断面图，如图 7-16 所示。

② 在命令行中输入"mi"命令，按空格键确认；按照命令行的提示选择要镜像的对象，完成后按空格键确认；这时命令行提示指定镜像线的第一点和第二点，选择图中虚线的两个端点，如图 7-17 所示。

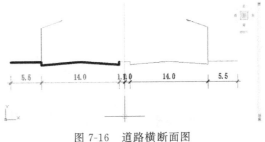

图 7-16　道路横断面图

③ 确定镜像线后，命令行提示是否删除源对象，默认为否，直接按空格键完成镜像，如图 7-18 所示。

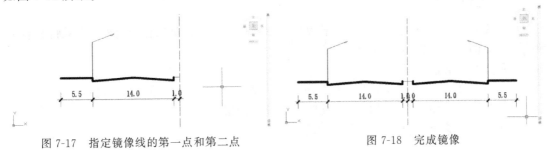

图 7-17　指定镜像线的第一点和第二点　　　　图 7-18　完成镜像

7.4.3　偏移

偏移操作主要是对图中的线进行平行复制，也可对圆或圆弧进行同心圆式偏移。在实际的旅游、园林规划中，常用偏移命令来绘制道路平面图等。

偏移对象的方法如下。

方法一：在命令行中输入"offset"命令（快捷命令"o"），按空格键确认。

方法二：在绘图区右侧的修改工具栏中单击 ⬒ 按钮。

方法三：在菜单栏中单击"修改" ⇨ "偏移"。

【练习】 偏移图形对象，初步绘制某十字路口道路平面图。

① 单击菜单栏中"文件" ⇨ "打开"，打开某十字路口道路中心线平面图，如图 7-19 所示。

② 在命令行中输入"o"命令，按空格键确认；这时命令行提示指定偏移距离，由于道路行车道宽度一般为 $3.5 \sim 3.75 \mathrm{m}$，

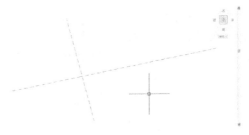

图 7-19　十字路口道路中心线平面图

这里取 $3.75 \mathrm{m}$，在命令行中输入 3.75（规划设计中常以"m"为单位），按空格键确认；同样方法输入车行道两旁步行道宽度为 $3.5 \mathrm{m}$，偏移出步行道，如图 7-20 所示。

③ 偏移距离输入完毕后，光标变为小方块状，这时选择要偏移的道路中心线，在道路中心线的左右或上下分别单击鼠标左键偏移，如图 7-21 所示。

④ 道路中心线一般用实线表示，所以将偏移出的道路路缘线的线型改为实线即可，如

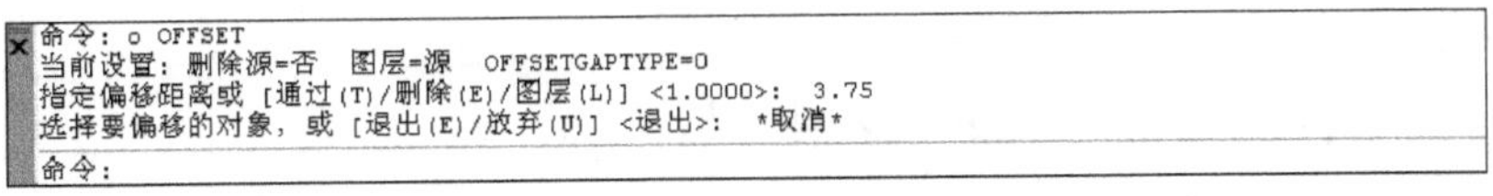

```
命令: o OFFSET
当前设置: 删除源=否  图层=源  OFFSETGAPTYPE=0
指定偏移距离或 [通过(T)/删除(E)/图层(L)] <1.0000>: 3.75
选择要偏移的对象, 或 [退出(E)/放弃(U)] <退出>: *取消*
命令:
```

图 7-20　输入偏移距离

图 7-22 所示。

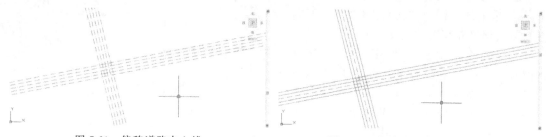

图 7-21 偏移道路中心线　　　　　　图 7-22 将路缘线线型改为实线

7.4.4 矩形阵列

矩形阵列是指将对象复制成以矩形规则分布的阵列形式，可用在绘制规则分布的植物平面图、广场铺砖、建筑布置等方面。

矩形阵列的方法如下。

方法一：在命令行中输入"array"命令（快捷命令"ar"），按空格键确认。

方法二：在绘图区右侧的修改工具栏中点击 器 按钮。

方法三：在菜单栏中点击"修改" ➡ "阵列"。

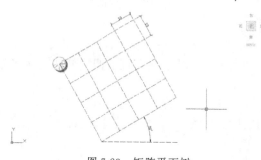

图 7-23 矩阵平面树

【练习】 矩形阵列。

① 点击菜单栏中"文件" ➡ "打开"，打开图纸，如图 7-23 所示；其中虚线网格为 10mm×10mm，倾斜角度为逆时针 30°。

② 通过矩形阵列命令将图 7-23 中的平面树复制到方格网的交叉点上。在命令行中输入"ar"命令，按空格键确认，选择平面树作为对象，在命令行中输入"r"，单击平面树的圆心当做基点。

③ 在命令行中输入"a"（角度），按空格键，输入"30"，按空格键，输入"c"（计数），按空格键，输入"5"（行数），按空格键，输入"5"（列数），如图 7-24 所示。

④ 点击阵列右角，完成矩形阵列，如图 7-25 所示。

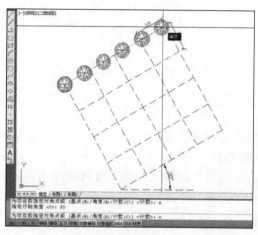

图 7-24 "阵列"窗口

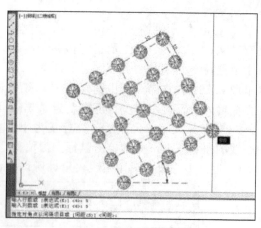

图 7-25 完成矩形阵列

7.4.5　环形阵列

环形阵列就是以指定的圆点为中心，将对象以环形方式进行阵列的复制方式。

环形阵列的方法如下。

方法一：在命令行中输入"array"命令（快捷命令"ar"），按空格键确认。

方法二：在绘图区右侧的修改工具栏中单击🔠按钮。

方法三：在菜单栏中单击"修改" ⇨ "阵列"。

【练习】　环形阵列，如图 7-26 所示。

① 单击菜单栏中"文件" ⇨ "打开"，打开图纸，如图 7-27 所示。

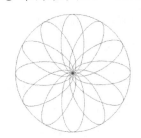

图 7-26　环形阵列

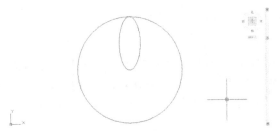

图 7-27　将大圆中的椭圆进行环形阵列

② 在命令行中输入"ar"命令，按空格键确认，选取椭圆形，在命令行输入"po"，单击大圆中心为中心点，在命令行中输入"12"，按空格键确认，继续输入 360（填充角度），如图 7-28 所示。

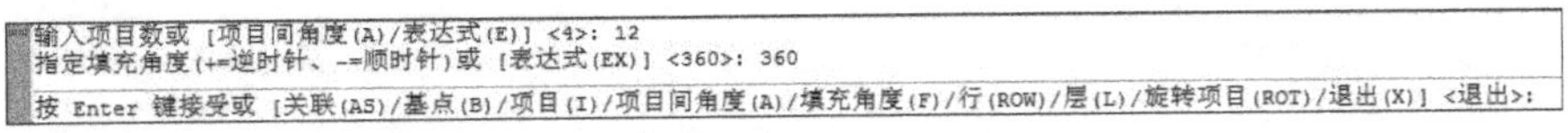

```
输入项目数或 [项目间角度(A)/表达式(E)] <4>: 12
指定填充角度(+=逆时针、-=顺时针)或 [表达式(EX)] <360>: 360
按 Enter 键接受或 [关联(AS)/基点(B)/项目(I)/项目间角度(A)/填充角度(F)/行(ROW)/层(L)/旋转项目(ROT)/退出(X)] <退出>:
```

图 7-28　命令行窗口

③ 单击"确定"按钮，即可对椭圆进行环形阵列，如图 7-26 所示。

7.5　延伸对象

延伸命令可将包括直线、圆弧、椭圆弧、多段线和射线延伸到选定的对象边界上。

延伸对象的方法如下。

方法一：在命令行中输入"extend"命令（快捷命令"ex"），按空格键确认。

方法二：在绘图区右侧的修改工具栏中单击 --/ 按钮。

方法三：在菜单栏中单击"修改" ⇨ "延伸"。

【练习】　利用延伸命令整理图纸。

① 我们常会搜集一些图纸作为参考，而这些从不同途径得到的图纸常常在细微处会有瑕疵，这时就要对其进行修改。单击菜单栏中"文件" ⇨ "打开"，打开某广场平面图，如图 7-29 所示。

② 仔细放大观察会发现，平面图中一些铺砖线并没有闭合，如图 7-30 所示（圆虚线内）。

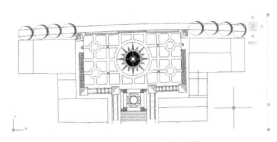

图 7-29　某广场平面图

③ 利用延伸命令修补未闭合的地方。在命令行中输入"ex"命令，按空格键确认；按照命令行的提示单击选择要延伸到的边界，按空格键确认，如图 7-31 所示；再按照命令行的提示选择要延伸的对象，按空格键确认，如图 7-32 所示，完成对这条直线的延伸。

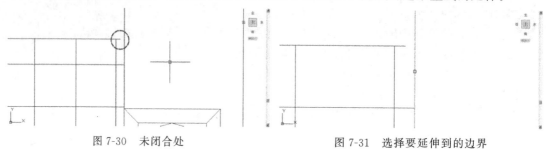

图 7-30　未闭合处　　　　　　　　　　　　图 7-31　选择要延伸到的边界

提示：

如果有许多如练习中的直线一样需要延伸的直线，为加快操作，可以在命令行中输入"ex"命令后连续按两次空格键，然后直接用鼠标单击要延伸的直线即可。应注意用此法延伸对象是要单击离边界较近的一侧位置，否则要延伸的对象将向相反方向延伸，如图 7-33 所示。

图 7-32　选择要延伸的对象　　　　　　　　图 7-33　延伸方向示意图

7.6　拉伸对象

拉伸命令是用来拉伸与交叉窗口相交的直线、多段线、圆弧、样条曲线和二维实体等对象。需要注意的是，被包含在交叉窗口内的端点可以移动，而没有被包含在交叉窗口内的端点将不能移动。

拉伸对象的方法如下。

方法一：在命令行中输入"stretch"命令（快捷命令"s"），按空格键确认。

方法二：在绘图区右侧的修改工具栏中单击 按钮。

方法三：在菜单栏中单击"修改" ⇨ "拉伸"。

【练习】 拉伸对象。

① 单击菜单栏中"文件" ⇨ "打开"，打开某住宅建筑平面图，如图 7-34 所示。

② 在命令行中输入命令"s"，按空格键确认；在命令行的提示下用交叉窗口选择要进行拉伸的对象，选择好后按空格键确认，如图 7-35 所示。

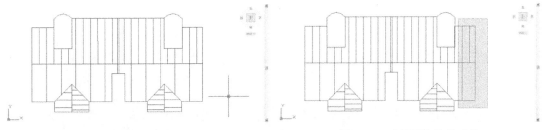

图 7-34　某住宅建筑平面图　　　　　　　图 7-35　选择要拉伸的对象

③ 选择移动基点。这里选择右下角的点，如图 7-36 所示。

④ 向右拖动鼠标进行拉伸（也可在命令行中输入数字进行精确拉伸），按鼠标左键确认完成拉伸，如图 7-37 所示。

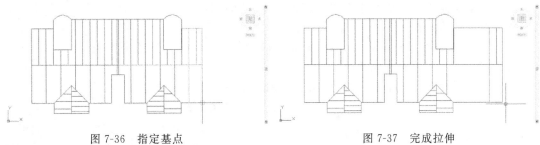

图 7-36　指定基点　　　　　　　　　　　图 7-37　完成拉伸

提示：

被定义为块的对象不能进行拉伸操作，必须首先将块进行分解操作才能进行拉伸（关于块的知识将在后面的章节中讲到）。

7.7　旋转对象

旋转命令可以以指定的基点旋转选定的一个或多个对象。

旋转对象的方法如下。

方法一：在命令行中输入"rotate"命令（快捷命令"ro"），按空格键确认。

方法二：在绘图区右侧的修改工具栏中单击 按钮。

方法三：在菜单栏中单击"修改" ⇨
"旋转"。

【练习】 旋转对象。

① 单击菜单栏中"文件" ⇨ "打开"，打开某汽车平面图，如图 7-38 所示。

② 利用旋转命令将汽车与虚线调整为平行状态。在命令行输入"ro"命令，按空格键确认；在命令行的提示下选择要旋

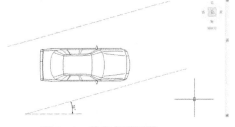

图 7-38　某汽车平面图

转的对象汽车并按空格键确认；按照命令行提示指定旋转的基点，这里选择汽车的左上角，如图 7-39 所示。

③ 指定完基点后，按命令行的提示输入旋转角度 15°，按空格键确认，如图 7-40
所示。

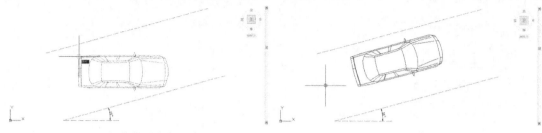

图 7-39　选择旋转对象并指定基点　　　　　　图 7-40　完成旋转

7.8　缩放对象

缩放功能就是将选定的对象按照一定比例放大或缩小。

缩放对象的方法如下。

方法一：在命令行中输入"scale"命令（快捷命令"sc"），按空格键确认。

方法二：在绘图区右侧的修改工具栏中单击▢按钮。

方法三：在菜单栏中单击"修改"⇨"缩放"。

图 7-41　平面树和四角石桌平面图

【练习】　缩放对象。

①　单击菜单栏中"文件"⇨"打开"，打开一张平面树和四角石桌的平面图，如图 7-41 所示。

②　观察图纸发现，平面树和石桌的比例严重失调，树太大或桌子太小。通过缩小树的大小来使图面合乎常理。在命令行中输入"sc"命令，按空格键确认；然后按照命令行的提示选择要缩放的平面树对象，按空格键确认；指定基点，按空格键确认，如图 7-42 所示。

③　指定基点后，在命令行中输入比例因子 0.4（比例因子大于 1 时为放大，小于 1 时为缩小对象），按空格键确认完成缩放，再将缩放后的平面树移动到合适位置即可，如图 7-43 所示。

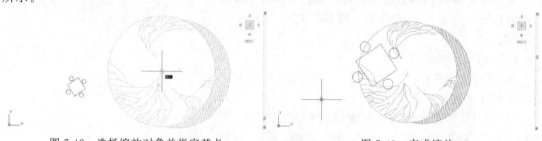

图 7-42　选择缩放对象并指定基点　　　　　　图 7-43　完成缩放

7.9　修剪对象

修剪命令与延伸命令相反。修剪命令是将超出或者夹在图形对象边界的直线、多段线、圆弧等对象修剪掉的命令。

修剪对象的方法如下。

方法一：在命令行中输入"trim"命令（快捷命令"tr"），按空格键确认。

方法二：在绘图区右侧的修改工具栏中单击 -/-- 按钮。

方法三：在菜单栏中单击"修改" ⇨ "修剪"。

【练习】 修剪对象。

① 单击菜单栏中"文件" ⇨ "打开"，打开在讲解偏移命令时绘制的道路平面图，将交叉口处多余的线段修剪掉，如图7-22所示。

② 在命令行中输入"tr"，按空格键确认；按照命令行的提示选择作为边界的对象，如图7-44中虚线所示，按空格键确认。

③ 根据命令行提示选择要修剪的对象即可进行修剪，最后将交叉口多余线条全部修剪掉，如图7-45所示。

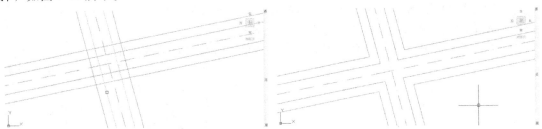

图7-44 选择边界对象   图7-45 修剪后的交叉口

提示：

与延伸命令类似，也可以在命令行中输入"tr"命令后，连续按两次空格键，然后直接用鼠标单击要修剪的直线即可，这样AutoCAD会自动默认与要修剪对象相距距离最短的图形对象作为边界对象。

7.10 倒角对象

倒角命令是在不平行的直线、多段线等的交点尖角处或缺口处创建切角的命令。

倒角对象的方法如下。

方法一：在命令行中输入"chamfer"命令（快捷命令"cha"），按空格键确认。

方法二：在绘图区右侧的修改工具栏中单击 ⬠ 按钮。

方法三：在菜单栏中单击"修改" ⇨ "倒角"。

【练习】 倒角对象。

① 单击菜单栏中"文件" ⇨ "打开"，打开7.9节中修剪好的道路交叉口平面图，如图7-45所示。

② 在命令行中输入"cha"命令，按空格键确认；然后根据命令行的提示输入"d"，按空格键确认；之后输入倒角距离，均为"10"，如图7-46所示。

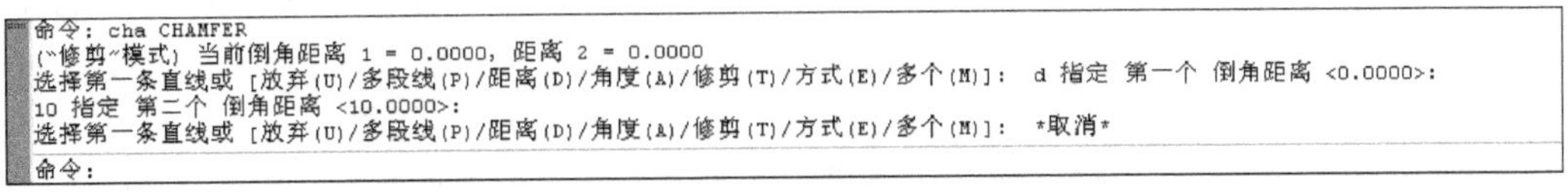

```
命令: cha CHAMFER
("修剪"模式) 当前倒角距离 1 = 0.0000，距离 2 = 0.0000
选择第一条直线或 [放弃(U)/多段线(P)/距离(D)/角度(A)/修剪(T)/方式(E)/多个(M)]: d 指定 第一个 倒角距离 <0.0000>:
10 指定 第二个 倒角距离 <10.0000>:
选择第一条直线或 [放弃(U)/多段线(P)/距离(D)/角度(A)/修剪(T)/方式(E)/多个(M)]: *取消*
命令:
```

图7-46 根据命令行提示输入数据

③ 输入完倒角距离后选择要倒角的对象，如图7-47所示。

④ 用同样方法对交叉口处的四角进行倒角处理，如图7-48所示。

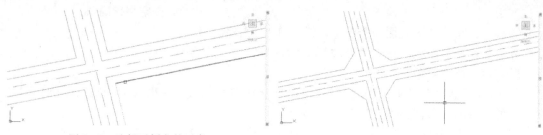

图 7-47　选择要倒角的对象　　　　　　　　图 7-48　完成倒角

提示：

① 倒角命令行中选项的主要含义如下。

- 多段线（P）：可以为整条多段线的尖角处进行一次性倒角。
- 距离（D）：通过制定距离进行倒角。
- 角度（A）：通过第一条线的距离和第二条线的角度进行倒角操作。

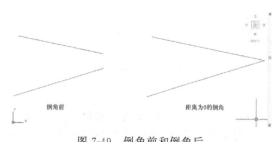

图 7-49　倒角前和倒角后

- 修剪（T）：用于控制是否在倒角完成后保留原来的尖角或缺口。
- 方式（E）：选择是通过距离还是角度方式进行倒角。
- 多个（M）：为多个图形对象进行倒角。

② 如果倒角距离为 0，则可将两条不相交的直线交于它们的延长线上，如图 7-49 所示。

7.11　圆角对象

圆角命令是通过圆弧在直线、多段线等的交点尖角处或缺口处创建圆角的命令。

圆角对象的方法如下。

方法一：在命令行中输入 "fillet" 命令（快捷命令 "f"），按空格键确认。

方法二：在绘图区右侧的修改工具栏中单击⌒按钮。

方法三：在菜单栏中单击 "修改" ⇨ "圆角"。

【练习】 圆角对象。

① 单击菜单栏中 "文件" ⇨ "打开"，打开 7.10 节经过倒角的道路交叉口平面图，如图 7-48 所示。

② 在命令行中输入 "f" 命令，按空格键确认；按照命令行提示输入 "r"，按空格键确认；然后输入圆角半径 "8"（道路交叉口转弯半径一般 5～25m），按空格键确认，如图 7-50 所示。

③ 输入圆角半径后，选择要进行圆角操作的对象，如图 7-51 所示。

④ 依次单击要进行圆角的对象，完成道路交叉口平面图的绘制，如图 7-52 所示。

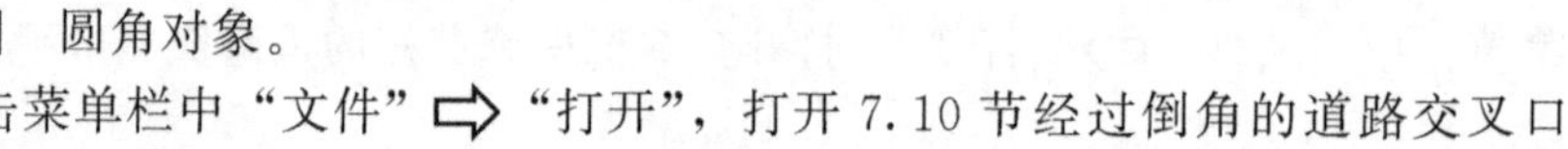

```
命令: f FILLET
当前设置: 模式 = 修剪, 半径 = 0.0000
选择第一个对象或 [放弃(U)/多段线(P)/半径(R)/修剪(T)/多个(M)]: r 指定圆角半径 <0.0000>: 8
选择第一个对象或 [放弃(U)/多段线(P)/半径(R)/修剪(T)/多个(M)]:
```

图 7-50　输入圆角半径

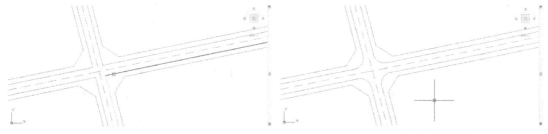

图 7-51　选择要进行圆角的对象　　　　　图 7-52　完成圆角操作

7.12　打断对象

打断命令可以将选定的直线、多段线、样条曲线、圆弧、椭圆弧等对象的两点间的部分删除，或者在一点处断开。

7.12.1　打断于点

打断于点命令使选定的对象在一点断开。

打断于点的方法如下。

方法一：在绘图区右侧的修改工具栏中单击 按钮。

方法二：在命令行中输入"break"命令（快捷命令"br"），按空格键确认。

方法三：在菜单栏中单击"修改" ⇨
"打断"。

【练习】 将对象打断于点。

① 单击菜单栏中"文件" ⇨ "打开"，
打开一个图形文件，如图 7-53 所示。

② 在绘图区左侧的修改工具栏中单击
按钮，按照命令行的提示选择要打断的
对象，如图 7-54 所示。

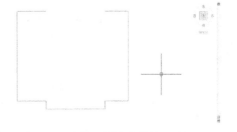

图 7-53　连续不闭合多段线

③ 选择打断点，完成打断于点的操作，这时之前连续的多段线已经被打断为两条多段线，如图 7-55 所示。

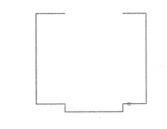

图 7-54　选择要打断的对象

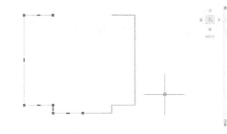

图 7-55　打断为两条多段线

7.12.2　打断对象

打断命令可将对象上选定的两点之间的部分删除。

打断于点的方法如下。

方法一：在绘图区右侧的修改工具栏中单击 按钮。

方法二：在命令行中输入"break"命令（快捷命令"br"），按"空格"键确认。

方法三：在菜单栏中单击"修改" ⇨ "打断"。

【练习】 将对象打断。

① 单击菜单栏中"文件" ⇨ "打开"，打开一个椭圆弧图形文件，如图 7-56 所示。

② 在命令行中输入"br"命令，按空格键确认；按照命令行的提示选择要打断的对象，如图 7-57 所示。

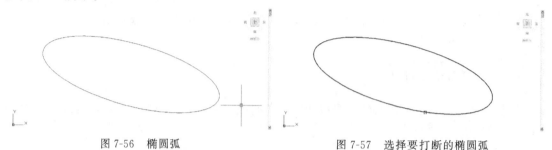

图 7-56　椭圆弧　　　　　　　　图 7-57　选择要打断的椭圆弧

③ 选择好要打断的对象后，在命令行中输入"f"，按空格键确认；按照命令行提示选择要打断的点，选择点 1、2，如图 7-58 所示。

④ 完成打断操作，如图 7-59 所示。

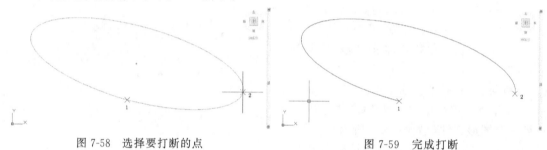

图 7-58　选择要打断的点　　　　　　图 7-59　完成打断

提示：

① 打断于点命令也可以通过输入"br"等命令激活，然后连续点击同一点两次实现，但是只适用于能够精确捕捉到的点。

② 打断于点命令不能在一点打断闭合对象（例如圆）。

7.13　合并对象

合并命令可以将两个或两个以上的直线、多段线、样条曲线、圆和圆弧等图形对象合并成一个对象；合并命令还可以将圆弧或椭圆弧闭合为圆或椭圆。

合并对象的方法如下。

方法一：在命令行中输入"join"命令（快捷命令"j"），按空格键确认。

方法二：在绘图区右侧的修改工具栏中单击 ⊷ 按钮。

方法三：在菜单栏中单击"修改" ⇨ "合并"。

【练习】 合并对象。

① 单击菜单栏中"文件" ⇨ "打开"，打开由两条相连样条曲线组成的图形，如图 7-60 所示。

② 在命令行中输入"j"命令，按空格键确认；按照命令行的提示分别选择样条曲线 1 和

样条曲线2，按空格键确认，即将两条样条曲线合并成一条闭合的样条曲线，如图7-61所示。

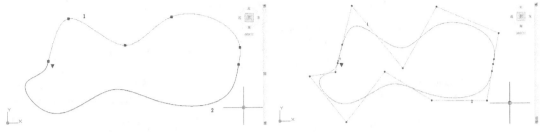

图7-60　由样条曲线1、2组成的图形　　　　　图7-61　完成合并

提示：

合并命令对于要合并的对象有很多条件限制。

① 要合并的直线对象必须处于一条直线的延长线上。如果两条直线首尾不相接，那么合并后软件会自动连接它们。

② 要合并的圆弧或椭圆弧必须处于同一个完整的、虚拟存在的圆或椭圆上。

③ 合并样条曲线、多段线时必须是相连的。

7.14　分解对象

分解命令可以将多段线、矩形、多边形、图块、文字等对象分解成单个对象。如多段线经分解后，可得到若干条首尾相连的直线。

分解对象的方法如下。

方法一：在命令行中输入"explode"命令（快捷命令"x"），按空格键确认。

方法二：在绘图区右侧的修改工具栏中单击 按钮。

方法三：在菜单栏中单击"修改" ➡ "分解"。

【练习】　分解对象。

① 单击菜单栏中"文件" ➡ "打开"，打开一个由矩形命令创建的圆角矩形，如图7-62所示。

② 在命令行中输入"x"命令，按空格键确认；按照命令行的提示选择要分解的对象，选好后按空格键确认；完成分解操作，原来的圆角矩形被分解成由4条直线和4个圆弧组成的图形，如图7-63所示。

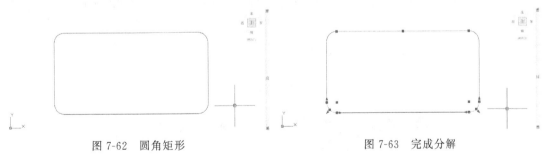

图7-62　圆角矩形　　　　　　　　图7-63　完成分解

7.15　查询

查询命令可以让我们知道图形对象的距离、面积、坐标等信息。可以在 AutoCAD 2012

的功能区空白处单击鼠标右键，在弹出的菜单中选择"AutoCAD"➡"查询"打开查询控制栏，如图 7-64 所示；查询工具栏各键功能如图 7-65 所示。

其中旅游规划、园林规划常用的命令有距离和面积的测量。

图 7-64　打开查询工具栏图

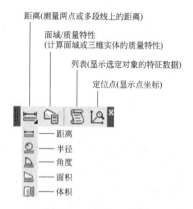

图 7-65　查询工具栏

7.15.1　测量距离

用来测量两点间的距离。

测量距离的方法如下。

方法一：在命令行中输入"dist"命令（快捷命令"di"），按空格键确认。

方法二：在查询工具栏中单击 按钮。

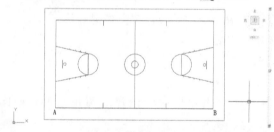

图 7-66　标准篮球场平面图

方法三：在菜单栏中单击"工具"➡"查询"➡"距离"。

【练习】　测量距离。

①单击菜单栏中"文件"➡"打开"，打开一个标准篮球场平面图，测量篮球场长边（AB）距离，如图 7-66 所示。

②在命令行中输入"di"命令，按空格键确认；根据命令行提示指定第一点 A 和第二点 B；指点好两点后在，命令行就会显示两点的距离（单位：毫米），如图 7-67 所示；另外，也可按<F2>键打开单独的文本窗口显示距离信息，如图 7-68 所示。

图 7-67　在命令行显示距离

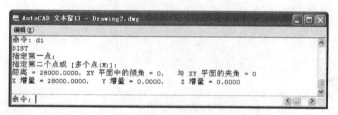

图 7-68　在文本窗口显示距离

7.15.2 测量面积

用来测量指定的面域面积和周长。

测量面积的方法如下。

方法一：在命令行中输入"area"命令（快捷命令"aa"），按空格键确认。

方法二：在查询工具栏中单击 按钮。

方法三：在菜单栏中单击"工具" ⇨ "查询" ⇨ "面积"。

【练习】 测量面积。

① 单击菜单栏中"文件" ⇨ "打开"，打开住宅建筑平面图，测量其中一个单元楼的占地面积，如图7-69所示。

② 在命令行中输入"aa"命令，按空格键确认；根据命令行提示先后指定建筑平面图外轮廓线各角点；指点好各角点后，在命令行就会显示该区域的面积和周长（单位：米），如图7-70所示；另外，也可按<F2>键打开单独的文本窗口显示面积和周长信息，如图7-71所示。

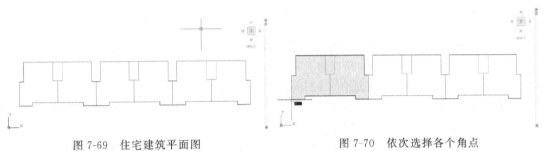

图7-69　住宅建筑平面图　　　　　　图7-70　依次选择各个角点

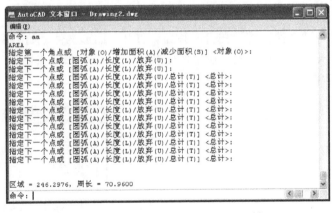

图7-71　在文本窗口中显示面积和周长

7.15.3 其他查询命令

① 列表 ：用于显示选定对象的特性数据信息，如对象所在图层、坐标、面积、周长以及各点坐标等。

② 定位点 ：用于显示指定点的坐标值。

第 8 章

面域和图案填充

在进行旅游规划、园林规划等领域的图纸绘制时,为了更加直观地表现如铺装类型、用地类型或性质等属性,会使用到图案填充命令。

8.1 边界和面域

8.1.1 边界

边界命令可以在一个封闭的区域上创建一个沿该封闭区域边界的封闭多段线。创建的多段线可以用来填充图案、测算面积或对其进行偏移、复制等操作。

在 AutoCAD 2012 中创建边界的方法如下。

方法一:在命令行中输入"boundary"命令(快捷命令"bo"),按空格键确认。

方法二:在菜单栏中单击"绘图" ⇨ "边界"按钮。

方法三:在"草图与注释"工作空间的"常用"选项卡中的"绘图"面板中单击 图标。

【练习】 创建边界。

① 单击菜单栏中"文件" ⇨ "打开"按钮,打开一图形文件,如图 8-1 所示。

② 创建五角星与圆的交集边界。在命令行中输入"bo",按空格键确认,弹出"边界创建"窗口,如图 8-2 所示。

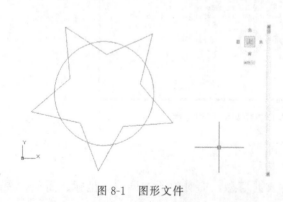

图 8-1 图形文件

图 8-2 "边界创建"窗口

③ 单击"边界创建"窗口中的 "拾取点"按钮,在五角星和圆的交集区域内任意点单击鼠标左键,如图 8-3 所示。

④ 拾取好内部点后按空格键确认,即可创建五角星和圆的交集边界,如图 8-4 所示,软件会自动生成一条新的多段线边界,移动刚才创建的边界就可以看到,如图 8-5 所示。

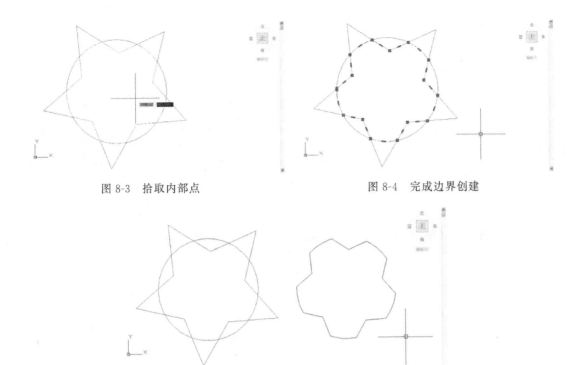

图 8-3　拾取内部点　　　　　　　　　　　图 8-4　完成边界创建

图 8-5　生成新的多段线边界

8.1.2　面域

面域与边界类似，不同的是面域可以理解是一个没有厚度的片，而边界是一个线框，并且面域不能进行偏移等操作。

创建面域的方法如下。

方法一：在命令行中输入"region"命令（快捷命令"reg"），按空格键确认。

方法二：在绘图区左侧的绘图工具栏中单击⊙按钮。

方法三：在菜单栏中单击"绘图"➡"面域"按钮。

方法四：在命令行中输入"boundary"命令（快捷命令"bo"），按空格键确认，在弹出的"边界创建"窗口的"对象类型"选项中选择"面域"。

【练习】　创建面域。

① 单击菜单栏中"文件"➡"打开"按钮，打开一图形文件，如图 8-6 所示。

② 在命令行中输入"reg"，按空格键确认；按照命令行提示选择要创建面域的对象，

图 8-6　图形文件

这里通过交叉窗选法选择图中的圆，如图 8-7 所示。

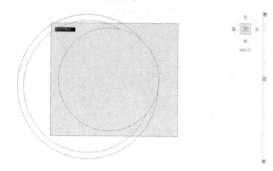

图 8-7　选择要创建面域的对象

③ 选择好对象后按空格键确认，完成面域的建立，如图 8-8 所示。

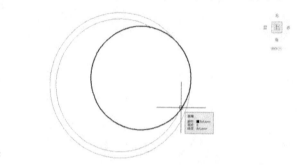

图 8-8　完成面域建立

提示：

① 边界与面域的主要区别如下。

- 用来创建边界的图形对象中不能包含椭圆、椭圆弧和样条曲线，而创建面域时可以，因为边界是由多段线围成的。
- 当对象为相交或自交的线时，不能用建立面域的方法，如图 8-9 所示。
- 边界是由多段线围成的线框，面域是面对象。
- 边界可以进行偏移等操作，面域不能。

② 面域对象还支持布尔运算，即可以通过差集（Subtract）、并集（Union）或交集（Intersect）来创建组合面域。

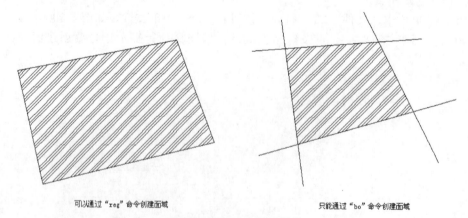

可以通过 "reg" 命令创建面域　　　　只能通过 "bo" 命令创建面域

图 8-9　面域建立时的限制

8.2 图案填充

不论是在旅游规划、园林规划、城市规划还是在建筑设计的绘图中，都会用到图案填充。如在规划设计中标示不同的用地性质或铺装类型，或在建筑设计中标示墙体饰面材料或施工详图中的构筑材料，都会用到图案填充。

图案填充的方法如下。

方法一：在命令行中输入"hatch"命令（快捷命令"h"），按空格键确认。

方法二：在绘图区左侧的绘图工具栏中单击█按钮。

方法三：在菜单栏中单击"绘图" ➡ "图案填充"。

【练习】 图案填充。

① 单击菜单栏中"文件" ➡ "打开"，打开建筑及周边地块平面图，如图 8-10 所示。在建筑周围的地块 1、2、3 中填充标示草地的图案。

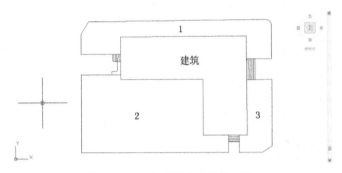

图 8-10　建筑及周边地块平面图

② 在命令行中输入"h"，按空格键确认，弹出"图案填充和渐变色"窗口，如图 8-11 所示。

图 8-11　"图案填充和渐变色"窗口

③ 在"图案填充和渐变色"窗口"图案"栏后单击 按钮，弹出"填充图案选项板"窗口，如图 8-12 所示，选择其中名称为"GRASS"的图案，点击"确定"按钮。

④ 回到"图案填充和渐变色"窗口后，单击窗口右侧的 "添加：拾取点"按钮，这时"图案填充和渐变色"窗口暂时消失。分别单击平面图中的 1、2、3 号地块，然后按空格键回到"图案填充和渐变色"窗口，单击"确定"按钮完成填充，如图 8-13 所示。

图 8-12 "填充图案选项板"窗口

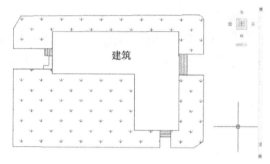

图 8-13 完成图案填充

8.3 渐变色填充

可以在指定范围内填充渐变色，旅游规划、园林规划制图中可用来表现水面等。

渐变色填充的方法：与图案填充方法相同，只需要在"图案填充和渐变色"窗口中单击

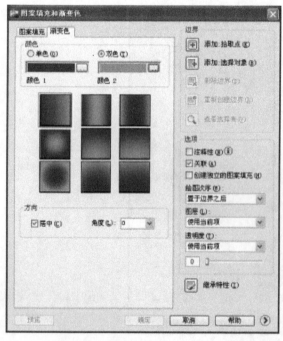

图 8-14 选择"渐变色"选项卡

上方的"渐变色"选项卡进行设置即可，如图 8-14 所示。

【练习】 渐变色填充。

① 单击菜单栏中"文件" ⇨ "打开"，打开一个由样条曲线绘制的封闭图形，假设它是一个小池塘，将它填充渐变色，如图 8-15 所示。

② 在命令行中输入"h"，按空格键确认，弹出"图案填充和渐变色"窗口，选择"渐变色"选项卡，在颜色 1 中选择一种较深的蓝色，在颜色 2 中选择较浅的蓝色，如图 8-14 所示。

③ 选择好颜色后，选择 9 种渐变效果中的左下角的"反转球形"效果，然后单击窗口右侧的 "添加：拾取点"按钮，单击小池塘范围内任意一点，然后按空格键回到"图案填充和渐变色"窗口，点击"确定"按钮完成渐变填充，

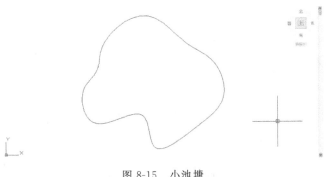

图 8-15　小池塘

如图 8-16 所示。

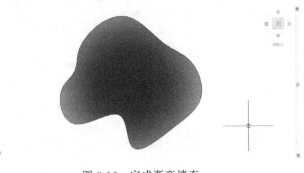

图 8-16　完成渐变填充

8.4　图案填充的编辑

在进行图案填充时，如果对填充的效果不满意，可以通过对填充图案的比例、角度等属性进行编辑来满足要求。

8.4.1　设置图案填充比例

要改变填充图案的大小或密度，可通过调整比例来实现。

调整填充比例的方法如下。

方法一：在命令行中输入"hatchedit"命令（快捷命令"he"），按空格键确认。

方法二：在菜单栏中单击"修改" ⇨ "对象" ⇨ "图案填充"。

方法三：选中填充的图案，单击鼠标右键，在弹出的菜单中选择"图案填充编辑"选项。

方法四：在填充的图案上双击鼠标左键，在弹出的"特性"窗口中的"比例"栏中修改。

【练习】　调整填充图案比例。

① 单击菜单栏中"文件" ⇨ "打开"，打开填充了双斜线的图形，如图 8-17 所示。

② 在命令行中输入"he"，按空格键确认；这时，命令行提示选择图案填充对象，点选填充图案，弹出"图案填充编辑"窗口，如图 8-18 所示。

③ 可以看到，在"比例"一项中显示比例为 350。将其调整为 50，然后单击"确定"按钮，观察效果，可见填充图案变大，如图 8-19 所示。

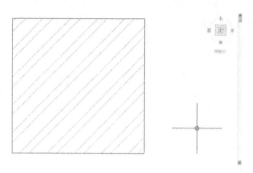

图 8-17　填充了双斜线的图形

图 8-18　"图案填充编辑"窗口

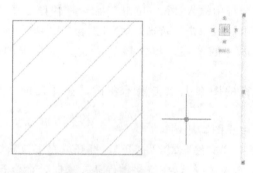

图 8-19　修改比例后的效果

提示：

如果无法确定输入多大比例符合要求的话，可尝试不同的比例大小，点击"图案填充编辑"窗口左下角的"预览"按钮观察改变后的效果。

8.4.2 设置图案填充角度

用与调整比例相同方法进入"图案填充编辑"窗口后,在"角度"栏中输入相应角度即可。如在 8.4.1 节的例子中输入角度为"30",则效果如图 8-20 所示。

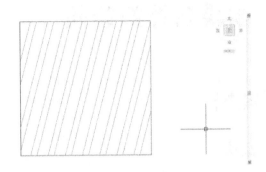

图 8-20　修改填充角度后的效果

8.4.3 分解填充的图案

如果要删除或对填充的图案做部分编辑时,可运用第 7 章讲到的分解命令分解填充的图案,然后进行编辑。

【练习】 分解填充图案。

以图 8-17 为例,选中填充的图案,然后在命令行中输入"x",按空格键确认对填充的图案进行分解,分解后方框中的填充对象变成一条条单独的斜线,如图 8-21 所示。之后,就可以对每条斜线做单独编辑了。

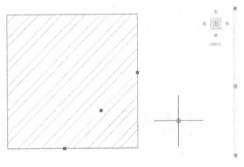

图 8-21　分解后的填充图案

Chapter 09 图块与外部参照

9.1 认识图块

9.1.1 什么是图块

图块就是由若干个单独对象（直线、圆、弧、多段线、样条曲线等）所组成的整体，就像是这些单独对象被粘在了一起，它们一起被移动，一起被旋转，一起被复制，一起被镜像。

9.1.2 图块的优点

（1）节省存储空间　如果对一个由单独的普通对象组成的图纸文件进行保存，那么 AutoCAD 需要保存其每一个对象的位置、类型、图层、颜色等信息，一个大型的图纸文件需要存储的信息量很大。要是以若干对象为单位把它们建立成块，那么在存储时，软件只需以块为单位保存信息。

图 9-1、图 9-2 都是由尺寸相同的平面树绘制的，不同的是第一张图中的平面树是以块的形式绘制的，而第二张图中的平面树是以普通的直线绘制的。将这两张图保存后，用块绘制的图纸的大小为 68.8KB，用普通直线绘制的图纸大小则达到了 106KB。

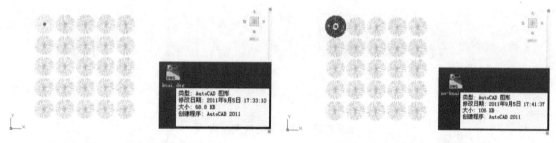

图 9-1　块组成的图形　　　　　　　图 9-2　普通单独对象组成的图形

（2）可以提高绘图效率　如果把一些需要重复绘制的图形对象以块的形式保存下来，那么不管是在当前的任务还是在以后的绘图中，都可以方便地调取这些块插入到图纸中，而不用再从新绘制。

（3）便于修改图形　例如在旅游、园林规划制图中插入了很多以块为单位的平面树，要是对其中一些树种不满意，可以很方便地把它们替换成其他块。

（4）可以添加属性信息　可以给块创建文字属性，这样即加强了图纸的可读性，也方便今后对块的调取。例如一个树的平面图块，可以附上树种、冠幅或胸径、习性等属性信息。

9.2 创建块

图块分为两种：内部块和外部块。其中，内部块在建立后被保存在其所建立的图形文件内，并只能在此图形文件内调用，如在绘制一张植物配置平面图时建立的内部块就只能在绘制这张图时调用；当建立的是外部块时，在绘制任何图纸时都可调用，因为外部块是保存在本地磁盘中的文件，而不是像内部块那样保存在某一图纸文件内。

9.2.1 创建内部块

在 AutoCAD 2012 中创建内部块的方法如下。

方法一：在命令行中输入"block"命令（快捷命令"b"），按空格键确认。

方法二：在绘图区左侧的绘图工具栏中单击 按钮。

方法三：在菜单栏中单击"绘图" ➪ "块" ➪ "创建"。

【练习】 创建内部块。

① 单击菜单栏中"文件" ➪ "打开"，打开一张篮球场平面图，如图9-3所示。

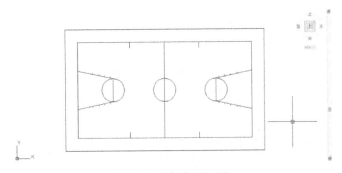

图9-3 篮球场平面图

② 在命令行中输入"b"，按空格键确认，弹出"块定义"窗口，如图9-4所示。

图9-4 "块定义"窗口

③ 在"块定义"窗口中的"名称"栏中输入"篮球场"，然后单击选择对象按钮 ，在绘图区全选要建立内部块的对象，如图9-5所示；之后，按空格键确认，回到"块定义"窗口。

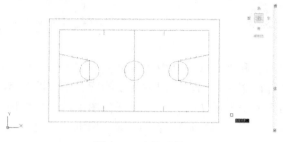

图 9-5　选择对象

④ 可以发现，在选择完对象后，在"名称"一栏的后面已经有了一个小篮球场的图标，说明已经选择好对象，单击"确定"按钮即可完成内部块的建立，如图 9-6 所示。

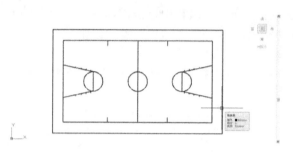

图 9-6　完成内部块的创建

9.2.2　创建外部块

创建外部块的方法：在命令行中输入"wblock"命令（快捷命令"w"），按空格键确认。

【练习】　创建外部块。

① 打开 9.2.1 节练习中的篮球场平面图，如图 9-3 所示。

② 在命令行中输入"w"，按空格键确认，弹出"写块"窗口，如图 9-7 所示。

③ 单击选择对象按钮，在绘图区选择篮球场，按空格键确认返回"写块"窗口；在"目标"栏中输入外部块存储路径和名称，如图 9-8 所示。

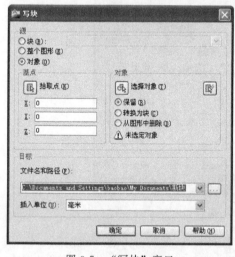

图 9-7　"写块"窗口

图 9-8　输入文件名和路径

④ 单击"确定"按钮，可在桌面中看到生成了新的块文件。

9.2.3 创建带属性的块

块的属性可以理解为对块的文字性说明。可以设置某一个图块属性的显示与否、显示方式、显示角度等。

创建块属性的方法如下。

方法一：在命令行中输入"attdef"命令（快捷命令"att"），按空格键确认。

方法二：在菜单栏中单击"绘图" ➪ "块" ➪ "定义属性"。

【练习】 创建带属性的块。

① 单击菜单栏中"文件" ➪ "打开"，打开一张树平面图，如图9-9所示。

② 打开的图中的树本身是一个块，要为其加入属性。在命令行中输入"att"，按空格键确认，弹出"属性定义"窗口，如图9-10所示。

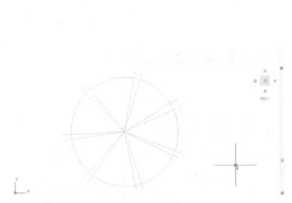

图9-9 树平面图

图9-10 "属性定义"窗口

③ 在"属性定义"窗口中的"标记"栏中输入"TREE"，在"提示"栏中输入"树种"，再输入合适的文字高度（这里为20），然后点击"确定"按钮，并在绘图区指定文字的位置，如图9-11所示。

④ 用上述方法再创建一个"提示"栏中为"树高"的属性值，将其添加到树种的下面，如图9-12所示。

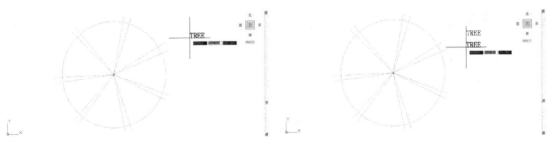

图9-11 创建第一个属性值　　　　　图9-12 创建第二个属性值

⑤ 为平面树添加了两个属性值后，利用创建块命令将文字和图形创建成一个块，起名为"树"，完成后会弹出"编辑属性"窗口，输入合适的内容，按"确定"按钮，如图9-13所示。

⑥ 这样，就创建了一个带有属性的块，如图9-14所示。

图 9-13 "编辑属性"窗口

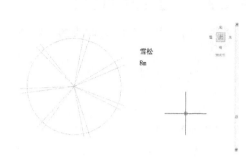

图 9-14 带属性的块

提示：

在"块定义"窗口中的各个选项的意义如图 9-15 所示。

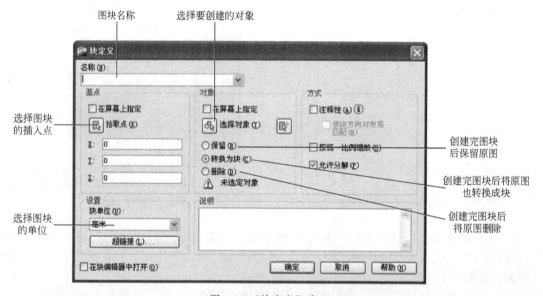

图 9-15 "块定义"窗口

9.3 插入块

插入块是将已经创建好的内部块或外部块插入当前文件中。

插入块的基本方法如下。

方法一：在命令行中输入"insert"命令（快捷命令"i"），按空格键确认。

方法二：在绘图区左侧的绘图工具栏中单击 "插入块"按钮。

方法三：在菜单栏中单击"插入" ⇨ "块"。

【练习】 插入带属性的块。

① 单击菜单栏中"文件" ⇨ "打开"，打开一张建筑及环境平面图，如图 9-16 所示。

② 要在主体建筑前的绿地内栽植三颗规格不同的雪松。首先，在命令行中输入"i"，按空格键确认，弹出"插入"窗口，如图 9-17 所示。

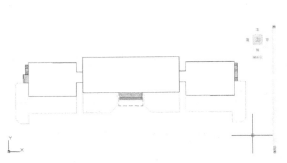

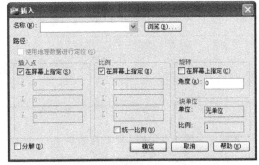

图 9-16　建筑及环境平面图　　　　　　　　　　图 9-17　"插入"窗口

③ 在"插入"窗口中单击上部的"浏览"按钮，在弹出的"选择图形文件"窗口中找到并选择要插入的块文件，按"打开"键，如图 9-18 所示。

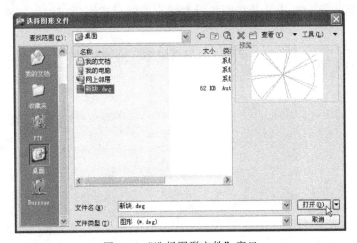

图 9-18　"选择图形文件"窗口

④ 回到"插入"窗口后单击"确定"按钮，在图中指定要插入平面树的位置，如图 9-19 所示。

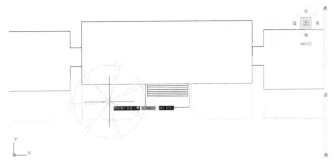

图 9-19　指定插入位置

⑤ 当选好插入位置后单击鼠标左键，这时动态输入框和命令行提示输入 X 比例因子等信息。先后输入 X 比例因子为 0.3、Y 比例因子为 0.3、树种为雪松、树高为 10m，最后按回车键确认，就插入了一个带有属性的块文件，如图 9-20 所示。

⑥ 用相同方法再插入两棵规格不同的雪松，如图 9-21 所示。

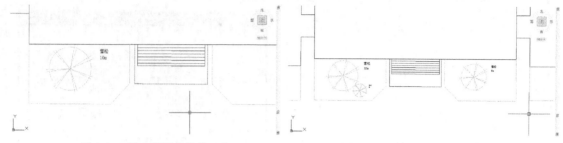

图 9-20　插入带属性的块　　　　　　　　　　图 9-21　再插入两个带属性的块

提示：

插入不带属性的块文件的过程与插入带属性的块文件的过程基本相同，只是在插入不带属性的块文件时，命令行和动态输入栏不会提示输入，如练习中的树种和树高等信息。

【**练习**】　利用定数等分和定距等分的方法插入块。

定数等分和定距等分插入块是将图块沿着指定的路径按照指定的数量或者指定的间距插入到图形文件中。

① 单击菜单栏中"文件" ⇨ "打开"，打开道路平面图，如图 9-22 所示。

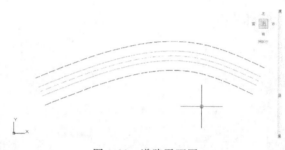

图 9-22　道路平面图

② 沿着图中的虚线利用定数等分和定距等分的方法插入行道树。首先单击菜单栏中的"绘图" ⇨ "点" ⇨ "定数等分"，这时提示"选择要定数等分的对象"，点选上边的虚线，在命令行输入命令，如图 9-23 所示。

图 9-23　在命令行输入以上数据

③ 定数等分插入块的效果如图 9-24 所示。

图 9-24　定数等分插入块

④ 然后用定距等分的方法沿下边的虚线插入块。单击菜单栏中的"绘图" ⇨ "点" ⇨ "定距等分"，提示"选择要定距等分的对象"，点选下边的虚线，在命令行输入命令，如图 9-25 所示。

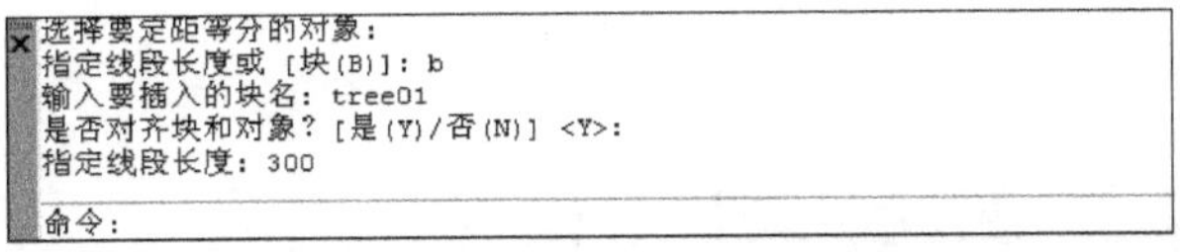

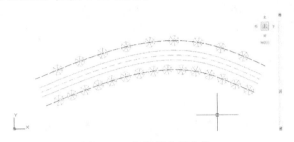

```
选择要定距等分的对象:
指定线段长度或 [块(B)]: b
输入要插入的块名: tree01
是否对齐块和对象? [是(Y)/否(N)] <Y>:
指定线段长度: 300
```
命令:

图 9-25　在命令行输入以上数据

⑤ 由于块是由半径 100mm 的圆形平面树建立的，所以指定的线段长度是 300mm，即两棵树中点间距离为 300mm，如图 9-26 所示。

图 9-26　定距等分插入块

9.4　编辑块属性

我们不仅可以创建带有属性的块，同样也可以对已有的属性进行编辑。编辑内容主要包括：属性值、文字显示样式、所在图层、颜色等。

编辑块属性的方法如下。

方法一：双击带有属性的块。

方法二：在命令行中输入"eattedit"命令，按空格键确认。

方法三：在菜单栏中单击"修改" ⇨ "对象" ⇨ "属性" ⇨ "单个"。

【练习】　编辑块属性。

① 单击菜单栏中"文件" ⇨ "打开"，打开前面建立的带属性块文件，如图 9-14 所示。

② 双击块对象，弹出"增强属性编辑器"窗口，如图 9-27 所示。

③ 在"属性"标签中选中"树种"栏，然后将"文字选项"标签的"高度"中的数值改为"30"（原值为 15），点击"确定"按钮，效果如图 9-28 所示。

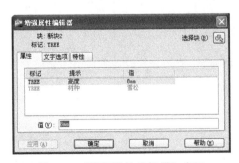

图 9-27　"增强属性编辑器"窗口

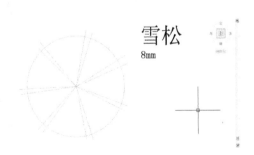

图 9-28　改变块属性

Chapter 10

文字与表格

文字对于旅游规划、园林等制图是非常重要的，图名、标签栏、施工详图、设计说明等处都会用到文字或表格。由于图纸内容是千变万化的，我们所需要的文字标注和表格样式也是多种多样的，所以我们不仅要学会在 AutoCAD 中输入文字和表格，也要学会如何编辑文字和表格。

10.1　文字

文字在旅游规划或园林制图中常用来说明图纸局部内容、填写图框标签栏内容、撰写设计说明等。

10.1.1　创建文字样式

在第 5 章中已经初步介绍了创建文字样式的基本方法，下面来进一步了解创建文字样式的方法。在创建文字样式的过程中，可以为文字选择字体、高度、效果等属性。

在 AutoCAD 2012 中执行创建文字样式命令的方法如下。

方法一：在命令行中输入"style"命令（快捷命令"st"），按空格键确认。

方法二：在绘图区上方的功能区中单击 **A** "文字样式"按钮。

方法三：在菜单栏中单击"格式" ⇨ "文字样式"。

【练习】　创建一个文字样式及设置文字属性。

① 在命令行中输入"st"，按空格键确认，弹出"文字样式"窗口，如图 10-1 所示。

图 10-1　"文字样式"窗口

② 在"文字样式"窗口右侧单击"新建"按钮来新建一个文字样式，在弹出的"新建

文字样式"窗口中输入"旅游规划 200"（建立一个在旅游规划制图中常用的字高为 200mm 的字体样式），如图 10-2 所示。

③单击"确定"按钮回到"文字样式"窗口，这时可以看到"样式"列表中出现了一个名为"旅游规划 200"的新样式，如图 10-3 所示。

图 10-2　"新建文字样式"窗口　　　　　　　图 10-3　"文字样式"窗口

④ 接下来设置文字的字体。选中"样式"列表中的"旅游规划 200"，在右边的"字体名"下拉列表中选择合适的字体，这里选择"宋体"；在"高度"一栏中输入"200"，意为字高 200mm，如图 10-4 所示。

图 10-4　"文字样式"窗口"高度"设置

⑤ 单击"应用"再单击"关闭"按钮，完成文字样式的创建，这时可以看到在功能区的"样式"栏中有了刚才创建的"旅游规划 200"文字样式，如图 10-5 所示。

图 10-5　"样式"工具栏

10.1.2　创建单行文字

单行文字并不是只能用于创建一行文字，而是在创建出若干行文字后以每一行文字为一个编辑单元，所以叫单行文字。单行文字多用于创建文字比较少的文本对象。

创建单行文字的方法如下。

方法一：在命令行中输入"dtext"命令（快捷命令"dt"），按空格键确认。

方法二：在菜单栏中单击"绘图" ➪ "文字" ➪ "单行文字"。

【练习】 创建单行文字。

① 打开 AutoCAD 2012 后，首先在样式工具栏中选择前面新建的"旅游规划 200"文字样式，如图 10-5 所示，之后在命令行中输入"dt"命令，按空格键确认。

② 命令行提示"指定文字的起点"，在绘图区合适位置单击鼠标左键来指定文字的起点；命令行提示"指定文字的旋转角度"，一般用默认值 0 度，按空格键确认；然后输入"旅游规划"四个字，如图 10-6 所示。

③ 输入完成后按<Ctrl＋回车>键退出即可，如图 10-7 所示。

旅游规划

图 10-6　输入文字

旅游规划

图 10-7　完成单行文字的创建

10.1.3　输入带特殊符号的文字

在制图中有时需要输入如直径符号、上划线、下划线、正负号等特殊符号，而这些符号在键盘上往往找不到，所以在 AutoCAD 2012 中对这些符号制定了相应的输入方法，即两个百分号（％％）后接若干个字母或符号的形式。

输入特殊符号的方法如下。

- 直径符号（∅）：％％C。
- 角度符号（°）：％％D。
- 百分号（％）：％％％。
- 正负号（±）：％％P。
- 上划线：％％O。下划线：％％U。
- ASCII 码符号：％％字符值。

【练习】 创建带特殊符号的文字。

与创建单行文字的方法基本相同，只是在输入需要的文字时要加入代表特殊符号的字符。

如输入"北京农学院"，其中"北京"两字带有下划线，则在 AutoCAD 2012 中输入的形式为"％％U 北京％％U 农学院"，如图 10-8 所示。

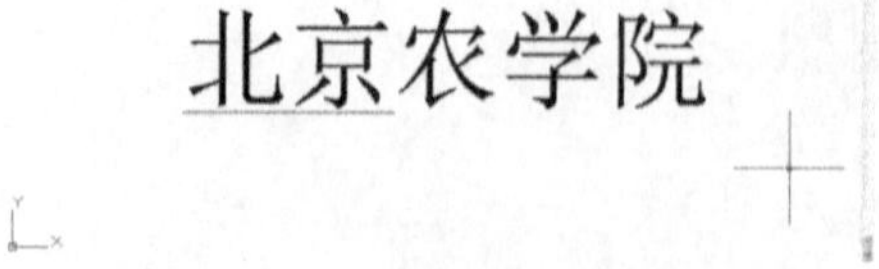

提示：

① 当输入上划线和下划线符号时，输入法必须是英文才有效。

② 从练习中可以发现，当第一次出现％％U 后 AutoCAD 会打开下划线模式，当再次出现％％U 后将关闭下划线模式。

北京农学院

图 10-8　带下划线的文字

10.1.4 编辑单行文字

编辑单行文字主要包括修改文字内容、文字比例（大小）和文字对齐方式。

修改单行文字内容的方法如下。

方法一：用鼠标左键双击创建好的单行文字即可修改文字内容。

方法二：单击"文字"工具栏中的 A₂ "编辑"按钮。

方法三：在命令行中输入"ddedit"命令，按空格键确认。

方法四：在菜单栏中单击"修改" ⇨ "对象" ⇨ "文字" ⇨ "编辑"。

【练习】 编辑单行文字。

① 打开前面练习中创建的单行文字"北京农学院"，如图10-8所示。

② 在文字上双击鼠标左键，这时文字周围出现文本框并且出现背影，如图10-9所示。

③ 在文字后方加上"园林学院"四个字，然后按<Ctrl＋回车>键退出即可，如图10-10所示。

图 10-9　双击单行文字 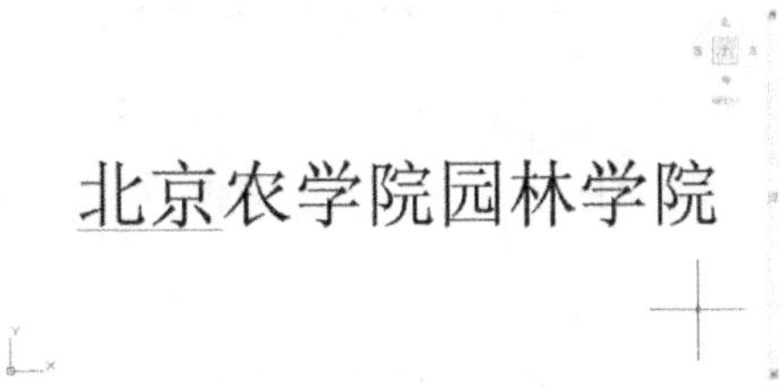　　　　　　　图 10-10　完成对单行文字的编辑

另外，还可以对单行文字的比例和对齐方式进行编辑，方法如下。

编辑单行文字比例的方法如下。

方法一：单击"文字"工具栏中的 A "比例"按钮。

方法二：在命令行中输入"scaletext"命令，按空格键确认。

方法三：在菜单栏中单击"修改" ⇨ "对象" ⇨ "文字" ⇨ "比例"。

编辑单行文字对正齐式的方法如下。

方法一：点击"文字"工具栏中的 A "对正"按钮。

方法二：在命令行中输入"justifytext"命令，按空格键确认。

方法三：在菜单栏中单击"修改" ⇨ "对象" ⇨ "文字" ⇨ "对齐"。

10.1.5 创建多行文字

与单行文字不同的是，在创建两行及以上的文本后，文本是一个整体而不像单行文字以每一行为一个单位。多行文字应用更加灵活，所以在制图中多行文字应用相对较多。

创建多行文字的方法如下。

方法一：在命令行中输入"mtext"命令（快捷命令"mt"或"t"），按空格键确认。

方法二：单击"绘图"工具栏中的 A "多行文字"按钮。

方法三：在菜单栏中单击"绘图" ⇨ "文字" ⇨ "多行文字"。

【练习】 创建多行文字。

① 在命令行中输入"mt"，按空格键确认；软件提示"指定第一角点"和"指定对角点"，拉出合适的文本框，如图10-11所示。

② 在弹出的文本框中输入某景观设计说明中的一段文字，如图10-12所示。

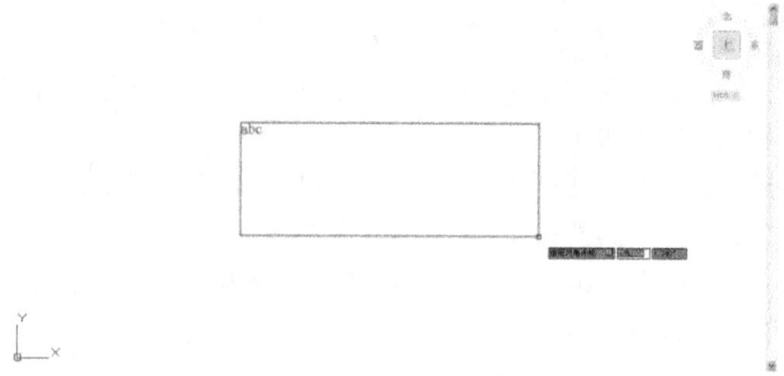

图 10-11　指定第一角点和对角点

③ 输入完成后单击"文字样式"窗口中的"确定"按钮即可,如图 10-13 所示。

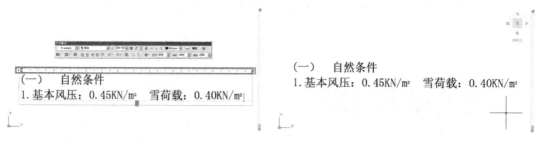

图 10-12　输入文字

图 10-13　完成创建多行文字

提示:

如果想输入如图 10-14 中的特殊形式的文本,在输入文本时输入 1/2、3^4 或 5♯6,然后单击"文字样式"窗口中的 ⓑ"堆叠"按钮即可,如图 10-15 所示。

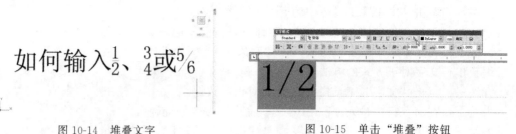

图 10-14　堆叠文字

图 10-15　单击"堆叠"按钮

10.1.6　编辑多行文字

多行文字较单行文字的编辑更加灵活,这也是多行文字应用更加广泛的主要原因之一。编辑单行文字的方法如下。

方法一:用鼠标左键双击创建好的多行文字即可修改文字内容。

方法二:单击"文字"工具栏中的 Ⓐ"编辑"按钮。

方法三:选中要编辑的多行文字后,单击鼠标右键,在弹出的菜单中选择"编辑多行文字"。

方法四:在命令行中输入"mtedit"命令,按空格键确认。

方法五:在菜单栏中单击"修改" ⇨ "对象" ⇨ "文字" ⇨ "编辑"。

【练习】编辑多行文字。

① 单击菜单栏中"文件" ⇨ "打开",打开包含多行文字的文件。

② 用鼠标左键双击要编辑的多行文字，弹出"文字格式"窗口，如图 10-16 所示。

③ 在"文字格式"窗口中可以对多行文字的文字高度、字体、倾斜角度、对齐方式等多种属性进行编辑。如将"（一）自然条件"的文字高度由原来的"100"改为"200"，如图 10-17 所示，然后将对齐方式改为"居中"，如图 10-18 所示。

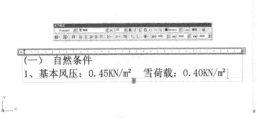

图 10-16　弹出"文字格式"窗口

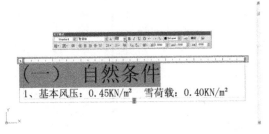

图 10-17　将文字高度改为"200"

图 10-18　将文字对齐方式改为"居中"

10.2　表格

在 AutoCAD 2012 中还可以创建表格，如植物苗木表、经济技术指标表、建筑明细表等。

10.2.1　创建表格样式

与创建文字类似，在创建表格前也要根据不同的需要来创建表格样式。

在 AutoCAD 2012 中执行创建表格样式命令的方法如下。

方法一：在绘图区上方的功能区中单击 📑 "表格样式"按钮。

方法二：在菜单栏中单击"格式" ⇨ "表格样式"。

方法三：在命令行中输入"tablestyle"命令，按空格键确认。

【练习】　创建表格样式。

① 首先在绘图区上方的功能区中，单击 📑 "表格样式"按钮，弹出"表格样式"窗口，如图 10-19 所示。

② 在"表格样式"窗口中单击"新建"按钮，弹出"创建新的表格样式"窗口，在其中的"新样式名"栏中输入"植物苗木表"，如图 10-20 所示。

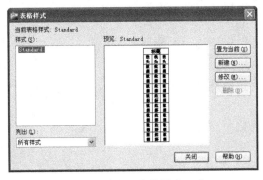

图 10-19　弹出"表格样式"窗口

图 10-20　"创建新的表格样式"窗口

③ 填好新样式名后单击"继续"按钮，会弹出"新建表格样式：植物苗木表"窗口，可以对表格的文字、边框和一些常规属性进行设置，这里将页边距设置为水平"5"、垂直"3"，如图10-21所示。

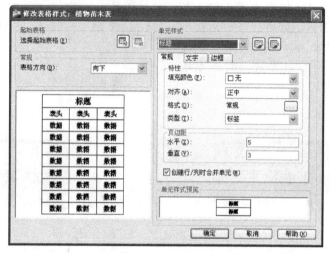

图10-21　调整表格属性

④ 单击"确定"按钮回到"表格样式"窗口，可以看到"样式"栏中已经出现了刚才新建的"植物苗木表"表格样式，如图10-22所示。单击"关闭"按钮完成表格样式的创建。

图10-22　回到"表格样式"窗口

10.2.2　创建表格

在创建好表格样式后，就可以通过创建表格命令来创建需要的表格了。

创建表格的方法如下。

方法一：在绘图区左边的绘图工具栏中单击 ▦ "表格"按钮。

方法二：在菜单栏中单击"绘图" ⇨ "表格"。

方法三：在命令行中输入"table"命令，按空格键确认。

【练习】 创建表格。

① 首先在"绘图"工具栏中单击 ▦ "表格"按钮，这时弹出"插入表格"窗口，在"列和行设置"中输入数据，如图10-23所示。

② 设置好列数和行数等数据后单击"确定"按钮，就可在绘图区的适当位置单击鼠标左键来插入表格了，插入后会弹出"文字格式"窗口，如图10-24所示。

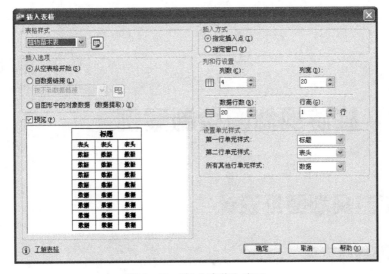

图 10-23 "插入表格"窗口

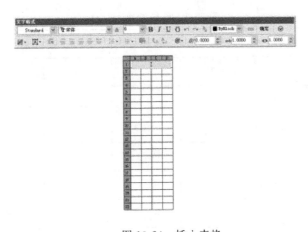

图 10-24 插入表格

③ 双击表格最上方的一行输入"植物苗木表",然后用鼠标单击空白处结束对当前格的输入,再用相同方法输入苗木表的其他内容,如图 10-25 所示。

图 10-25 输入植物苗木表的内容

10.2.3 编辑表格

可以调整表格的行高、列宽,添加删除行或列,合并单元格,以及调整表格的背景颜色和边框线宽等。

第 11 章

旅游规划图绘制案例

11.1 旅游规划图纸设计

11.1.1 设置绘图环境

为便于图纸的管理、归档、交流，一般采用国际通用的图纸规格，大一号图纸规格的宽度即为小一号图纸规格的长度；同一项目的图纸通常使用同一规格。如表 11-1 所示。

表 11-1 图纸规格

单位：mm

型 号	A0	A1	A2	A3	A4
图纸规格（宽×长）	841×1189	594×841	420×594	297×420	210×297
装订边宽度	25	25	25	25	25
非装订边宽度	10	10	10	5	5
图框线宽	1.4	1.4	1.0	1.0	1.0
标题栏线宽	0.7	0.7	0.7	0.7	0.7
标题栏线、分格线和会签栏线宽	0.35	0.35	0.35	0.35	0.35

图纸一般由图框线、标题栏、会签栏、对中线、图纸边框组成。

标题栏是填写图纸相关信息的地方，一般包括设计单位、工程项目名称、设计人姓名、制图人姓名、审核人姓名、图名、比例、日期、图纸编号等信息。标题栏长应为 180mm，宽根据需要可采用 30mm、40mm、50mm，其位置通常在图纸的右下方。各设计单位可根据需要自行设计。

会签栏是与设计相关的专业人员签名的地方，包括会签人姓名、专业、日期等信息，尺寸为 75mm×20mm，根据需要设置。

对中线一般超出图框线 5mm，线宽 0.35mm，可有可无。

图纸与图框应有一定距离，以便装订。如果是横向图纸，装订边在图纸左侧，如果是竖向图纸，装订边在图纸上侧，装订边宽 25mm；其他边宽为：A0～A2 为 10mm，A3～A4 为 5mm。

（1）打开模板　在 Windows 桌面双击 AutoCAD 2012 图标，启动 AutoCAD 2012，单击快速访问工具栏按钮 ⚙草图与注释　　　　　　　，在下拉列表中选择"AutoCAD 经典"选项。单击"文件" ✍"新建"或单击快速访问工具栏按钮，在屏幕中央弹出图 11-1 所示的"选择样板"对话框。单击"打开"按钮，选用默认模板 acadiso．dwt（因为此图形模板的单位为"mm"，而且也没有其他多余的设置）。

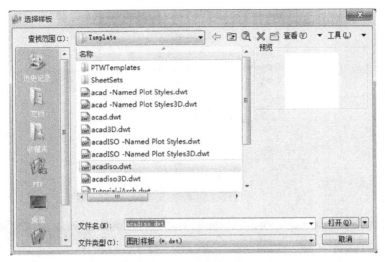

图 11-1 "选择样板"对话框

（2）保存文件　单击"文件"↗"另存为"或单击"快速访问工具栏"按钮![img]，命名为"旅游景观规划 A3 图纸"，保存到文件夹里。

（3）设置绘图环境

① 单击"格式"⇨"单位"，弹出如图 11-2 所示"图形单位"对话框，并设置长度精度为 0、角度精度为 0。单击"确认"按钮，关闭"图形单位"对话框。

② 用鼠标在状态行的捕捉模式按钮![img]上右击，在弹出的快捷菜单上选取"设置"，弹出如图 11-3 所示"草图设置"对话框，对相应的标签栏进行设置，把常用的"捕捉和栅格"及"对象捕捉"按图 11-3 和图 11-4 进行设置。栅格设置结果见图 11-5。

图 11-2　图形单位设置

图 11-3　捕捉和栅格设置

图 11-4　对象捕捉设置

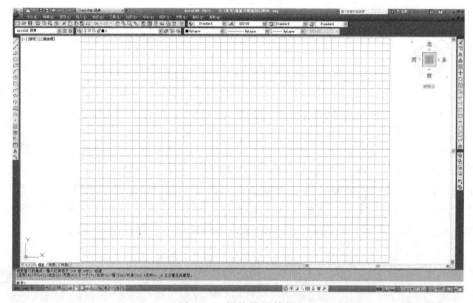

图 11-5　栅格设置结果

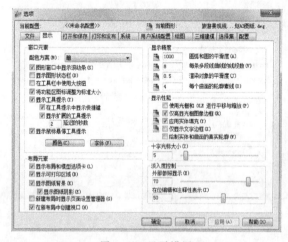

图 11-6　显示设置

③ 单击在图 11-3 对话框的左下角的"选项"，弹出如图 11-6 所示的"选项"对话框。在"十字光标大小"选项组中，可根据需要调整光标的大小。单击"显示"✍"颜色"，弹出"图形窗口颜色"对话框，在"颜色"栏中把绘图区的黑色改为白色，如图 11-7 所示。也可以根据个人制图的习惯选择使用背景颜色，一般背景色为黑或白两色。单击"打开和保存"选项卡，在"文件安全措施"选项组中勾选"自动保存"复选框，根据需要设置自动保存文件的时间间隔，单击"确定"。单击"配置"选项卡，单击

"输出"，输入配置文件名，选择保存的文件夹，单击"保存"。全部设置完后，单击"确定"，关闭"选项"对话框。

④ 单击"格式" ⇨ "文字样式"，弹出如图 11-8 所示"文字样式"对话框，并设置字体为 gbenor. shx、高度为 7、宽度因子为 1、倾斜角度为 0。单击"确认"，关闭"文字样式"对话框。

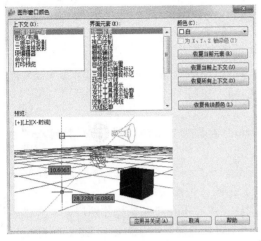

图 11-7　图形窗口颜色设置　　　　　　　图 11-8　文字样式设置

⑤ 单击"格式" ⇨ "图形界限"，按＜Enter＞键，接受默认设置，将坐标原点作为图形界限的左下角。指定右上角的坐标是（420，297），按 Enter 键。单击"视图" ⇨ "缩放" ⇨ "全部"。

11.1.2　绘制图框及标题栏

（1）设置图层　单击"图层特性管理器"按钮，打开"图层特性管理器"对话框。单击"新建图层"，根据图 11-9 所示建立相应的图层。

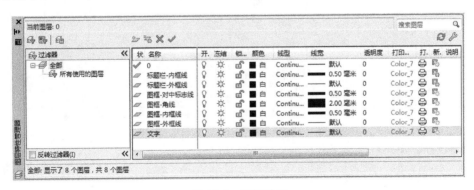

图 11-9　图层设置

（2）绘制图框

① 单击"矩形工具"按钮，选择"图框-外框线"层为操作图层。

② 在"指定第一个角点或［倒角（C）/标高（E）/圆角（F）/厚度（T）/宽度（W）］："提示下输入"0，0"。

③ 在［指定另一个角点或［尺寸（D）］：］提示下输入"420，297"。单击"视图" ✎ "缩放" ✎ "全部"显示所有图形，这样就画出了一个 420mm × 297mm（长 × 宽）的图幅

框，这个图框的出图比例是 1：1。

④ 再选择"图框-内框线"层为操作图层，单击矩形工具按钮 。在任意一个工具栏上单击鼠标右键，在弹出的菜单中单击"对象捕捉"，屏幕上会出现如图 11-10 所示的"对象捕捉"工具条。

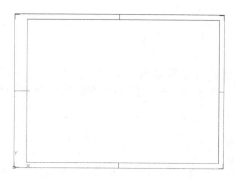

图 11-10 "对象捕捉"工具条

⑤ 单击"捕捉自"按钮 ，捕捉刚才所画矩形的左下角点。

⑥ 在"指定第一个角点或〔倒角（C）/标高（E）/圆角（F）/厚度（T）/宽度（W）〕：_from 基点：＜偏移＞："提示下输入"@25，10"。

⑦ 再次选择"捕捉自"，捕捉矩形的右上角点。

⑧ 在"指定另一个角点或〔尺寸（D）〕：_from 基点：＜偏移＞："提示下输入"@－10，－10"。

⑨ 选择"图框-对中标志线"层为操作图层，单击"直线工具"按钮 ，选择左外框线中点，输入"@30，0"。其他对中标志线的绘制基本相同（长度 10mm）。

⑩ 选择"图框-角线"层为操作图层，单击"直线工具"按钮 ，选择"捕捉自"，捕捉外框矩形的左下方点，输入"@1，1"，再输入"@9，0"，然后单击"直线工具"按钮 ，选择直线的底端，输入"0，9"。其他角线的绘制基本相同（总长度都是 18mm）。绘制的图框如图 11-11 所示。

（3）绘制标题栏

打开"极轴追踪"及"对象捕捉"，绘制标题栏。用直线命令画出的标题栏尺寸为 180mm × 30mm，并画出标题栏的分格线，如图 11-12 所示。

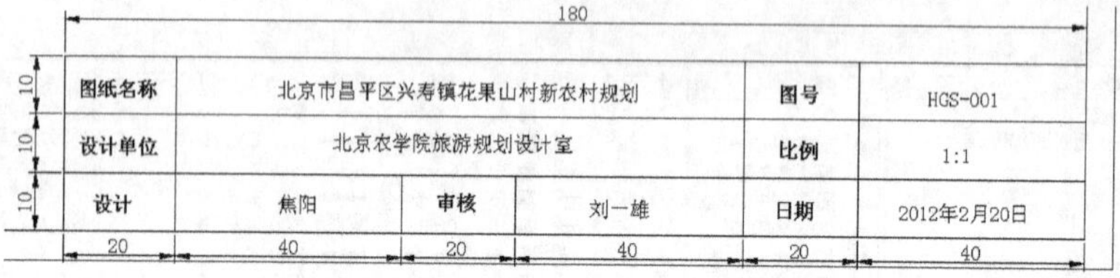

图 11-11 "图框"的绘制

	180				
图纸名称	北京市昌平区兴寿镇花果山村新农村规划		图号	HGS-001	
设计单位	北京农学院旅游规划设计室		比例	1：1	
设计	焦阳	审核	刘一雄	日期	2012年2月20日
20	40	20	40	20	40

图 11-12 标题栏绘制及尺寸标注

选择"标题栏线"层为操作图层，单击"直线工具"按钮 ，选择"捕捉自"捕捉图框矩形的右下方点，绘制出标题栏线。

在"命令：_line 指定第一点："提示下，输入"@－40，0"。

在"指定下一点或〔放弃（U）〕："提示下，输入"@－20，0"。

在"指定下一点或〔放弃（U）〕："提示下，输入"@－40，0"。

在"指定下一点或〔放弃（U）〕："提示下，输入"@－20，0"。

在"指定下一点或〔放弃（U）〕："提示下，输入"@－40，0"。

在"指定下一点或〔放弃（U）〕："提示下，输入"@－20，0"。

在"指定下一点或〔放弃（U）〕："提示下，输入"@0，10"。

在"指定下一点或〔放弃（U）〕:"的提示下，输入"@0，10"。

在"指定下一点或〔放弃（U）〕:"的提示下，输入"@0，10"。

在"指定下一点或〔放弃（U）〕:"的提示下，输入"@180，0"。

单击鼠标右键，单击"确定"结束命令，标题栏绘制结束。

选择"标题栏分格线"层为操作图层，单击"直线工具"按钮，通过捕捉直线的端点和垂足绘制出标题栏的分格线。

选择"标题栏-内框线"层为操作图层，用同样的方法绘制标题栏的内框线，尺寸如图11-12所示。

（4）输入文字　选择"文字"图层为操作图层，单击"绘图"⇨"文字"⇨"单行文字"，在如图11-12所示位置输入对应文字（文字样式设置字体为宋体，高度为3，宽度因子比为1，倾斜角度为0）。单击两次回车键确认。

（5）定义外部块　在命令行中输入WBLOCK命令，打开"写块"对话框，如图11-13所示，选择整个图形，块名为"A3图幅图纸"，选择要保存的文件夹，单击确定完成定义，以便以后调用。

图 11-13 "写块"对话框

11.1.3 建立图层

（1）打开文件

① 打开 AutoCAD 2012。

② 打开"A3 图幅图纸"模板文件。

（2）建立新图层

① 单击"图层特性管理器"按钮，打开"图层特性管理器"对话框。

② 单击"新建图层"按钮，根据图 11-14 所示，建立"乔木"、"灌木"和"Defpoints"图层，颜色设置为绿色（62 号颜色），线宽为 0.15。关闭"图层特性管理器"。

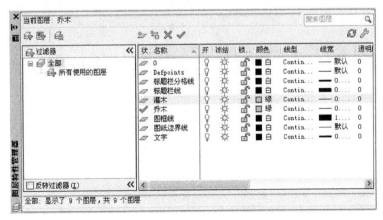

图 11-14 "图层特性管理器"对话框

11.1.4 绘制植物图例

① 选择"乔木"图层为当前图层，单击圆按钮 ⊙，在图纸左上角用鼠标取一点作为圆心，然后在命令行输入半径为"2.5"，画直径为 5 的圆。

② 单击矩形阵列工具 ⊞，选择圆，移动鼠标，形成 3 行 5 列同样的圆，然后输入间距为 20，即可得到如图 11-15 的结果。选中所有的圆，然后单击"分解"按钮将其分解成单体，以便于绘制树图例。

图 11-15　矩形阵列生成的圆

③ 单击窗口缩放工具按钮 ⊡，然后框选左上角第一个圆，放大到充满绘图区。利用样条曲线、直线、椭圆、圆弧、修订云线等画线工具绘制不同的乔木图例。

a. 用样条曲线绘制。单击样条曲线按钮 〜，打开自动捕捉，把光标放在圆上，会自动找到圆心，画出第一条样条曲线，如图 11-16 所示。然后单击环形阵列按钮 ⊞，选择样条曲线，右键单击选择完成，再捕捉圆心为阵列中心点，输入项目数为"20"，制定填充角度为"360"。

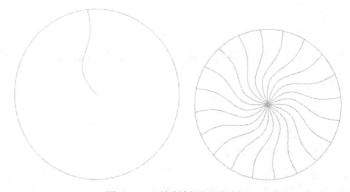

图 11-16　绘制树平面图例 1

b. 用椭圆绘制。单击椭圆按钮 ⬭，打开自动捕捉，把光标放在圆上，会自动找到圆心，画出第一条样条曲线，如图 11-17 所示。然后单击环形阵列按钮 ⊞，选择样条曲线，右键单击选择完成，再捕捉圆心为阵列中心点，输入项目数为"20"，制定填充角度为"360"。

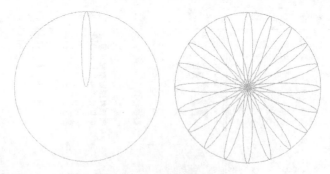

图 11-17　绘制树平面图例 2

c. 用圆弧绘制。单击圆弧按钮 ⌒，打开自动捕捉，把光标放在圆上，会自动找到圆心，画出第一条样条曲线，如图11-18所示。然后单击环形阵列按钮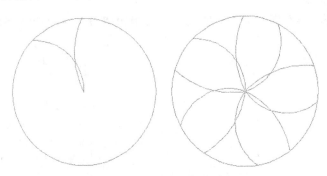，选择样条曲线，右键单击选择完成，再捕捉圆心为阵列中心点，输入项目数为"5"，制定填充角度为"360"。

d. 用直线绘制。单击直线按钮，打开自动捕捉，把光标放在圆上，会自动找到圆心，画出第一条样条曲线，如图11-19所示。然后单击环形阵列按钮，选择样条曲线，右键单击选择完成，再捕捉圆心为阵列中心点，输入项目数为"10"，制定填充角度为"360"。

图 11-18　绘制树平面图例3

e. 用修订云线绘制。单击修订云线按钮，输入A，按回车键设置弧长，最小弧长为"1"，最大弧长为"2"。输入O，选择圆作为转换成修订云线的对象，不反转方向，按回车键。结果如图11-20所示。用此转换方法还可绘制灌木和绿篱图例，如图11-21所示。

图 11-19　绘制树平面图例4　　　　　图 11-20　绘制树平面图例5

图 11-21　绘制树平面图例6

11.1.5　绘制规划简图

（1）绘制尺寸

中心花坛直径 20m，花坛周围草坪直径 65m，草坪和花坛便道宽 3m，环形便道宽 5m，环形路和交叉路宽 10m。

（2）绘图步骤

① 选择"Defpionts"图层为当前图层，单击圆按钮 ⊙，在图纸左上角用鼠标取一点作为圆心，然后在命令行输入半径为"10"，画直径为 20 的圆作为花坛。

② 单击偏移按钮 ⊆，输入偏移距离为 3m，选择圆，向外偏移。按此方法，依次偏移 65m、70m、80m。

图 11-22　绘制转盘路规划图

③ 启用正交，单击直线按钮 ✎，绘制道路的中心线，然后单击偏移按钮 ⊆，输入偏移距离为 5m，选择中心线，向两边偏移。

④ 单击样条曲线按钮 ∿，绘制草坪便道边线，然后单击偏移按钮 ⊆，输入偏移距离为 3m，选择样条线，向一边偏移。

⑤ 然后单击环形阵列按钮 ⬚，选择样条曲线，右键单击选择完成，再捕捉圆心为阵列中心点，输入项目数为 4，制定填充角度为 360。

⑥ 最后单击修剪按钮 ⫫，将多余的线修剪掉。最后结果如图 11-22 所示。

11.1.6　块制作

（1）定义属性

① 打开文件"植物图例．dwg"。把要定义块属性的植物图例放大，以便观察。单击"格式" ⇨ "文字样式"，定义用于块属性标注的文字样式并单击"应用"按钮，如图 11-23 所示。单击"绘图" ⇨ "块" ⇨ "定义属性"，分别定义植物名称、拉丁名、胸径、高度、冠幅、备注等。如图 11-24 所示为植物名称定义。全部定义完后如图 11-25 所示。其他属性模式一致，属性定义可以复制后进行修改，这样可以提高速度。

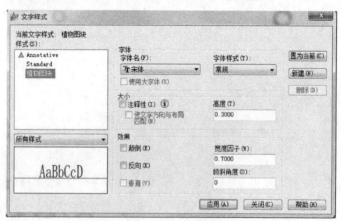

图 11-23　文字样式设置

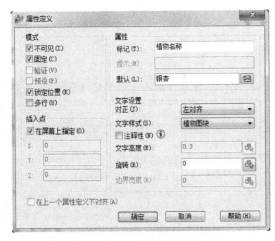

图 11-24　植物名称定义

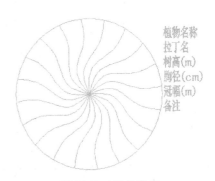

图 11-25　属性定义

② 对其他植物图例进行块属性定义，如对国槐、柳树等植物进行定义。结果见图 11-26。

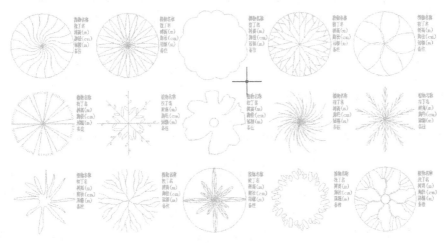

图 11-26　属性定义结果

（2）内部块定义

① 分别对植物图例及其属性进行选择，用 block 命令进行块定义。定义时，块名用植物的名称。定义块后，由于植物的模式值均不可见，所以块属性不出现在图面上。如对柳树进行块定义。

② 单击"绘图" ⇨ "块" ⇨ "创建"，在弹出的对话框中，在名称栏里填上名称，例如填上"柳树"，然后单击"拾取点"按钮，对话框会消失，在图例的中心点单击，对话框又重新弹出，基点的 XY 坐标有了图例中心点的坐标值；再单击"选择对象"按钮，对话框又消失，选取要制作成块的植物图例和块属性。确定选取完成后，右键单击，会重新弹出对话框，然后选择保留模式，可以选择块单位和填入有关这个块的一些说明信息。如图 11-27 所示，按"确定"，块制作完成，然后保存文件，这样文件里就有一个柳树块。

③ 用同样方法制作定义其他的块，并保存文件。

（3）外部块定义

① 在命令行输入"Wblock"，打开"写块"对话框，如图 11-28 所示。

图 11-27　内部块定义对话框

图 11-28　外部块定义对话框

② 在"源"选项组里选择"对象"单选框,然后单击"拾取点"按钮,对话框会消失,在图例的中心点单击,对话框又重新弹出。再单击"选择对象"按钮,对话框又消失,选取要制作成块的植物图例和块属性。确定选取完成后,单击右键,会重新弹出对话框,然后选择保留模式。

③ 在目标选项组里选择存放外部块文件的文件夹并命名文件,按确定,完成块制作。

(4) 建立动态块

动态块使图形具有灵活性和智能性。

将四个植物图块层叠放置,插入点也要重叠。全选这四个图块,创建成一个新的图块,命名为植物动态块。基点选择四个图块的公共插入点,勾选"在块编辑器中打开",进入块编辑器。

选择"块编写选项板" ⇨ "所有选项板" ⇨ "可见性参数",在图块附近单击空白处,再在块编辑器右上角单击"管理可见性状态"按钮,打开"可见性状态"对话框,选择可见性状态 0 选项,单击"重命名"按钮,输入"油松",接着单击新建按钮,打开"新建可见性状态"对话框。在"可见性状态名称"文本框中输入"杨树"。继续新建两个可见性状态,名称分别为"柳树"和"侧柏"。单击"确定"按钮返回块编辑器。在右上角"管理可见性状态"下拉列表框中选择"油松"选项,单击"使不可见"按钮选择除油松以外的 3 个图块,再单击空白处,将 3 个图块隐藏起来。

在杨树状态下,使除杨树以外的 3 个图块不可见,按相同方法处理另外 2 个图块。

保存块定义,关闭块编辑器,插入刚保存的植物动态块,单击旁边的浅蓝色三角形,在下拉菜单中选择相应的图块。

提示:一般要在 0 图层上建立图块,图块的颜色、线型和线宽是透明的;在其他图层插入图块时,图块使用的是该图层的特性。

11.1.7　插入块

(1) 插入内部块

① 单击"插入" ⇨ "块",打开"插入块"对话框,如图 11-29 所示。

② 单击"名称"栏旁边的下拉三角按钮选择"国槐"。

③ 单击"确定",在定植点单击,插入"国"槐图块。

(2) 插入外部块

① 单击"插入" ⇨ "块"，打开"插入块"对话框，如图 11-30 所示。

图 11-29　插入内部块

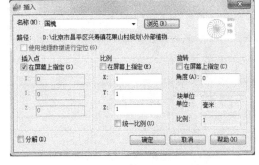

图 11-30　插入外部块对话框

② 单击"浏览"，选择"国槐"。

③ 单击"打开"，在定植点单击，插入国槐图块。

（3）利用设计中心插入块

单击"工具" ⇨ "选项板" ⇨ "设计中心"，打开"设计中心"窗口。选择打开的图形选项，双击块，将内部块拖到绘图区；也可选择文件夹选项，找到外部块文件夹，将外部块拖到绘图区。

（4）文件间拖拽插入块

选择一个文件的块，将鼠标指向块，压住左键，将其拖拽到新文件窗口，松开左键。

11.1.8　定植

（1）复制　单击复制按钮，选择复制的对象，按回车键确定。

（2）阵列

① 矩形阵列。单击矩形阵列按钮，选择复制的对象，根据栽植要求，为项目数制定对角点，根据株行距指定对角点以间隔项目，按回车键确定。

② 环形阵列。单击环形阵列按钮，选择复制的对象，指定阵列的中心点，输入项目数，指定填充角度，按回车键确定。

③ 路径阵列。单击路径阵列按钮，选择复制的对象，再选择路径曲线，输入沿路径的项目数，指定沿路径的项目之间的距离，可选择定数等分或总距离等分，按回车键确定。

结果如图 11-31 所示。

④ 跨文件插入块。可直接将外部块文件拖到绘图区。

图 11-31　转盘路绿化种植图

11.1.9　表格制作

（1）利用块属性的提取自动生成表格　在全部块插入完毕后，可以进行块属性的提取，以得到苗木的统计信息。

① 单击"工具" ⇨ "数据提取"，或单击按钮，打开"数据提取"对话框。如图 11-32 所示

② 选择文件夹，将提取的数据保存，如图 11-33 所示。

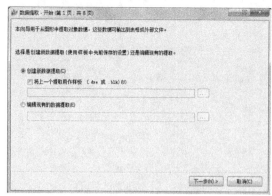

图 11-32　数据提取-开始　　　　　　　　图 11-33　数据提取-保存

③ 打开"数据提取-定义数据源"对话框，如果有多个图形，可单击"添加图形"按钮，如图 11-34。单击下一步。

④ 打开"数据提取-选择对象"对话框，按图 11-35 进行勾选，单击"下一步"。

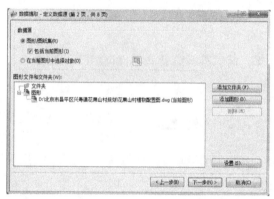

图 11-34　数据提取-定义数据源　　　　　图 11-35　数据提取-选择对象

⑤ 打开"数据提取-选择特性"对话框，按图 11-36 进行勾选，单击"下一步"。

⑥ 打开"数据提取-优化数据"对话框，将光标指向需要调整的字段，压住左键，按图 11-37 进行排列，单击"完整预览"，如图 11-38 所示，然后单击"下一步"。

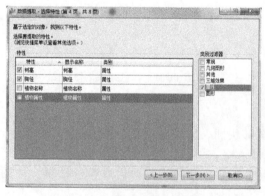

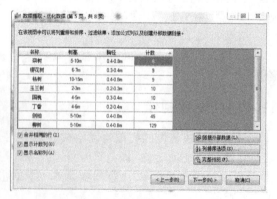

图 11-36　数据提取-选择特性　　　　　　图 11-37　数据提取-优化数据

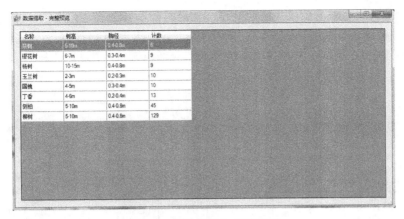

图 11-38　数据提取-完整预览

⑦ 打开"数据提取-选择输出"对话框，按图 11-39 进行勾选，并指定输出路径，然后单击"下一步"。

⑧ 打开"数据提取-表格样式"对话框，输入表格标题，设置表格样式，如图 11-40 所示，然后单击"下一步"。

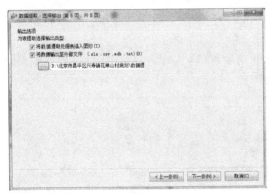

图 11-39　数据提取-选择输出

图 11-40　数据提取-表格样式

⑨ 打开"数据提取-完成"对话框，如图 11-41 所示，然后单击"完成"。

⑩ 在表格的插入地方单击，如图 11-42 所示，然后修改表格的样式，最后结果如图 11-43 所示。

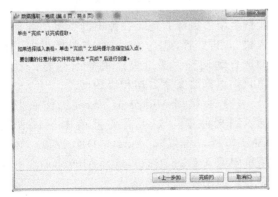

图 11-41　数据提取-完成

苗木统计表			
名称	树高	胸径	计数
栾树	5～10m	0.4～0.8m	6
樱花树	6～7m	0.3～0.4m	9
杨树	10～15m	0.4～0.8m	9
玉兰树	2～3m	0.2～0.3m	10
国槐	4～5m	0.3～0.4m	10
丁香	4～6m	0.2～0.4m	13
侧柏	5～10m	0.4～0.8m	45
柳树	5～10m	0.4～0.8m	129

图 11-42　苗木统计表

（2）利用表格命令快速完成表格的制作　在绘制苗木表之前，首先建一个表格样式。

① 打开种植图，单击"格式" ⇨ "表格样式"，打开"表格样式"对话框，单击"新建"，输入新样式名，新建一个名为苗木统计表的表格样式，如图 11-44 所示。

苗木统计表

序号	植物名称	图形	树高	胸径	数量
1	柒树	❀	5~10m	0.4~0.8m	7
2	榆树	❀	10~15m	0.4~0.8m	8
3	樱花树	❀	6~7m	0.3~0.4m	8
4	国槐	○	4~5m	0.3~0.4m	9
5	玉兰树	✿	2~3m	0.2~0.3m	9
6	丁香		4~6m	0.2~0.4m	12
7	侧柏	❀	5~10m	0.4~0.8m	44
8	榉树	❀	5~10m	0.4~0.8m	126

图 11-43　修改后的苗木统计表

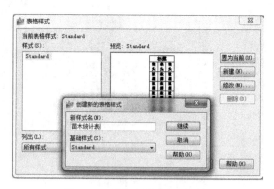

图 11-44　"表格样式"对话框

② 单击"继续"，在数据项设置文字样式为宋体、文字高度为 500、对齐方式为正中、边框特性为 田 、表格方向为向下，其余参数默认。如图 11-45 所示。

③ 在表头和标题项设置文字高度分别为 700 和 900，其余参数同数据项。然后将新定义的表格样式置为当前。

④ 单击"绘图" ⇨ "表格"，创建表格。选择指定窗口，设置列和数据行，完成表格的创建。最后输入文字数据和块数据。如图 11-46 所示。

图 11-45　"新建表格样式"对话框

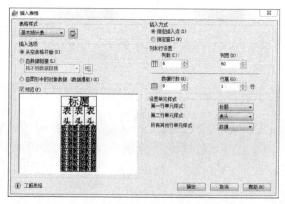

图 11-46　"插入表格"对话框

在块数据输入时，选择要插入图块的单元格，单击鼠标右键，在弹出的菜单中选择"插入块"，再选择块名，单元对齐选择正中，必须勾选自动调整。通过夹点可修改列宽；双击某单元格可修改文字数据和块数据。

图 11-47　插入 Excel 表格

（3）直接用 Microsoft Excel 工作表把表格插入到文件中　如果需要把苗木统计表放入 CAD 图纸，可以在 AutoCAD 2012 的"插入"菜单中插入 OLE 方式，选择 Microsoft Excel 工作表，把苗木统计表插入到文件中，从而可以在 dwg 文件中输出。如图 11-47 所示。

提示：

对于更为复杂的植物种植图，可以同样进行植物的配置和块的统计。当然，在施工图中可以采用块重新定义的方式，把复杂的图例变为圆和十字标记图形，从而可以进行种植点的连线和标注。

11.2 旅游景观小游园设计

11.2.1 打开底图

（1）设置图层

① 打开 Auto CAD 2012，单击菜单"格式" ➪ "单位"，出现"图形单位"对话框，设置"精度"为"0"，"单位"为"毫米"。

② 单击"图层特性管理器"按钮，出现"图层特性管理器"对话框，新建如图 11-48 所示的图层。单击"确定"，完成设置。

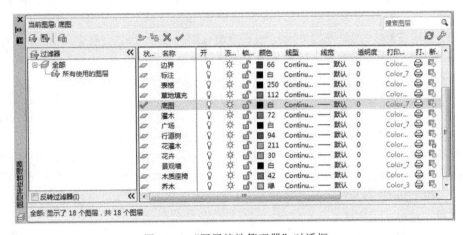

图 11-48 "图层特性管理器"对话框

③ 在绘图区域选择"边界"，用鼠标单击图层工具条右侧的箭头按钮，选择"边界"图层单击，如图 11-49 所示。将"边界"图层设为当前层，点击按钮确定。

（2）描绘边界

① 将"边界"图层设为当前层。

② 在命令行输入偏移命令"offset"。

③ 在"指定偏移距离，或［通过（T）/删除（E）/图层（L）］＜通过＞："提示下输入"80"。

④ 在"选择要偏移的对象，或［退出（E）/放弃（U）］＜退出＞："提示下单击场地边缘。

⑤ 在"指定要偏移的那一侧上的点，或［退出（E）/多个（M）/放弃（U）］＜退出＞："提示下确定偏移通过的点并单击，结果如图 11-50 所示。

（3）描绘道路、广场

① 在命令行输入圆命令"circle"。

② 在"指定圆的圆心或［三点（3P）/两点（2P）/切点、切点、半径（T）］"提示下，在所给区域中单击（设置圆心）。

图 11-49 设置当前图层　　　　　　　　　图 11-50 偏移结果图

③ 在"指定圆的半径或［直径（D）］"提示下输入"4000"。

④ 在命令行输入偏移命令"offset"。

⑤ 在"指定偏移距离，或［通过（T）/删除（E）/图层（L）］＜通过＞:"提示下输入"3000"。

⑥ 在"选择要偏移的对象，或［退出（E）/放弃（U）］＜退出＞:"提示下单击刚刚所绘制的圆。

⑦ 在"指定要偏移的那一侧上的点，或［退出（E）/多个（M）/放弃（U）］＜退出＞:"提示下确定偏移通过的点并单击，结果如图 11-51 所示。

⑧ 用同样方法重复绘制 4 个偏移距离为 3000 的圆形广场。

⑨ 在命令行输入"pline"。

⑩ 在"指定下一点或［圆弧（A）/闭合（C）/半宽（H）/长度（L）/放弃（U）/宽度（W）］"提示试下，在绘图区域单击道路所要经过的点绘制道路。

⑪ 选择道路，单击右键，在"输入选项［闭合（C）/合并（J）/宽度（W）/编辑顶点（E）/拟合（F）/样条曲线（S）/非曲线化（D）/线型生成（L）/反转（R）/放弃（U）］"提示下输入"s"。

⑫ 在命令行输入"offset"。

⑬ 在"指定偏移距离，或［通过（T）/删除（E）/图层（L）］＜通过＞:"提示下输入"2000"。

⑭ 在"选择要偏移的对象，或［退出（E）/放弃（U）］＜退出＞:"提示下单击刚刚所绘制道路。

⑮ 在"指定要偏移的那一侧上的点，或［退出（E）/多个（M）/放弃（U）］＜退出＞:"提示下确定偏移通过的点并单击，完成道路绘制结果如图 11-52 所示。

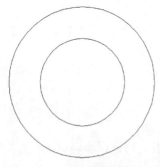
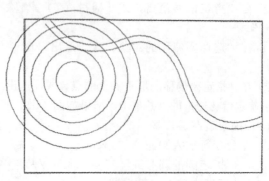

图 11-51 局部偏移操作结果　　　　　　　　图 11-52 描绘道路、广场结果

（4）描绘景墙和木质座椅

① 以"景墙"为当前层。

② 在命令行输入"offset"，对圆形广场进行偏移。

③ 在"指定偏移距离，或［通过（T）/删除（E）/图层（L）］＜通过＞:"提示下输入"150"，绘制景墙。如图 11-53 所示。

④ 以"木质座椅"为当前层。

⑤ 在命令行输入圆形命令"circle"。

⑥ 在"指定圆的圆心或［三点（3P）/两点（2P）/切点、切点、半径（T）］"提示下点击圆心所在的点。

⑦ 在"指定圆的半径或［直径（D）］"提示下输入"1000"。

⑧ 在命令行输入偏移命令"offset"。

⑨ 在"指定偏移距离，或［通过（T）/删除（E）/图层（L）］＜通过＞:"提示下输入"300"。

⑩ 在"选择要偏移的对象，或［退出（E）/放弃（U）］＜退出＞:"提示下选择所要偏移的对象。

⑪ 在"指定通过点或［退出（E）/多个（M）/放弃（U）］＜退出＞"提示下对需要绘制座椅处单击并绘制座椅，如图 11-54 所示。

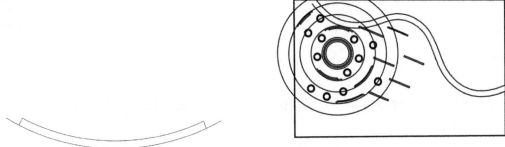

图 11-53　描绘景墙

图 11-54　描绘木质座椅

11.2.2　图形的编辑

（1）图形修改　利用剪切命令剪切掉多余的线段，再利用夹点编辑方法，结合正交、对象捕捉、对象追踪命令调整道路与景墙、景墙与道路边缘的位置关系。结果如图 11-55 所示。

（2）图案填充

① 新建"广场填充"、"花卉填充"、"草坪填充"、"灌木填充"图层，并分别设不同颜色。

② 以"灌木填充"图层为当前层。

③ 在命令行输入圆形命令"arc"。

④ 描绘灌木的边缘线。

⑤ 以同样的方法描绘草坪和花卉的边缘线。如图 11-56 所示。

⑥ 以"广场填充"为当前层。

⑦ 单击"图案填充"按钮 ⬛，出现"边界图案填充"对话框，选择"图案填充"，在"比例"栏中输入"100"，然后单击"拾取点"按钮 ⬛，在图中广场处单击，按回车键回到对话框，单击"确定"，完成填充操作。

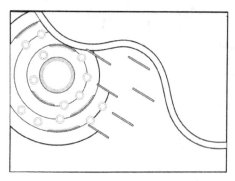

图 11-55　编辑修改结果

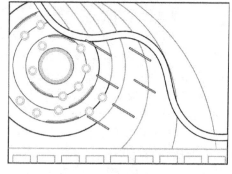

图 11-56　描绘边缘线图

⑧ 用同样方法填充草坪，但是会发现草坪点太稀疏，因此进行填充编辑。

⑨ 打开菜单"修改"⇨"对象"⇨"图案填充"。

⑩ 在"选择关联填充对象："提示下用鼠标单击草坪中的点，出现"图案填充编辑"对话框，把"比例"改为"20"，单击"确定"。

⑪ 用同样方法填充花卉，结果如图 11-57 所示。

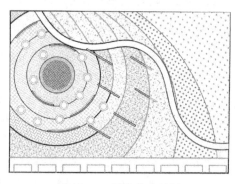

图 11-57　图案填充结果

11.2.3　种植植物

利用现有的植物平面图块，通过菜单"插入"⇨"图块"设计种植植物，并调整图块的大小。利用修订云线绘制灌木丛。结果如图 11-58 所示。

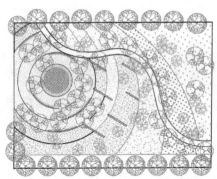

图 11-58　插入图块

11.2.4　标注

（1）标注样式设定

① 打开菜单"格式"⇨"标注样式"，在弹出的对话框中单击"新建"按钮，出现"创建新标注样式"对话框，输入新标注样式名称，如图 11-59 所示。

② 单击"继续"按钮，出现"修改标注样式：小游园标注"对话框，在"符号和箭头"选项卡中设置参数，如图 11-60 所示。在"文字"选项卡中设置参数，如图 11-61 所示。

③ 在"线"选项卡中设置参数，如图 11-62 所示。在"主单位"选项卡中设置"精度"为"0"。单击"确定"回到"标注样式管理器"对话框。选择"小游园标注"，单击"置为当前"按钮，关闭对话框。关闭"植物"（包括在插入植物图块时自动形成的图层）和"填充"图层，以"标注"图层为当前图层。

图 11-59 "创建新标注样式"对话框

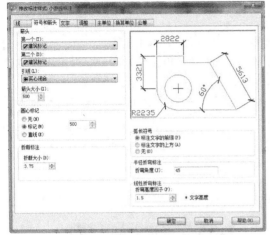

图 11-60 符号和箭头参数设置

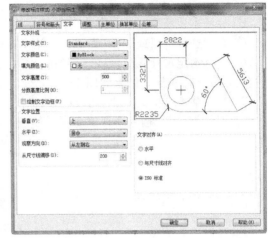

图 11-61 文字参数设置

（2）标注

① 打开"标注"工具条，按"线性标注"按钮 。

② 在"指定第一条尺寸界线原点或（选择对象）："提示下，用鼠标捕捉边界左上角外缘线端点。

③ 在"指定第二条尺寸界线原点："提示下，用鼠标捕捉"边界"的左边界。

④ 在"指定尺寸线位置或［多行文字（M）/文字（T）/角度（A）/水平（H）/垂直（V）/旋转（R）］："提示下，将光标放在图形上端适当的位置单击，如图 11-63 所示。

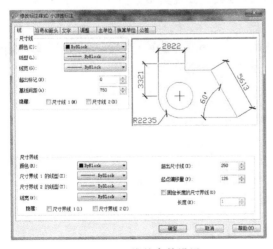

图 11-62 线的参数设置

图 11-63 线型标注示例

⑤ 然后用鼠标单击"基线标注"按钮 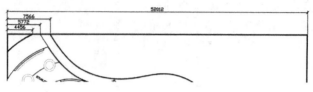。

⑥ 在"指定第二条尺寸界线原点或〔放弃（U）/选择（S）〕<选择>:"提示下，继续用鼠标向右连续单击有明显特征点的位置，然后连续按回车两次，结束命令。结果如图11-64所示。

图 11-64　基线标注示例

⑦ 标注木质座椅半径。单击"半径标注"按钮 。

⑧ 在"选择圆弧或圆:"提示下，用鼠标选择木质圆形座椅的圆边界。

⑨ 在"指定尺寸线位置或〔多行文字（M）/文字（T）/角度（A）〕"提示下，选择适当的位置单击鼠标，结果如图11-65所示。

⑩ 打开菜单"格式" ⇨ "多重引线标注样式"，单击"新建"按钮，出现"创建新多重引线样式"对话框，输入新样式名称，如图11-66所示。

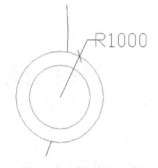

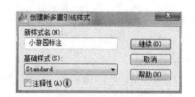

图 11-65　半径标注示例　　　　　　　　　图 11-66　"创建新多重引线样式"对话框

⑪ 单击"继续"按钮，出现"修改多重引线样式：小游园标注"对话框，在"引线格式"选项卡中设置参数，如图11-67所示。在"内容"选项卡中设置参数，如图11-68所示。在"引线结构"选项卡中，选择最大引线点数，设置其参数为3。

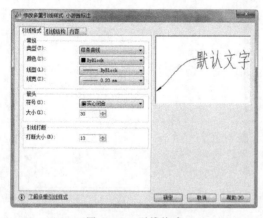

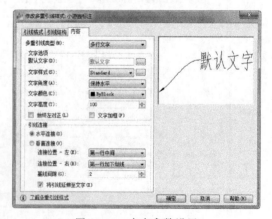

图 11-67　引线格式　　　　　　　　　　　　图 11-68　内容参数设置

⑫ 将"填充"图层置为当前，打开菜单"标注" ⇨ "多重引线标注"，单击广场铺装的中心点，输入大理石铺装，设置文字格式的参数，如图 11-69 所示。

⑬ 单击"确定"，结果如图 11-70 所示。

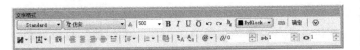

图 11-69　文字个格式参数设置

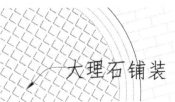

图 11-70　多重引线标注示例

11.2.5　插入图框

① 打开"设计中心"对话框，如图 11-71 所示。选择已经绘制好的带有属性的 A3 横向图块（A3 图框①.dwg）。单击鼠标右键，在弹出的菜单中选择"插入块"命令，出现"插入"对话框，设置参数如图 11-72 所示。

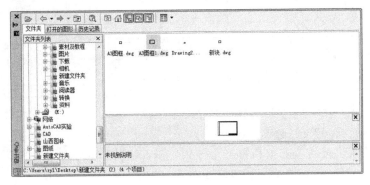

图 11-71　"设计中心"对话框

② 单击"确定"后关闭"设计中心"对话框。在屏幕上用"缩放工具"按钮 调整图形的大小，并用鼠标单击指定合适的位置为插入点。

③ 在命令行的提示下分别输入"日期"、"比例"、"图号"、"图别"、"工程项目"、"建设单位"、"设计单位"，按回车键，结果如图 11-73 所示。

图 11-72　"插入"对话框参数设置

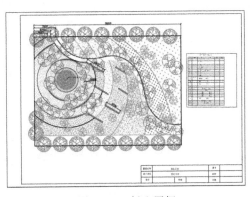

图 11-73　插入图框

11.2.6 图面布局

① 由图 11-73 可见，在图框内，图形的右侧有一空白处，可放"植物种植表"。

② 单击"插入"⇨"OLE 对象"，出现"插入对象"对话框。

③ 在"对象类型"栏中，选择"Microsoft Word 文档"，并选择"由文件创建"。

④ 单击"浏览"按钮，找到需要插入的文档，单击"打开"，回到"插入对象"对话框，单击"确定"。回到画面后，用夹点编辑方法调整文档的大小，并用移动工具将文档放到适当位置。结果如图 11-74 所示。

（1）输入图名

① 打开菜单"格式"⇨"文字样式"，出现"文字样式"对话框，新建"图名"文字样式。其他参数设置如图 11-75 所示。

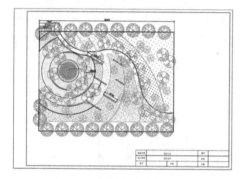

图 11-74 "植物种植表"示例

图 11-75 设置文字样式

② 单击"多行文字"按钮 A。

③ 在文字输入位置的左上角和右下角分别单击，出现"文字格式"对话框，输入"小游园设计"，单击"确定"，调整文字的位置。

④ 双击图中文字，出现"文字格式"对话框，调整文字的间距，单击"确定"。

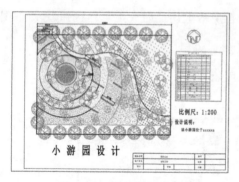

图 11-76 布局结果示例

⑤ 再用移动工具向上调整图框的位置。

（2）插入磁北针和输入比例尺

① 打开"设计中心"对话框，选择一磁北针插入图形中，放到右上角位置。

② 在表格的下端输入文字为"比例尺：1：200"（在插图框时，将图框放大了 200 倍，因此图的比例为 1：200）。

③ 在图形下方，输入"设计说明"，字体用"仿宋体"，并执行"修改"⇨"文字"⇨"比例"调整字体大小。图面布局完成结果如图 11-76 所示。

11.2.7 打印输出

AutoCAD 2012 打印输出方法很多，下面介绍常用的一种方法。

① 打开菜单"文件"⇨"页面设置管理器"，单击"新建"按钮，在"新页面设置名"中输入"小游园"，在"基础样式"中选择"模型"，单击"确定"。

② 出现"页面设置-模型"对话框，在"打印机/绘图仪"中的"名称"右侧的下拉列表中选择打印机。在"图纸尺寸"中选择"A3"图纸。单击"确定"回到"页面设置管理器"。将"小游园"图层设置为当前层，关闭对话框。

③ 打开菜中"文件" ⇨ "打印"，出现"打印-模型"对话框。

④ 在"打印范围"中选择"窗口"。

⑤ 在"指定第一个角点:"提示下，用鼠标捕捉图框外框的左上角，然后捕捉右下角，回到"打印-模型"对话框。其他设置如图 11-77 所示。

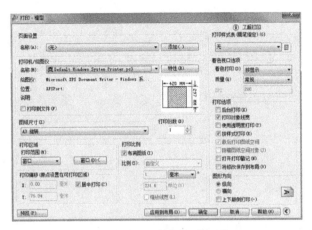

图 11-77　打印参数设置图

⑥ 单击"预览"按钮，出现预览界面，如图 11-78 所示。然后单击鼠标右键，在出现的快捷菜单中选择"打印"命令，打印机开始打印。

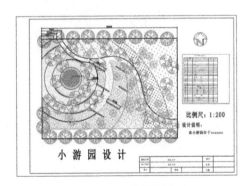

图 11-78　结果预览

第 2 篇
Photoshop 部分
（CS5 中文版）

Chapter **12**

Photoshop CS5 基础入门

12.1 Photoshop CS5 中文版的安装

提示：

Photoshop CS5 中文版安装配置基本要求如下。

• Intel Pentium 4 或 AMD Athlon 64 处理器。

• Microsoft Windows XP（带有 Service Pack 3）；Windows Vista Home Premium、Business、Ultimate 或 Enterprise（带有 Service Pack 1，推荐 Service Pack 2）；Windows 7。

• 1GB 内存。

• 1GB 可用硬盘空间用于安装；安装过程中需要额外的可用空间（无法安装在可移动闪存设备上）。

• 1024×768 屏幕（推荐 1280×800），配备符合条件的硬件加速 OpenGL 图形卡、16 位颜色和 256MB VRAM。

① 双击 Photoshop CS5 安装文件 setup.exe，安装程序这时会弹出一个提示窗口，如图 12-1 所示；单击"忽略并继续"按钮即可。

② 随后窗口显示"初始化安装程序"，如图 12-2 所示。

图 12-1 "Adobe 安装程序"窗口 　　　　　　　　　　 图 12-2 初始化安装程序

③ 当程序完成初始化后将进入 Adobe Photoshop CS5 的安装界面。在该窗口的右上角"显示语言"下拉列表中选择"简体中文"，然后单击"接受"按钮，如图 12-3 所示。

④ 安装窗口提示输入序列号。如果已购买了 Photoshop CS5，就可以输入官方提供的序列号，如果没有，可以点选"安装此产品的适用版"。这里，输入序列号，然后单击"下一步"按钮，如图 12-4 所示。

⑤ 进入到安装选项界面后，在窗口的下面"位置"栏中输入软件的安装位置（软件默认安装到 C 盘），如图 12-5 所示。

⑥ 单击"安装"按钮，软件开始安装，如图 12-6 所示。

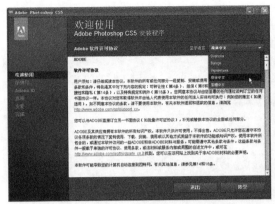

图 12-3　Adobe Photoshop CS5 安装界面

图 12-4　输入序列号

图 12-5　输入软件安装位置

图 12-6　开始安装

⑦ 安装完成后，单击安装窗口右下角的"完成"按钮即可，如图 12-7 所示。

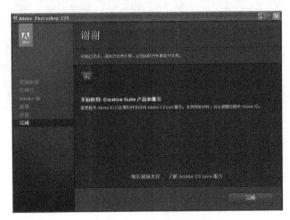

图 12-7　完成安装

12.2　启动 Photoshop CS5 中文版

在 Window XP 的"开始"⇨"所有程序"中单击"Adobe Photoshop CS5"即可启动

Adobe Photoshop CS5 软件。启动后软件界面如图 12-8 所示。

图 12-8　Adobe Photoshop CS5 软件界面

12.3　Photoshop CS5 中文版界面介绍

　　Photoshop CS5 与之前的版本相比，界面变化不大，主要是由菜单栏、属性栏、工具箱、图像窗口、状态栏、命令调板等部分组成，如图 12-9 所示。

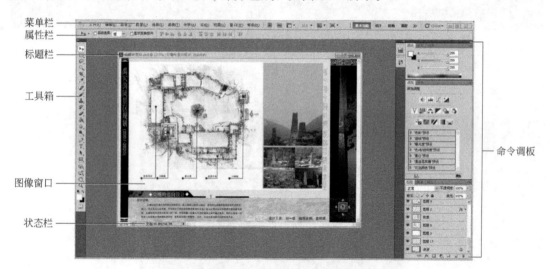

图 12-9　Adobe Photoshop CS5 界面介绍

12.3.1　菜单栏

　　在菜单栏中包含有 Photoshop CS5 中的大部分命令。当点开某一个菜单时，会弹出一个列表，如图 12-10 所示。其中有些选项为灰色，有些为黑色，灰色选项表示当前不可用，黑色选项表示当前可用，选项的可用与否和当前所进行的任务种类有关。

图 12-10　菜单栏

12.3.2　工具箱

工具箱中有常用的一些图像处理或绘图工具，如移动工具、选框工具、魔棒工具、画笔工具等。工具箱的最上方有一个由两个小黑三角组成的按钮，单击它可以改变工具箱的显示模式，如图 12-11 所示。

通过观察可以发现，除了移动工具和放大工具外，其他工具按钮的右下角会有一个小黑三角的标识，这表示该工具还有其他的模式，如套索工具中还包括多边形套索工具和磁性套索工具，如图 12-12 所示。

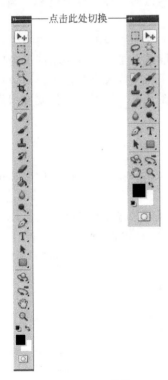

图 12-11　工具箱　　　　　　　　图 12-12　工具中的不同模式图

在一个工具中切换不同的模式的方法如下。

方法一：在某一工具按钮上按住鼠标左键，在弹出的选项栏中选择。

方法二：在某一工具按钮上单击鼠标右键，在弹出的选项栏中选择。

方法三：利用<Shift＋工具快捷键>切换不同模式（如<Shift＋L>键可切换不同的套索模式）。

提示：

如果想要查看工具箱中某一工具的快捷键，可将鼠标移到该按钮上停留 2～3s，就会在光标旁边弹出工具名称和快捷键的提示语。

12.3.3 属性栏

属性栏位于菜单栏下方，用来调节当前使用工具的具体属性，属性栏的属性调节内容会随着所选工具的不同而改变。如图 12-13 和图 12-14 所示的就是选择移动工具和画笔工具时的属性栏。

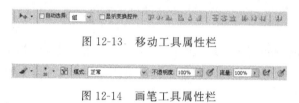

图 12-13 移动工具属性栏

图 12-14 画笔工具属性栏

12.3.4 标题栏、图像窗口和状态栏

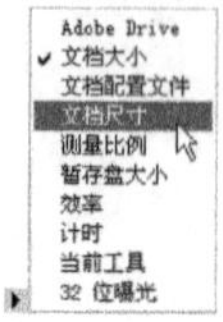

图 12-15 选择显示项

标题栏可以显示当前处理的图像的名称、放大比率、当前所在图层和颜色类型等信息。

图像窗口就是用来显示当前处理的图像的窗口。在此区域中，可以对图像进行各种操作，还可以根据需要放大或缩小图像窗口。

状态栏可以显示图像放大比率和文档大小等信息。可以用鼠标单击状态栏右边的小黑三角按钮，在弹出的列表中选择要在状态栏中显示的属性，如图 12-15 所示。

12.3.5 命令调板

调板可以方便地对所执行的图像进行监视和调整。Photoshop CS5 中有图层、色板、调整、蒙版、通道、路径等多个调板。

可以根据自己的需要来决定显示哪些调板而哪些调板处于隐藏状态。在 Photoshop CS5 的菜单栏右侧有几个工作区选择按钮，当选择其中某个工作区时就会显示相对应的默认调板，如图 12-16 所示。

如单击工作区选项中的"设计"按钮时，软件将显示设计过程 图 12-16 工作区选项 中常用的调板，主要包括色板、字符、图层等；当选择"绘画"按钮时，又会显示绘画时常用的调板，主要包括色板、画笔预设、图层等。如图 12-17 和图 12-18 所示。

要显示更多的调板，可单击菜单栏中"窗口"，在弹出的菜单中选择要显示的调板，选项前面被勾选的代表该调板已经处于激活状态。注意一些选项后面的快捷键提示，记住它们有助于快速打开特定的调板（图 12-10）。

在默认状态下，一些调板是组合在一个调板框中的（如图层、通道和路径调板），如果不喜欢这样的组合形式，可以按住鼠标左键拖动调板名称标签，将其拖出形成独立的调板或拖到其他调板标签旁边与其组合到一起（图 12-19 所示）。要关闭某一调板，用鼠标右键单击调板名称标签，在弹出的菜单中选择"关闭"（图 12-20）。

图 12-17 "设计"调板

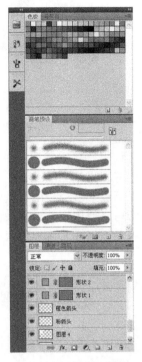

图 12-18 "绘画"调板

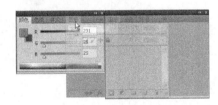

图 12-19 拖动调板名称标签改变组合形式

图 12-20 关闭调板

下面就对几个常用调板进行简单介绍。

（1）图层调板 在 Photoshop 中，图层的概念与在 AutoCAD 中的图层概念相类似，但是在 Photoshop 中图层调板的操作更加多变，除新建图层、删除图层、调整图层透明度之外，还具有对图层进行图像色彩色调调整、添加图层样式、添加图层蒙版等功能，这些将在后面的章节中具体介绍。

（2）颜色调板 颜色调板用于选取颜色，可以通过输入数字来选择颜色，也可以直接在下方的色谱条中选取。单击该调板右上角的 ![调板选项按钮] "调板"选项按钮，可以在弹出的选项栏中选择调板显示的颜色模式（图 12-21）。

（3）色板调板 色板调板同样用于选取颜色，与颜色调板不同的是颜色调板主要用来选择自定义颜色，而色板调板中已经存储了一些常用颜色供选择；另外，当在拾色器或者颜色调板中选取了某一颜色后，可以在色板调板中单击下方的 ![按钮] 按钮来创建新的色块以便在后面的操作中方便选取（图 12-22）。

图 12-21 颜色调板

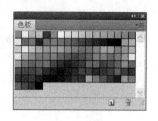
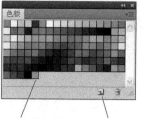

新创建一个青绿色色块　　　　点击该按钮

图 12-22　在色板调板中创建新色块

（4）字符调板　在字符调板中可以方便地调整字体类型、字体大小、字间距、文字方向、字体宽度等。

（5）路径调板　路径是由矢量的直线或曲线组成的线型；路径可以是开放的，也可以是闭合的。通常可以使用钢笔工具来创建路径，并转化为选区，也可以由选区来创建路径。

在绘制旅游规划或其他规划项目的分析图时，经常用到路径调板来制作不同的线型（图12-23）。

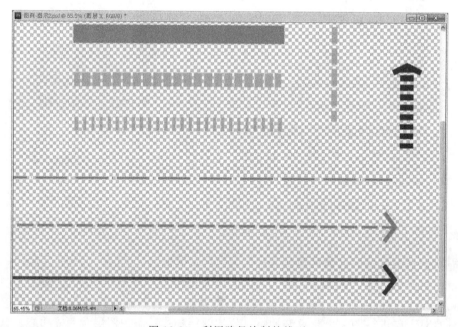

图 12-23　利用路径绘制的线型

（6）历史记录调板　历史记录调板中存储了之前每一步的操作步骤。如果想让图像返回到若干个操作步骤以前的状态，有两种选择：一是连续按多次菜单栏中的"编辑" ⇨ "后退一步"（它的快捷键<Ctrl＋Alt＋Z>与腾讯 QQ 的弹出快捷键相同）；二是直接在历史记录调板中选择要返回的那一步。显然后者更加方便（图 12-24）。

图 12-24　历史记录调板

提示：

① 可以存储多个不同的调板组合模式以根据每次绘图的任务不同而方便地调用。存储自定义调板可以单击菜单栏右侧的"显示更多工作区和选项"按钮，在弹出的菜单栏中选择"新建工作区"选项（图12-25所示），在弹出的"新建工作区"窗口中为自定义工作

区设定名称，然后单击"存储"按钮即可，可以在菜单栏右侧的工作区按钮中发现新建的工作区按钮（图 12-26）。

图 12-25　选择"新建工作区"

图 12-26　新建工作区

② 如果想获得更大的工作空间，可以使用<Shift+Tab>组合键来隐藏图像显示区右边的调板，再次键入该组合会重新显示调板。单独按<Tab>键则会隐藏工具箱、属性栏和调板区。

12.4　设置工作环境

在使用 Photoshop 绘图前，要对软件本身进行一些设置，使它更有效地工作。

12.4.1　颜色设置

单击菜单栏中的"编辑"⇨"颜色设置"，在弹出的"颜色设置"窗口的工作空间中选择"RGB"（图 12-27），在弹出的菜单中选则"Adobe RGB"选项，它可以提供的色彩范围很大，适合绘图工作。工作空间的不同之处主要在于它们可产生的颜色范围不同，可以根据需要选择不同的工作空间。

图 12-27　选择工作空间

12.4.2　指定暂存盘

在绘图过程中，Photoshop 有时需要很大的暂存空间，它在计算机的硬盘上会占用一定空间作为虚拟内存使用。Photoshop 默认在系统分区（C 盘）上建立虚拟内存，需要手动设置暂存盘位置来避免动辄几百兆的虚拟内存占用宝贵的 C 盘空间。

单击菜单栏中"编辑" ⇨ "首选项" ⇨ "性能",在弹出的"首选项"窗口中"暂存盘"一栏中选择系统盘以外的分区作为创建暂存盘的位置（图 12-28），可以选择一个或多个分区。

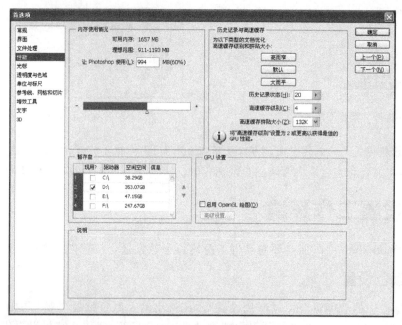

图 12-28　指定暂存盘

12. 4. 3　设定历史记录

在"性能"项中的"历史记录与高速缓存"控制区，调节"历史记录状态"滑块可以加大或缩小历史记录调板所记录的条数（图 12-29）。但是，如果将记录条数设置得过大，会增加暂存盘空间。

图 12-29　调整历史记录状态

12. 4. 4　设定缩放方式

在"首选项"窗口中的常规项中通常会勾选□用滚轮缩放(S)，这样就可以随时滚动鼠标滚轮来缩放图像了。

12. 4. 5　快捷键设置和查看

单击菜单栏中"编辑" ⇨ "键盘快捷键"，在弹出的"键盘快捷键和菜单"窗口中可以查看或修改调用各种命令的快捷键，单击窗口右侧的"摘要"按钮可以生成一个包含所有快捷键的 Web 页，以方便随时查看（图 12-30 所示）。

图 12-30　快捷键设置和查看

第 13 章

文件操作及颜色设置

13.1 数字图像相关概念

数字图像，也就是人们常说的数码图像。要对这些图像进行处理和存储，就要首先了解有关数字图像的相关概念。

13.1.1 位图和矢量图

（1）位图 亦称为点阵图像或光栅图像，是由称作像素的单个点组成的。当把一张数码照片放到足够大时，就会看到这些点，每一个方格点都显示一种颜色，并通过不同的排列来构成图像（图 13-1）。

 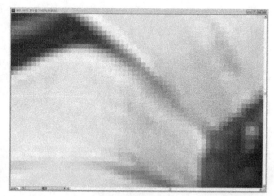

(a) 100%显示   (b) 放大到2000%显示

图 13-1 将位图图像放大显示

位图图像质量与分辨率息息相关，分辨率越高，位图图像就越清晰。

（2）矢量图 矢量图使用直线和曲线来描述图形，这些图形的元素是一些点、线、矩形、多边形、圆和弧线等，它们都是通过数学公式计算获得的。矢量图在放大时不会失真，并且矢量图文件所占用的空间比较小。AutoCAD 和 3ds Max 所创建的图形就是矢量图。

提示：

见表 13-1。

表 13-1 位图图像和矢量图图像之间的比较

图像类型	组成	优点	缺点	常用制作工具
位图	像素	只要有足够多的不同色彩的像素，就可以制作出色彩丰富的图像，逼真地表现自然界的景象	缩放和旋转容易失真，文件占用空间较大	Photoshop 等

图像类型	组　成	优　点	缺　点	常用制作工具
矢量图	数学向量	文件容量较小，在进行放大、缩小或旋转等操作时图像不会失真	图像色彩表现欠佳	AutoCAD、3ds Max、Flash、CorelDraw 等

13.1.2　分辨率

在处理图形之前和打印输入图像文件时，都会遇到关于分辨率的问题，分辨率设置得是否合适，直接影响到图像的处理或打印效果。

(1) 图像分辨率　图像分辨率是指在单位长度内所包含的像素点个数，单位是"像素/英寸"，即 ppi (pixel per inch)。

例如，当一个图像的分辨率为 72ppi 时，那么所代表的意思就是在 1in (1in＝2.54cm，下同) 的长度内有 72 个像素点，而通常情况下像素点又是正方形的，所以在 1in×1in 的范围内就有 72×72＝5184 像素。

了解了图像分辨率的知识后可以知道，如果一个图像的尺寸一定，分辨率越高则图像越清晰。这是因为尺寸一定的图像分辨率越高，所包含的像素数就越多，所表现的图像内容就越清晰、自然。

在现实中，在家里、商场或教堂建筑里常用马赛克砖拼成图案，在这些图案中，每一小块马赛克砖就是位图图像中的一个像素。如果在单位面积内使用的马赛克砖尺寸越小，拼出的图案就越清晰、逼真。

(2) 打印分辨率　指打印出来的图纸上单位长度中墨点的多少 (通常用水平方向上墨点数×垂直方向上墨点数来表示)，单位是"点/英寸"即 dpi (dot per inch)。

如 EPSON Stylus Photo 1390 喷墨打印机的最高分辨率是 5760×1440dpi，就表示在水平方向上的极限点数是 5760，垂直方向上极限点数是 1440 点。打印同一尺寸的图纸时，打印分辨率越高，则点距越小，打印出的图纸越清晰。

13.1.3　色彩模式

色彩模式是指在显示或打印图像时定义色彩的形式。由于所采用的定义颜色方式不同，导致每种不同色彩模式所覆盖的色彩范围也不同，所以要根据不同需要选择合适的色彩模式。

通过单击菜单栏中的"图像" ⇨ "模式"可以选择定义图像色彩的不同模式 (图 13-2)。下面就来介绍几种在制图中常用的色彩模式。

(1) RGB 颜色　RGB 颜色模式是 Photoshop 中最常用的模式，它由红 (red)、绿 (green)、蓝 (blue) 三种颜色经过不同比例的混合来定义图像色彩，在自然界中的颜色也是由这三种颜色所合成的，所以 RGB 颜色模式可以合成所需要的所有颜色。在制作效果图时通常使用该模式。

图 13-2　色彩模式菜单

（2）CMYK 颜色　该模式是一种印刷色彩模式，由青色（cyan）、洋红色（magenta）、黄色（yellow）和黑色（black）四种颜色来定义图像色彩。现在大多数喷墨打印机中都使用青色、洋红色、黄色和黑色油墨，通过控制这四种颜色的量来打印出不同色彩，当四种油墨量都为 0% 时，打印出来的就是纯白色。

一般在处理图像时使用 RGB 颜色模式，当需要打印时再将图像转换成 CMYK 颜色模式。

（3）索引颜色　该模式将用最多 256 种颜色来显示图像，所以可以在尽量保持图像显示效果的情况下大大降低图像文件的大小。当对图像显示效果要求不高而且对文件大小比较敏感时，可以考虑使用该模式。

（4）灰度　使用该模式可以快速将彩色图像转化为黑白图像。在灰度模式中，图像中每个像素都可表现 256 阶灰度中的一阶来显示图像。

如果要在彩色图像转换到黑白图像时进行调节，可以选择"图像"⇨"调整"⇨"黑白"来实现。

（5）位图　位图模式只用黑色和白色两种颜色表现图像，通过控制黑色像素和白色像素在不同区域内的比例来调节图像明暗关系。要将一个彩色图像转换为位图模式，必须先将其转换为灰度模式才行。

13.1.4　图像格式

图像文件的存储格式很多，不同的格式有自身的特点，应该根据文件的用途选择合适的存储格式。下面着重介绍几种常见的文件格式。

（1）Photoshop 文件格式（PSD）　该文件格式是 Photoshop 软件的专用文件格式，它不仅可以存储图像本身，还会保存全部图层、通道等信息，以便以后对图像文件继续进行修改。如果保存一张没有绘制完的图纸，建议保存成该文件格式。PSD 文件格式的缺点是占用存储空间较大。

（2）TIFF 格式（TIF）　TIFF 格式是计算机中运用最广泛的图像文件格式之一，由于保存时压缩率很低，所以图像细节损失会很小，同时文件空间占用也相对小些。TIFF 格式常用于打印。

（3）JPEG 格式（JPG）　这是一种很常见的文件格式，它在保存时对图像文件的压缩比例比较高，所以占用空间较小，损失了一些图像信息，但是效果还是可以达到照片效果。JPEG 格式文件兼容性很好，在交流图纸信息时非常方便，同时在要求不高的情况下也可以作为打印文件来保存。

（4）EPS 格式（EPS）　EPS 格式可以包含矢量图形和位图图形，是输出设备和软件间传送图像的标准格式，同时图像质量很高。在将 AutoCAD 文件进行虚拟打印导入到 Photoshop 中时，经常使用该文件格式。

（5）BMP 格式（BMP）　BMP 格式是 Windows 的标准图像文件格式，将文件进行压缩保存后不会损失图像信息；但是保存和打开图像用时比较长，而且不支持 CMYK 模式。

（6）GIF 格式（GIF）　此格式最多支持 256 种色彩，所以占用空间很小，很适合在网络上传输。另外，因为 GIF 文件格式可以存储多个映像图像，所以会见到很多 GIF 格式的动画文件。

13.2 文件的基本操作

了解图像文件的新建、打开、保存和关闭。

13.2.1 新建图像文件

所谓新建图像文件，可以理解为在绘图之前准备好纸张和颜料，通过单击菜单栏中的"文件"⇨"新建"（快捷键<Ctrl＋N>）可以新建图像文件。

当激活新建命令后，会弹出"新建"窗口（图 13-3）。其中各个选项的意义如下。

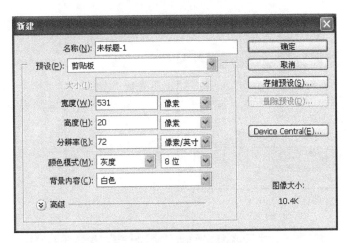

图 13-3 "新建"窗口

（1）名称　可以为新建的图像文件设定名称。可以一开始就输入名称，也可以在后面保存时再输入。

（2）预设　单击"预设"栏后面的向下箭头后，可以看到一些已经预先设定好的纸张尺寸，但是这些纸张尺寸通常不是旅游规划要用到的图纸尺寸，所以需要自己设定。

（3）宽度和高度　用来设定图纸文件的宽度和高度，单击后边的向下箭头可以选择合适的单位。

（4）分辨率　设定图像分辨率，默认的分辨率是 72ppi，在 A3 大小的文件上已经够用。如图要打印 A1 大小的图纸，可将分辨率提高到 150ppi 左右。

（5）颜色模式　设定图像文件的颜色模式，一般选择 RGB、8 位即可。

（6）背景内容　选择新建文件的背景颜色，也就是指纸张的颜色。

另外，还可以通过单击"新建"窗口右侧的"存储预设"按钮将设定好的图纸"尺寸"等信息存储起来，这样在新建时，在"预设"菜单中直接选择特定图纸即可。

【练习】新建一个宽度和高度分别为 420mm 和 297mm（A3）的图纸文件，并将其存储为预设。

① 键入快捷键<Ctrl＋N>，在弹出的"新建"窗口中输入如图 13-4 所示信息。

② 输入好数据后，如果不打算保存该图纸则直接单击"确定"按钮。这里要保存图纸预设，单击"存储预设"按钮，弹出"新建文档预设"窗口（图 13-5），其中预设名称默认

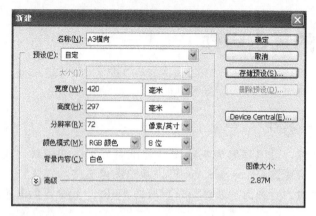

图 13-4　输入图纸尺寸及分辨率等信息

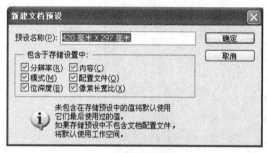

图 13-5　"新建文档预设"窗口

显示为设定的图纸尺寸。为了以后查找方便，将其改为"A3 横向"，单击"确定"按钮完成存储。

③ 以后如果再需要新建 A3 大小的图纸，直接在预设下拉菜单中选择即可（图 13-6）。

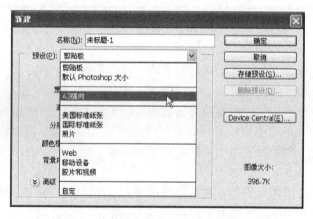

图 13-6　直接在"预设"下拉菜单中选择

13.2.2　打开图像文件

打开已有的图像文件，单击菜单栏中的"文件" ⇨ "打开"（快捷键<Ctrl＋O>），在弹出的"打开"窗口中选择要打开的文件，单击"打开"按钮即可。

13.2.3　保存图像文件

可以保存当前文件，也可以对文件进行"另存为"操作。保存当前文件可以单击菜单栏中的"文件"⇨"存储"（快捷键＜Ctrl＋S＞）；另存为操作通过单击菜单栏中的"文件"⇨"存储为"（快捷键＜Shift＋Ctrl＋S＞）实现。

13.2.4　关闭图像文件

保存完毕后，可通过单击菜单栏中的"文件"⇨"关闭"（快捷键＜Ctrl＋W＞或＜Ctrl＋F4＞）或直接单击图像窗口右上角的 ▇x▇ 按钮来关闭文件。

当同时打开了多个图像窗口时，可以单击菜单栏中的"文件"⇨"关闭全部"（快捷键＜Alt＋Ctrl＋W＞）来关闭全部窗口。

13.3　文档导航

在处理图像的过程中，常常需要放大图像来进行细部的处理。当显示器不能显示全部图像时，如何快速准确地将显示范围移动到想要的区域，对提高工作效率十分关键。下面就介绍相关的工具和调板。

13.3.1　缩放工具

可以通过单击工具箱中的🔍按钮（快捷键＜Z＞）来激活缩放工具，之后，将光标移动到图像上，单击鼠标左键，图像将以鼠标单击的方向被放大，当激活缩放工具后按下＜Alt＞键可将放大功能转换为缩小功能，放开＜Alt＞键后，将恢复为默认的放大功能（图13-7）。如果在图像上一点按住鼠标左键并拖动，拖出一个区域再松开左键，Photoshop 将会放大这个区域。

(a) 放大　　　　　　(b) 按住＜Alt＞键切换到缩小

图 13-7　缩放工具属性栏

在实际绘图中使用快捷键来放大和缩小图像会更加方便，＜Ctrl＋＋＞是放大图像，＜Ctrl＋－＞是缩小图像。如果在"首选项"窗口中勾选了用滚轮缩放，那么仅滚动鼠标滚轮就可以放大或缩小图像了。

提示：

如果双击工具箱中的缩放按钮，则当前图像将以100％的比例显示（快捷键＜Ctrl＋Alt＋0＞，其中0是数字零，所谓100％比例显示就是用显示器上的一个像素点来显示图像上的一个像素），此方法与单击菜单栏中的"视图"⇨"实际像素"所具有的功能是一样的。

13.3.2　抓手工具

当将一幅图片放大到很大以至于图像窗口只能显示其中一小部分时，没有人会愿意使用图像窗口边缘的滚动条来移动图像，因为这样太慢了。抓手工具可以让人们自如地移动图像的显示位置，所以抓手工具就成为 Photoshop 中使用频率最高的工具之一。

启动抓手工具可以单击工具箱中的按钮✋（快捷键＜H＞），但是很少有人用这种方法来调用它，因为在大部分时候，只要按住键盘上的"空格"键就将临时切换到抓手工具，当松开时又会跳回到刚才的使用的工具上。

提示：

双击工具箱中的抓手工具按钮，图像将按屏幕大小缩放（快捷键＜Ctrl＋0＞，其中0是数字零）；或单击菜单栏中的"视图"⇨"按屏幕大小缩放"。

13.3.3　导航器调板

导航器调板不是 Photoshop 默认显示的调板，可以单击菜单栏中"窗口" ⇨ "导航器"打开导航器调板。

利用导航器同样可以移动和缩放图像，还可以查看当前图像窗口显示的是图像的哪个部分，这对于放大图像处理细部非常有用（图 13-8 所示）。

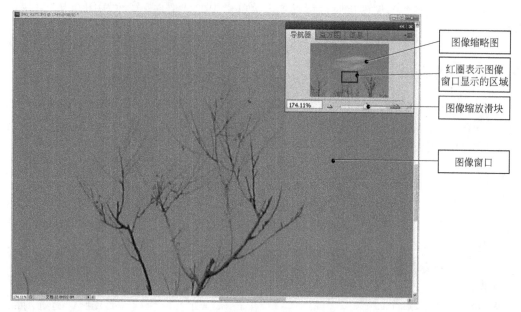

图 13-8　图像窗口和导航器调板

移动导航器调板中的红色边框可以改变图像窗口所显示图像的位置；移动调板下方的滑块或单击小山状的按钮可以放大或缩小图像；若按住<Ctrl>键在缩略图中框选出一个区域，则在图像窗口中将放大显示这一区域；也可以在调板左下角输入精确的缩放百分比。

13.4　选择颜色

当评论一张图纸是否成功时，往往人们都会首先关注到图纸的配色是否合适，而不是对它所要表达的设计思想进行评论，所以选择好颜色对绘图工作相当重要。Photoshop 中提供了强大的颜色选取工具，每种工具都有相同点和不同点，应该根据不同的需要来选择合适的颜色选择工具。

13.4.1　前景色和背景色

所谓前景色，就是当前使用的工具所绘制出的颜色。如使用画笔工具绘图时，前景色是红色，那么绘出的线条颜色就是红色。背景色设置的机会相对较少，例如在使用渐变工具时，将会要求设置背景色，渐变色将从前景色开始渐变到背景色（图 13-9）。

在工具箱的下半部分有两个相叠压在一起的正方形控件，它们所控制的就是前景色和背景色（图 13-10）。单击上面的方块，可在弹出的"拾色器"窗口中选择前景色；单击下面的方块，可选择背景色；如果单击它们左上方的小黑白按钮，可恢复默认的黑色前景色和白色背景色（快捷键<D>）；右边的双箭头按钮可以切换前景色和背景色（快捷键<X>）。

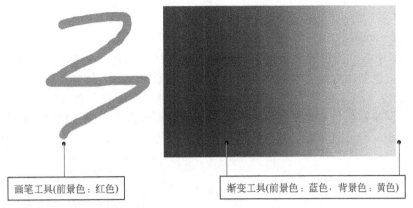

画笔工具(前景色：红色)　　　渐变工具(前景色：蓝色，背景色：黄色)

图 13-9　前景色和背景色示意

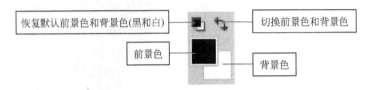

恢复默认前景色和背景色(黑和白)　　切换前景色和背景色

前景色　　　背景色

图 13-10　前景色和背景色控件

13.4.2　拾色器

拾色器工具是绘图时常用的选色工具，单击工具箱中的前景色或背景色就会弹出"拾色器"窗口（图 13-11）。拾色器提供了多种选取颜色的途径，下面来学习如何使用拾色器。

（1）选择颜色　运用拾色器选择颜色最简单的方法就是在窗口中的色带上选择合适的颜色，然后在左边的大色块中选择颜色的深浅（图 13-12）。

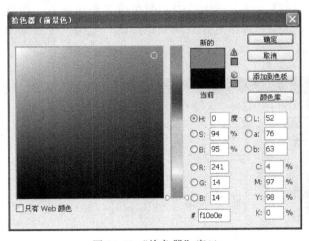

图 13-11　"拾色器"窗口

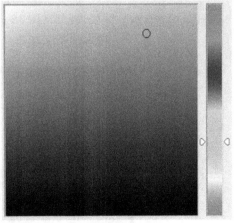

图 13-12　颜色深浅

（2）运用色相、饱和度和亮度来设置颜色　在"拾色器"窗口中有三个单选按钮（图 13-13），其中 H 代表色相，S 代表饱和度，B 代表亮度，选择其中之一就可在其左边的渐变条中选择相应的颜色。这三个词语的含义如下。

① 色相 H：是基本的颜色，如红色、绿色、蓝色、洋红色、青色、黄色等。

② 饱和度 S：指色彩的鲜艳程度。

③ 亮度 B：色彩的亮度，亮度越低越接近纯黑色。

Photoshop 中颜色的设置大多是基于色轮来进行的，色轮中的颜色可分为红色、黄色、绿色、青色、蓝色和洋红色六种基本颜色，它们在色轮中的基本位置由红色的 0°开始，接着是黄色 60°、绿色 120°、青色 180°、蓝色 240°和洋红色 300°，这样就知道为什么色相的单位是"度"了。例如在色相单选按钮后面输入 180 就会得到青色。在色轮中，色彩饱和度沿圆的外边缘向圆心方向逐渐降低，到达圆心时饱和度将为 0（图 13-14）。

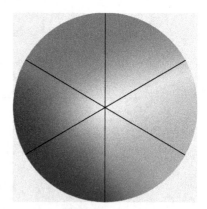

图 13-13　色相、饱和度和亮度　　　　　　　　　图 13-14　色轮

（3）通过输入 RGB 或 CMYK 数值来设置颜色　还可以通过在"拾色器"窗口中输入 RGB 或 CMYK 数值来设置颜色（图 13-15）。RGB 颜色中数值范围为 0～255，当三者均为 0 时则颜色为黑色（无任何色光），均为 255 时颜色为白色（三种色光混合为白光），如数值小于 255 但均相等时为灰色。CMYK 中数值范围由 0～100%，如 C 为 100%，其他都为 0，则颜色为青色（只有青色油墨），都为 0 时为白色（无油墨）。

图 13-15　RGB 和 CMYK 颜色信息

（4）在颜色库中选择颜色　可以单击"颜色库"按钮进入"颜色库"窗口（图 13-16），颜色库很适合在填充地形图时使用，可以方便地选择渐变颜色（图 13-17）。

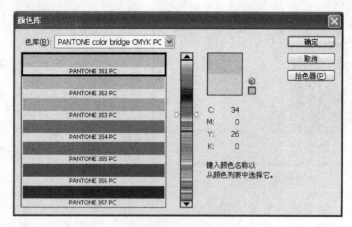

图 13-16　"颜色库"窗口

（5）颜色预览和警告　在"拾色器"窗口中间有两个上下排列的色块（图 13-18），其中上面的色块用于显示新选中的颜色，下面的色块显示当前使用的颜色。可以观察这两个色块来判断前后选取颜色的差别。

图 13-17　等高线填充效果

图 13-18　颜色预览

在颜色预览色块的右侧有时会出现一个或两个警告标志（图 13-18）。如果出现三角形警告标志，说明选取的颜色将不能在 CMYK 模式下正确显示，也就意味着该颜色不能被准确地打印出来，所以在绘制需要打印出图的图纸时应注意该标志。在三角形警告标志下面有一个小色块，其中的颜色表示可转换到的临近颜色，单击它就会自动选中与新选颜色相近的可打印颜色。当"拾色器"窗口开启时，可以单击菜单栏中"视图"⇨"校样颜色"选项来使窗口中的颜色全部转化为打印时的颜色效果（使用快捷键＜Ctrl＋Y＞可查看图纸中颜色在打印出来后的效果）。

下面立方体符号用于警告颜色不是 Web 安全颜色，它与旅游规划制图的关系不大。

（6）将颜色添加到色板　单击"添加到色板"按钮可将选中的颜色添加到色板调板中。

13.4.3　颜色调板

在命令调板中的颜色调板，其选择颜色的方式与拾色器相似，即可以拖动滑块或在色谱中选择，也可以在后面输入数字来选择颜色（图 13-19）。单击调板右侧的 调板选项按钮可以改变滑块和色谱类型，其中灰度滑块和 Web 颜色滑块是拾色器中所没有的。可以利用灰度滑块方便地选择不同的灰色。

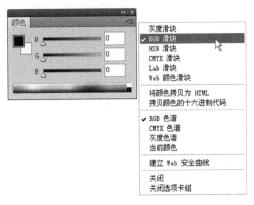

图 13-19　颜色调板

13.4.4　色板调板

色板调板中储存了常用的颜色，同时可以将自己常用的颜色储存在其中以便以后选取（图 13-20）。将鼠标移到某一色块之上并单击左键即可改变前景色，如果在按住 Ctrl 键的同时单击左键可改变背景色。

13.4.5　吸管工具

工具箱中的吸管工具 （快捷键＜I＞）也可选择颜色。吸

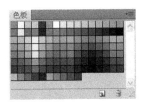

图 13-20　色板调板

管工具就好比一个颜色提取器，在打开的任意一个图像窗口（不一定是当前窗口）中的一部分单击鼠标左键，吸管工具都会把这部分的图像颜色作为前景色，如按住 Alt 键时则会作为背景色。

改变吸管工具属性栏中的取样大小会改变吸管工具的取样范围。当选择"取样点"时，取样范围为单一像素点；如选择"3×3 平均"时，取样范围是以光标点选的像素点为中心的长×宽共 9 个像素，选取的颜色是这 9 个像素颜色的平均值（图 13-21）。

 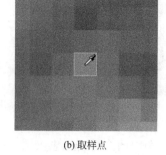 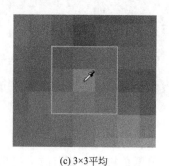

(a) 取样大小　　　　　　　(b) 取样点　　　　　　　(c) 3×3平均

图 13-21　取样范围

Chapter 14

Photoshop CS5 基本工具的操作

本章将具体介绍在旅游规划制图中常用基本工具的操作方法，这些工具在 Photoshop CS5 软件主界面左侧的工具箱中都能找到。

14.1 图像选取工具

图像选取工具主要包括选框、套索、魔棒、裁剪和吸管等工具，如图 14-1 所示。

不论是学习旅游规划还是园林规划，在不断的学习过程中会通过各种渠道获得大量的素材图片，如植物的平面图片、自己拍照的景观照片或者其他项目的图纸，要想将这些素材中的元素应用到自己绘制的规划图纸中来，就要首先学好如何从这些素材中选取出有用的部分，否则将影响绘图效率或效果。

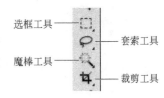

选框工具 ——
魔棒工具 ——

—— 套索工具
—— 裁剪工具

14.1.1 选区

图 14-1　选取工具

在学习图像选取工具之前，先要知道什么是"选区"。所谓"选区"，就是通过选取工具创建的一片区域，选区的范围由不停移动的虚线框构成，如图 14-2 所示。当创建了选区后，在这片区域以外的图像就好像被遮住一样（仍然可见），对图像的各种操作，如移动、填充、复制等都将只作用于选区内的部分。

如建立选区后，用橡皮擦工具来擦除选区内的图像时，无论动作有多大，只有选区内的图像会被擦掉，如图 14-3 所示。

选区可分为普通选区和羽化选区。普通选区可以理解为硬边选区，这种选区是实实在在的，也就是说选区的边界在哪，所填充的像素或移动部分的边界就到哪；而羽化选区的边界部分则会渐渐变淡，这样就与周围

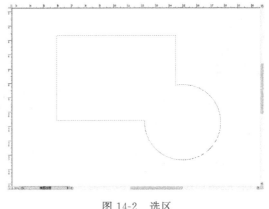

图 14-2　选区

的图像形成了渐变效果，可以更好地融入到周围的图像。效果如图 14-4 所示。

提示：

① 如果对所创建的选区不满意，可以单击菜单栏中的"选择" ⇨ "取消选择"（快捷键 ＜Ctrl＋D＞）来删除选区。

② 要选择选区以外的区域时，可以单击菜单栏中的"选择" ⇨ "反向"（快捷键＜Shift＋Ctrl＋I＞）来选择选区以外的所有区域。

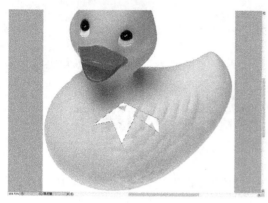

(a)普通选区填充效果

(b)羽化选区填充效果

图 14-3 只会擦除选区内的图像　　　　　图 14-4 普通选区和羽化选区效果对比

14.1.2 选框工具

选框工具是选取工具中最基本的工具。选框工具中包括矩形选框工具、椭圆选框工具、单行选框工具和单列选框工具，如图 14-5 所示。

各工具的作用如下。

① 矩形选框工具：创建矩形或正方形选区。

② 椭圆形选框工具：创建椭圆形或圆形选区。

③ 单行选框工具：可以创建一个高度为 1 个像素，宽度为整个图像的平行选区。

图 14-5 选框工具

④ 单列选框工具：可以创建一个宽度为 1 个像素，高度为整个图像的平行选区。

选择选框工具时，属性栏如图 14-6 所示。

图 14-6 选框工具属性栏

其中各个选项的含义如下。

① 选择方式。

- "新选区"：当再次创建选区时，之前创建的选区将被删除。
- "添加到选区"：可以在之前创建的选区的基础上继续添加选区。
- "从选区减去"：从之前创建的选区中减去新建选区的部分。
- "与选区交叉"：创建前后两选区所共同包含的选区范围。

② 羽化：可以使选区和非选区之间产生过渡效果，数值越大则过渡效果越明显。

③ 消除锯齿（只在椭圆选框工具时可用）：勾选有助于减少选区的锯齿状边缘，使选区边缘更加平滑、自然。

④ 样式。

- 正常：所创建的选区大小和形状不受限制。
- 固定比例：可以限定所要创建选区的高度和宽度之间的比例。如将宽度设为 2.5，高度设为 1，则所创建的都将是宽高比为 2.5∶1 的选区。
- 固定大小：通过设定所要创建选区的高度和宽度数值，可以创建大小相同的选区。如将宽度设为 26 个像素宽和 20 个像素高，则所创建的将都是 26 个像素宽和 20 个像素高的选区。

提示：

Photoshop 中各字母组合代表的单位名称如下。

- px：像素。
- in：英寸。
- cm：厘米。
- pt：点。
- pica：派卡。

调用选框工具的方法如下。

方法一：按<M>键（矩形选框工具和椭圆选框工具之间可按<Shift＋M>切换）。

方法二：在工具箱中单击 ▢ 按钮。

【练习】 创建选区，如图14-7所示。

① 新建一个图像文件。

② 键入快捷键<M>选中矩形选框工具，这时鼠标指针变为"＋"。观察图14-7的选区样式，可以看出是一个矩形选区和一个圆形选区组成的，所以在合适位置单击鼠标左键并按住先拖动出一个矩形选框，如图14-8所示。

③ 键入快捷键<Shift＋M>切换到椭圆选框工具，并确认属性栏中选择的是 ▢ "添加到选区"选项，在合适位置拖出一个圆形选区，如图14-9所示。

图14-7　创建选区

图14-8　创建一个矩形选区

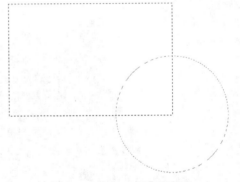

图14-9　拖出一个圆形选区

④ 放开鼠标左键，完成选区的创建，如图14-7所示。

提示：

① 当创建矩形或椭圆形选区的同时按下<Shift>键，可创建正方形或圆形选区。

② 在创建选区的过程中，如果在没有松开鼠标左键的情况下按下"空格"键，可随时调整选区的位置。

14.1.3　套索工具

套索工具同样可以用来创建选区。套索工具比选框工具更加灵活，它可以创建更加复杂多变的选区形状而不仅仅局限在矩形、椭圆形或者它们的组合图形。

套索工具包括基本的套索工具、多边形套索工具和磁性套索工具，如图14-10所示。

各套索工具的作用如下。

① 套索工具：是最基本的套索工具，同时也是最难控制的，因为所创建的选区边缘完全由绘图者"徒手"画出，所以精确度较差。

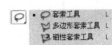

图14-10　套索工具

② 多边形套索工具：可以创建出不规则形状的多边形选区。

③ 磁性套索工具：可以自动识别相同或相近色相，并沿着这些像素点创建选区，所以，磁性套索工具适合在与周围色彩反差较大的区域创建选区。

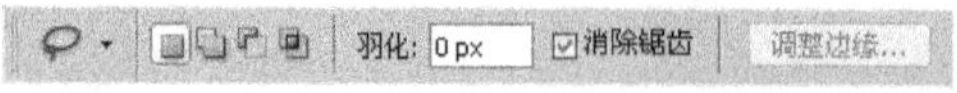

图 14-11　套索工具和多边形套索工具属性栏

套索工具的属性栏如图 14-11 和图 14-12 所示。

图 14-12　磁性套索工具属性栏

其中一些选项的含义如下。

① 宽度：在创建选区时分析的范围，宽度越小精度越高。

② 对比度：用来控制选区边缘两边的反差，数值越大精度越高。

③ 频率：在用磁性套索工具创建选区的过程中，线与线之间是由一个个方块状的控制点连接起来的，频率越大则小方块的出现频率就越高，精度也就越高；当频率为 100 时，每隔 5 个像素就会添加一个控制点。

调用套索工具的方法如下。

方法一：按<L>键（三种套索工具之间可按<Shift＋L>切换）。

方法二：在工具箱中单击按钮。

【练习】　利用多边形套索工具以图 14-13 所示的建筑边缘为边界创建选区。

从图 14-13 可见，建筑的轮廓由直线条组成，所以可以很容易地用多边形套索工具来创建选区。键入快捷键<Shift＋L>启动多边形套索工具，选择图像中的一处为起点，单击鼠标左键，然后将鼠标移动到下一个拐点再单击左键，依次单击建筑轮廓的各个拐点，最后回到起始点后单击起始点闭合选区即可，如图 14-14 所示。

【练习】　利用磁性套索工具沿花瓣边缘创建选区，如图 14-15 所示。

图 14-13　原图

图 14-14　选区建立完成

图 14-15　原图

① 键入快捷键<Shift＋L>启动磁性套索工具。

② 在属性栏中输入相应数据，如图 14-16 所示。由于花朵与背景绿叶有较高的对比度，所以在对比度一栏中输入 20％即可。

图 14-16　磁性套索属性栏

③ 在花瓣边缘单击鼠标左键，然后沿花的边缘移动鼠标，可以发现只要大致沿着边缘移动鼠标即可，磁性套索会自动进行调整，如图 14-17 所示。

④ 最后将光标移动到起点位置，闭合后单击鼠标左键，完成选区的建立，如图 14-18 所示。

图 14-17　沿边缘移动光标　　　　　图 14-18　完成选区的建立

提示：

如果要选取的区域与周边区域对比度很小，就要在磁性套索属性栏中输入更小的对比度值。如要选取上面练习中的一个花瓣，就要用更小的对比度，如图 14-19 所示。

图 14-19　使用更小的对比度

14.1.4　魔棒工具

魔棒工具可以选择图像中颜色相同或相近的区域，所以魔棒工具适合用来选择纯色区

图 14-20　魔棒工具

域。与魔棒工具拥有相类似功能的还有快速选择工具，快速选择工具也是用来选择颜色相同或相近的区域，只是工作方式与魔棒工具有些不同。如图 14-20 所示。

　　调用魔棒工具和快速选择工具的方法如下。

　　方法一：按＜W＞键（快速选择工具与魔棒工具之间可按＜Shift＋W＞切换）。

　　方法二：在工具箱中单击 按钮。

　　两个工具的不同点如下。

　　① 快速选择工具：通过设定笔尖大小来控制选择区域的范围，当笔尖区域与图像中某一区域接触，那么该区域颜色相同或相近的区域将被选中。

　　② 魔棒工具：通过"容差"来控制所选区域的大小，当输入值越小则选区的颜色范围越小，反之就越大。

　　快速选择工具的属性栏如图 14-21 所示。

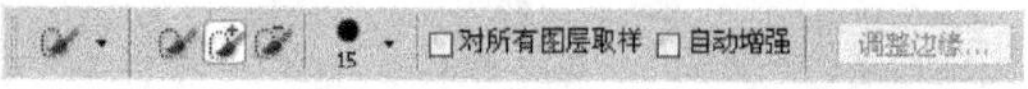

图 14-21　快速选择工具属性栏

　　其中一些选项的含义如下。

　　① "画笔"选取器：可以选择笔尖的大小、硬度等，本书将在介绍画笔工具时具体介绍各个选项的含义，如图 14-22 所示。

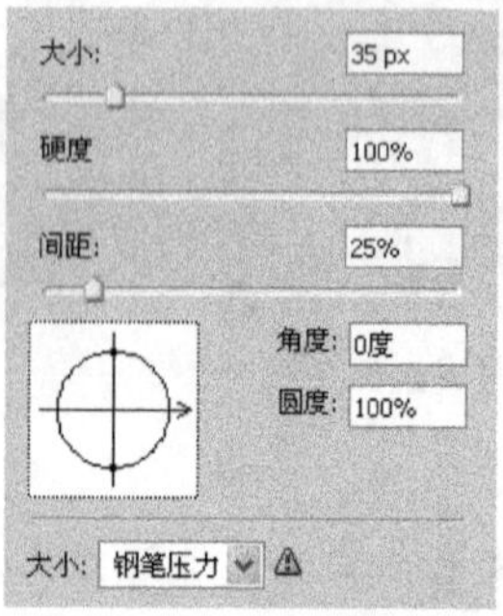

　　② 对所有图层取样：当选中此选项时，不仅可以选取当前图层的图像，同时也可选取其他图层的图像。

　　③ 自动增强：可以对选区边缘进行优化处理，使边缘更加平滑、准确。

　　魔棒工具的属性栏如图 14-23 所示。

　　其中一些选项的含义如下。

　　① 容差：用于控制选区色彩范围的大小，默认值为 32，可输入范围为 0～255，当输入值越小则选区的颜色范围越小，反之就越大，如图 14-24 所示。

图 14-22　"画笔"选取器

　　② 连续：当选中此选项时，只能选中与所选位置相连接的区域；如不选中，则可将图像中所有与所选位置相同或相近颜色的区域选中，如图 14-25 所示。

图 14-23　魔棒工具属性栏

　　【练习】　分别用快速选择工具和魔棒工具选取图中的玉兰花，如图 14-26 所示。

　　① 首先使用"快速选择工具"选取图中玉兰花。在键盘上键入快捷键＜W＞，调用快速选择工具。

　　② 选择合适的笔尖大小。这里先使用 40px 的笔尖，在图像中花瓣位置按住鼠标左键拖动，如图 14-27 所示。

　　③ 继续在要选取的玉兰花上拖动鼠标，当全部选中玉兰花后会发现部分天空也被选中，如图 14-28 所示。

图 14-24　容差分别是 10 和 50 时的效果

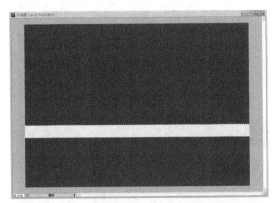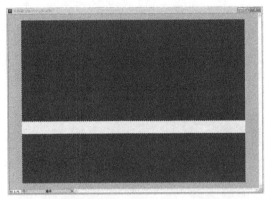

图 14-25　左图为选中"连续"右图未选中

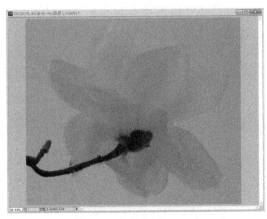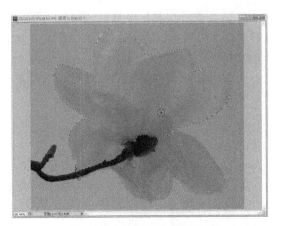

图 14-26　原图　　　　　　　　　　图 14-27　按住鼠标左键拖动

　　④ 这里只需选中属性栏中的 ![按钮] "从选区减去"按钮，然后在被选中的天空部分按住鼠标左键拖动即可去掉多余选区，如图 14-29 所示。

　　⑤ 缩小笔尖大小到 10px，放大图像，将未选中的部分继续选中即可，如图 14-30所示。

　　⑥ 用"魔棒工具"选区玉兰花。在键盘上键入＜Shift＋W＞切换到魔棒工具。

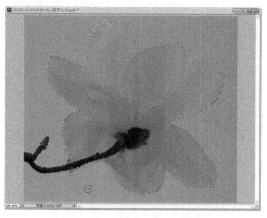

图 14-28　部分天空也被选中

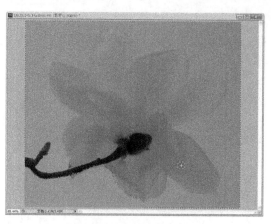

图 14-29　去掉多余的天空

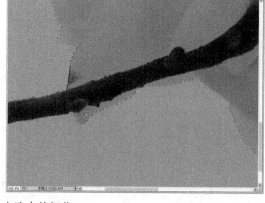

图 14-30　选取未选中的细节

⑦ 由于魔棒工具用来选取相同或相近的颜色区域，观察原图中背景为相近的蓝色，所以容差值不用过大，使用默认值 32 即可。在蓝色背景中单击鼠标左键，选中背景区域，如图 14-31 所示。

⑧ 由于要选取的是玉兰花部分，在菜单栏中单击"选择" ⇨ "反向"即可选中花朵部分，如图 14-32 所示。

图 14-31　选中背景

图 14-32　反向选择

提示：

① 用快速选择工具或魔棒工具创建选区时，当按住键盘上的＜Alt＞键时，将自动切换至"从选区减去"选项，松开后又会自动跳回之前选择的选项。

② 单击键盘上的＜［＞或＜］＞键会快速缩小和放大笔尖（使用画笔工具时同样适用）。

14.1.5 裁剪工具

裁剪工具主要功能就是可以将图像中不需要的部分裁掉，保留需要的部分。另外，还可以通过裁剪工具对保留的部分做简单的透视调整。

在裁剪工具组中还包括切片工具和切片选择工具，这两个工具在制作网页时常用，所以这里就不做介绍了，如图 14-33 所示。

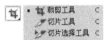

调用裁剪工具的方法如下。

方法一：按＜C＞键（三种套索工具之间可按＜Shift＋C＞切换）。

方法二：在工具箱中单击 ⬚ 按钮。

图 14-33　裁剪工具

裁剪工具属性栏如图 14-34 所示。

图 14-34　裁剪工具属性栏

其中一些选项的含义如下。

① 宽度和高度：控制所裁剪图像的高宽比，这里应该注意它控制的不是裁剪图像的大小。

② 分辨率：控制裁剪图像的分辨率。

③ 前面的图像：单击该按钮可在前面的宽度、高度和分辨率中自动显示当前图像的数值。

④ 清除：可删去前面宽度、高度和分辨率中的数值。

【练习】　用裁剪工具裁剪图中的风车部分，如图 14-35 所示。

① 在键盘上按＜C＞键，启动裁剪工具。

② 移动光标到合适的位置，按住鼠标左键并拖动，框选图中的风车，如图 14-36 所示。如果对选框的位置或大小不满意，可以将光标移到选框边缘上的方块控制点上拖动来调整选框。

图 14-35　原图

图 14-36　拖出裁剪选框

③ 创建裁剪选框后，属性栏变为如图 14-37 所示的样式。其中，"裁剪参考线叠加"的

下拉列表可以控制选框中有无参考线或参考线样式，图 14-36 选框中的为三等分参考线。后面的"屏蔽"选项控制是否用某种颜色覆盖选框外的区域。"颜色"和"不透明度"可设置屏蔽的颜色和屏蔽层的透明度。如果点选最后面的"透视"选项，就可以单独控制裁剪选框边缘上的每一个控制点来改变裁剪图像的透视效果。

图 14-37　创建裁剪选框后的属性栏

④ 调整好裁剪选框后，在选框内双击鼠标左键或按键盘上的"回车"键即可裁剪出风车的区域，如图 14-38 所示。

图 14-38　完成裁剪

14.2　选区的操作

在学习了如何用不同的工具创建选区后，还要学习一下在旅游规划制图中常用的选区处理方法。

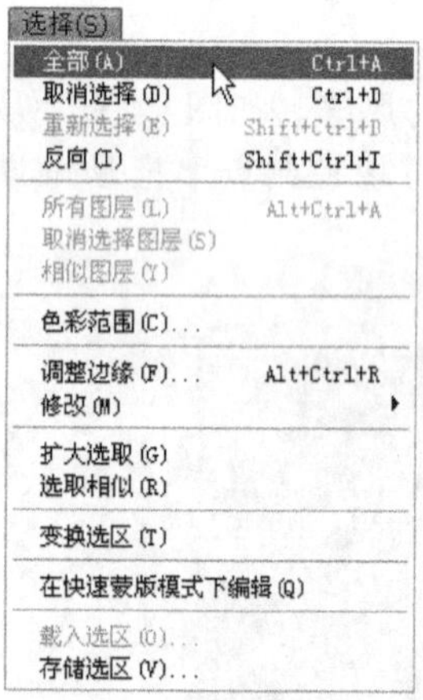

我们所要学习的命令基本都能在菜单栏中的"选择"下拉列表中找到，如图 14-39 所示。

14.2.1　全部

单击菜单栏中"选择" ➾ "全部"（快捷键＜Ctrl＋A＞）即可选中全部的图像文件，所创建的选区范围即当前文件的画布范围。

14.2.2　取消选择/重新选择

当要删除之前创建的选区时，单击"选择" ➾ "取消选择"（快捷键＜Ctrl＋D＞）即可。如果要恢复之前取消的选区，可以单击"选择" ➾ "重新选择"（快捷键＜Shift＋Ctrl＋D＞），

图 14-39　"选择"下拉列表

当需要反复使用同样一个选区的时候，这个命令会很有用。

14.2.3　反向

该命令是在制图过程中常常用到的命令，它可以方便地选取当前选区之外的所有区域，

单击"选择" ➯ "反向"（快捷键<Shift＋Ctrl＋I>或<Shift＋F7>）可调用该命令。

【练习】 运用反向选择命令选取图中的立面树，如图 14-40 所示。

① 打开图像文件后首先观察图像，可以看到除立面树之外的背景颜色为蓝色（从网络等途径获得的素材很多都是背景为单一颜色的图像），所以可以用魔棒工具将蓝色背景全部选中，如图 14-41 所示。

② 目的是选取立面树，而现在除立面树以外的所有区域都被选中，所以键入快捷键<Shift＋F7>来进行反向选择操作即可选中立面树了，如图 14-42 所示。

图 14-40　立面树原文件

图 14-41　运用魔棒工具将背景选中

图 14-42　执行反向选择命令选中立面树

14.2.4　修改选区

在"修改"命令中包括边界、平滑、扩展、收缩、羽化 5 个子命令，这些命令可以对所创建的选区边缘进行修改，如图 14-43 所示。

（1）边界　可以以当前选区边界为中心线向两边扩展形成新的选区。单击"边界"栏后会弹出会弹出"边界选区"窗口，如图 14-44 所示。如果在"宽度"栏中输入"10"，单击"确定"后将会沿原选区边界向外和向内各扩展 5 个像素形成一个环状选区。如图 14-45 和图 14-46 所示。

（2）平滑　使选区边界较尖锐的部分变得圆滑。如在"平滑选区"窗口中的取样"半径"栏中输入"6"，对比图 14-45 中的原始选区即可发现不同之处（图 14-47）。

图 14-43　修改命令中的子命令

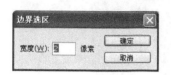

图 14-44 "边界选区"窗口

图 14-45 原始选区

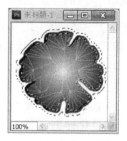

图 14-46 边界宽度为 10 的选区

（3）扩展　可将选区向外扩展指定的像素宽度。如在"扩展选区"窗口中的"扩展量"栏中输入"3"，则原选区就会向外扩展 3 个像素宽度的距离（图 14-48）。

（4）收缩　可将选区向内收缩指定的像素宽度。如在"收缩选区"窗口中的"收缩量栏"中输入"4"，则原选区就会向内收缩 4 个像素宽度的距离（图 14-49）。

图 14-47 取样半径为 6

图 14-48 扩展量为 3

图 14-49 收缩量为 4

（5）羽化　在学习选框工具和套索工具时已经接触过对"羽化"的设置。不同的是在使用套索工具前就要在属性栏中设置好羽化值；而这里所涉及的羽化值，是针对已经建立的选区所设置的。

【练习】　利用"羽化"命令处理图像。

① 首先打开一张效果图文件，在合适位置利用椭圆选框工具创建一个椭圆形选区。

② 单击菜单栏中的"选择" ⇨ "修改" ⇨ "羽化"（快捷键＜Shift＋F6＞），在弹出的"羽化选区"窗口中的"羽化半径"栏中输入"50"，单击"确定"按钮（图 14-50）。

③ 接着键入快捷键＜Shift＋F7＞反向选择，然后在菜单栏中单击"选择" ⇨ "清除"或按键盘上的＜Delete＞键删除选区中的内容。完成后可以看到图像边缘有了逐渐减淡的羽化效果（图 14-51）。

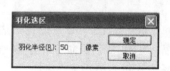

图 14-50 "羽化选区"窗口

14.2.5　扩大选取

单击菜单栏中"选择" ⇨ "扩大选取"命令将选取与已建立的选区内颜色相似的颜色。该命令与前面讲到的"扩展"命令类似，不同的是"扩大选取"命令不是由扩展量控制，而是通过分析选区周围颜色的相似度控制的。

该命令适用于要选取的区域与周围区域颜色相差较大的情况，否则将很难达到预想的效果。

图 14-51　羽化效果

14.2.6　选取相似

单击菜单栏中"选择" ⇨ "选取相似"命令。与"扩大选取"命令的选取原理类似，只是"选取相似"命令将在整个图像文件中搜索相似颜色并加以选取。

14.2.7　变换选区

单击菜单栏中"选择" ⇨ "变换选区"命令后，在创建的选区边缘会出现一个带有控制点的边框，通过移动这些控制点或者边框本身可以对选区进行缩放、旋转或扭曲操作。

（1）缩放选区　用鼠标拖动六个控制点中的任何一个都可以对选区的大小进行调整。按住<Shift>键并拖动位于四个角的控制点可以按原选区的高宽比进行缩放。如图 14-52 和图 14-53 所示。

图 14-52　原选区

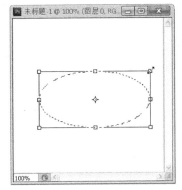

图 14-53　按住<Shift>键拖动角点扩大选区

（2）旋转选区　将鼠标移到选区控制框角点位置，当光标变成弯曲的双箭头时移动鼠标即可旋转选区。如移动控制框中心的十字点，可改变旋转时的圆心点。当按住<Shift>键并旋转选区时，将以 15°为单位旋转。如图 14-54 和图 14-55 所示。

（3）扭曲选区　当按住<Ctrl>键时，可以单独移动某一个角点来改变选区形状。当同时按住<Ctrl>和<Alt>键并移动角点时，可以同时控制两个对角位置的控制点。当同时按住<Shift>、<Ctrl>和<Alt>键并拖动某一角点时，相邻的角控制点会进行相对运动，形成如透视的效果。如图 14-56～图 14-59 所示。

图 14-54　原选区

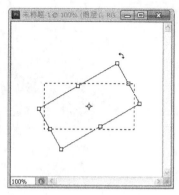

图 14-55　旋转选区

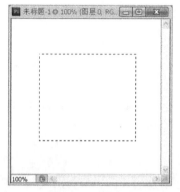

图 14-56　原选区

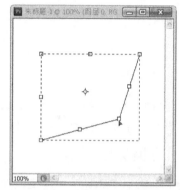

图 14-57　按住＜Ctrl＞键单独移动某一个角点

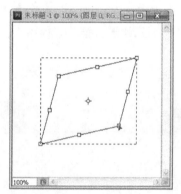

图 14-58　按住＜Ctrl＞和＜Alt＞键
可移动对角位置角点

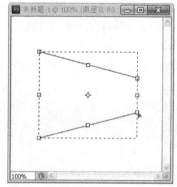

图 14-59　按住＜Shift＞、＜Ctrl＞和＜Alt＞键
可移动相邻位置角点

14.3　快速蒙版

　　快速蒙版可用来创建或编辑选区，它与之前讲到的创建选区工具有所不同。快速蒙版可以用多种工具或滤镜来修改，常用画笔和渐变工具来修改快速蒙版。

14.3.1　开启/关闭快速蒙版模式

　　快速蒙版模式按钮位于工具箱的最下面（图 14-60），也可以使用快捷键＜Q＞来打开和关闭快速蒙版模式。

打开一个图像文件并建立选区（图 14-61），按快捷键＜Q＞切
换到快速蒙版模式（图 14-62），可以看到选区以外的区域均被红
色所覆盖。接下来按＜D＞键将前景色恢复到默认的黑色，切换到
画笔工具涂抹图中熊猫的耳朵，然后按＜X＞键将前景色变为白色
并涂抹熊猫的手臂（图 14-63）。

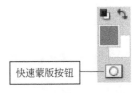

快速蒙版按钮

图 14-60　快速蒙版按钮

　　再次按＜Q＞键从快速蒙版模式转换到标准模式，这时观察选
区已不包含熊猫的耳朵，而熊猫的手臂被包含到选区之中（图 14-
64）。现在应该已经初步知道快速蒙版的工作原理了：黑色可以缩小选区范围，而白色可以
增加选区范围。快速蒙版的这种特性为创建选区提供了很大灵活性。

图 14-61　建立选区

图 14-62　切换到快速蒙版模式

图 14-63　涂拼手臂

图 14-64　效果图

　　在了解了黑色和白色对快速蒙版的影响后，想一想介于黑与白之间的灰色会有什么作用
呢？灰色可以将图像部分选中，若使用黑色时同时降低画笔硬度，则会产生羽化效果。

14.3.2　利用渐变工具创建选区

　　通过渐变工具和快速蒙版可以创建特殊的羽化选区。打开一幅建筑照片（图 14-65），按
＜Q＞键转换到快速蒙版模式，然后使用渐变工具中的黑白渐变模式（在渐变编辑器中选
择），从上向下拖拽渐变控制线再次按＜Q＞键变为标准模式，接着按快捷键＜Shift＋F7＞

反向选取，最后按<Delete>键删除选区内图像（图14-66）。使用快速蒙版的过程中可以清楚地观察到羽化的效果。

图 14-65 原图

图 14-66 效果图

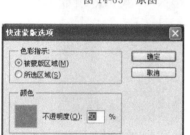

图 14-67 快速蒙版选项

14.3.3 蒙版颜色

Photoshop 默认的蒙版颜色是红色，也可以通过双击快速蒙版模式按钮，在弹出的"快速蒙版选项"窗口中单击颜色色块来改变蒙版颜色。在单选项中的"被蒙版区域"指的是没有被选区选中的区域（图14-67）。

14.4 存储和载入选区

存储选区命令可以保存建立好的选区，这样以后就可以通过载入选区命令直接调用这些选区了。单击菜单栏中"选择" ⇨ "存储选区"按钮，在弹出的"存储选区"窗口中输入名称，单击"确定"按钮即可（图14-68）；下次处理该图像时可单击"选择" ⇨ "载入选区"按钮，在"载入选区"窗口中选择选区名称，单击"确定"按钮就能调出先前存储的选区（图14-69）。

图 14-68 "存储选区"窗口

图 14-69 "载入选区"窗口

Chapter **15**

图层

15.1 认识图层

　　图层在 Photoshop 中起着关键性作用，它就好像助理一样协助我们将编辑的图像管理得井井有条。

　　在绘制旅游规划图纸的过程中，会建立若干个包含不同内容的图层，而这些图层会显示在图层调板中（图 15-1），并按一定先后顺序排列。位于上方的图层中的图像将覆盖在其下面所有图层中图像的上方。可以随意改变图层的排列顺序来改变图像之间的层叠关系。如果删除某一图层，那么只有在该图层上的图像被删除而不会对其他图层的图像本身有影响（图 15-2）。

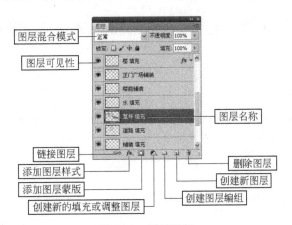

图层混合模式
图层可见性
链接图层
添加图层样式
添加图层蒙版
创建新的填充或调整图层
图层名称
删除图层
创建新图层
创建图层编组

图 15-1　图层调板

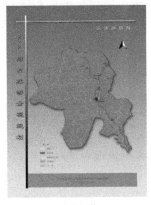

(a) 完整图像

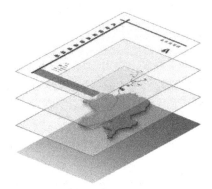

(b) 每个图层包含不同的图像内容

图 15-2　图层含义

15.2　图层操作

15.2.1　创建图层

虽然在对图像进行如复制和粘贴或者文档间的拖动时都会自动产生新的图层，但是还是有很多情况下需要事先建立好新的图层。

要创建新图层只需单击图层调板下边的创建新图层按钮就可以在当前图层的上方新建一个图层，然后双击新建图层的图层名称就可以为新图层输入想要的名称（图 15-3 所示）。

(a) 单击创建新图层按钮　　　　　(b) 双击图层名称　　　　　(c) 将图层名改为 "新建1"

图 15-3　图层面板

提示：

① 如果按住＜Ctrl＞键再单击新建图层按钮的话，新建的图层将出现在当前图层的下面，但是不能在背景图层的下面创建新图层。

② 虽然单击菜单栏中 "图层" 按钮，在弹出的菜单中也可以对图层进行相应操作，但是这样效率比较低，所示很少使用。

15.2.2　复制图层

如果要复制一个图层，只要在图层调板中将这个图层拖动到创建新图层按钮上然后放开鼠标左键就可以了。要复制当前图层，可以按住＜Alt＞键再上下移动图层（快捷键＜Ctrl＋J＞）。需要注意的是，如果在选定图层中建立选区，那么在使用快捷键＜Ctrl＋J＞复制图层时将只复制选区中的图像。

15.2.3　选择图层

绘图过程中经常要在不同的图层间进行切换，要切换图层，只需在图层调板中点选某一图层即可。还可以将当前工具切换到移动工具，按住＜Ctrl＞键在图像窗口用鼠标左键单击某一图像，就会选中点选的图像所在的图层，这种方法对于忘了或不知道图像属于哪个图层有很大帮助。

要同时选中多个图层时，要按住＜Ctrl＞键后在图层调板中选择图层，直到全部选中想要的图层。

15.2.4　合并图层

当绘制旅游规划平面图时，常常会复制很多平面树。每次复制这些平面树时，

Photoshop 都会自动生成一个新的图层，最后会发现在图层调板中有许多相似的图层副本（图 15-4）。当遇到这种图层内容相近、调整类型相似的情况时，就可以将这些图层合并为一个图层，这样不仅易于管理，对图像调整也方便得多，另外还能缩小文件大小。

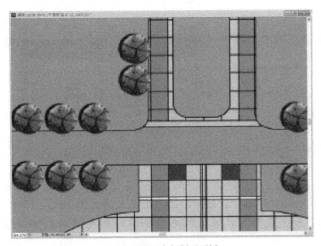

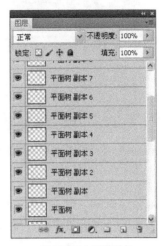

(a) 在平面图中复制平面树   (b) 生成多个图层副本

图 15-4　复制图层

在键盘上键入快捷键＜Ctrl＋E＞，或单击菜单栏中"图层" ⇨ "向下合并"，就可将当前选定的图层合并到它下面的一个图层中（图 15-5）。首先选中"平面树副本 12"，然后键入快捷键＜Ctrl＋E＞即可将其与"平面树副本 11"合并为一个图层。

(a) 选中一个图层   (b) 与下面一个图层合并

图 15-5　合并图层

15.2.5　删除图层

删除图层的常用方法是选择要删除的图层后按住鼠标左键，将图层拖到图层调板的删除图层按钮上并松开左键（图 15-6）；或选定某一图层后单击删除图层按钮，在弹出的窗口中单击"是"按钮即可（图 15-7）。

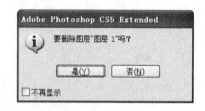

图 15-6　将图层拖到删除图层按钮上　　　　　　　　图 15-7　信息窗口

提示：

如果按住<Alt>键再单击删除图层按钮，就会直接删除图层而不会弹出图 15-7 所示的窗口，同时也不建议勾该窗口中的"不再显示"复选框，因为这样很容易误删图层而不会弹出任何警告。

15.2.6　图层编组

绘制一张图纸到后期时，通常会建立很多图层，如要选择一个图层要不停地滚动图层调板右边的滚动条，这时就有必要为这些庞杂的图层分门别类地进行分组。单击图层调板下方的创建图层编组按钮就可以创建一个空的新组文件夹，然后将要分为一组的图层拖到该文件夹即可；或者同时选中要分为一组的图层，之后按住<Shift>键再单击创建图层编组按钮，创建一个包含选中图层的文件夹（图 15-8）。

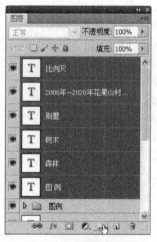
(a) 选中要成组的图层

(b) 按住<Shift>键单击创建图层编组按钮

图 15-8　图层编组

提示：

① 如果要删除一个组而又想保留组中的图层时，可以单击图层调板下边得删除图层按钮，然后在弹出的窗口中选择"仅组"按钮即可。

② 当选中一个组时，对该组的操作将影响组中包含的所有图层。

15.2.7 链接图层

链接图层可使对当前图层进行如移动或变换等操作时，连同与其链接的所有图层同时发生改变。建立链接图层非常简单，只需同时选中要链接的图层，然后单击图层调板下面的链接图层按钮即可。如要取消链接，选中链接的图层后，再次单击链接图层按钮即可。

15.2.8 为图像添加阴影

绘制旅游规划图纸时，经常需要为建筑物和植物添加阴影，这样可以为图纸增加层次感与真实感。在 Photoshop 中，可以方便地为植物等添加简单的阴影。下面通过一个练习来学习添加阴影的方法。

【练习】 为建筑和植物创建阴影。

① 首先打开一张平面图（图 15-9）。

② 在图层调板中选中建筑平面图所在图层，然后单击图层调板下面的添加图层样式按钮，在弹出的菜单中选择"投影"，之后在"图层样式"窗口中输入数据（图 15-10），单击"确定"按钮。

③ 用相同方法为植物添加阴影，最后效果如图 15-11 所示。

提示：

如果要将一个图像的图层样式运用到另一个图层的图像上，可以用鼠标右键单击图层调板中已经运用图层样式的图层标签，在弹出的菜单中选择"拷贝图层样式"按钮，然后将鼠标移到将要运用图层样式的图层标签处，单击鼠标右键，在菜单中选择"粘贴图层样式"即可。

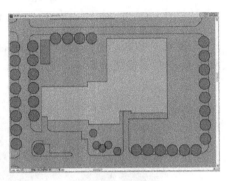

图 15-9 平面图

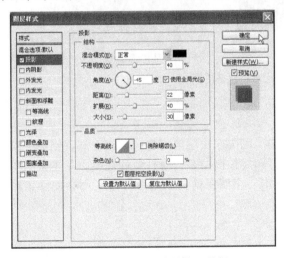

图 15-10 根据实际效果输入数据

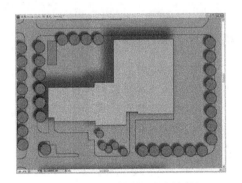

图 15-11 添加阴影后的效果

15.2.9 调整图层顺序

在图层调板中位于上方的图层将遮盖下方图层上的图像。可以通过上下拖动图层标签的方法来改变它们的排列顺序，从而改变图像间的显示次序。

① 打开一个文件，如图 15-12 所示。

(a) 原图

(b) 图层调板

图 15-12　原图层顺序

② 要将人物和灌木放到前景植物的后面、背景的前面，只需拖动前景植物图层，将其放到其余三个图层之上即可，如图 15-13 所示。

(a) 修改后效果

(b) 将前景植物图层拖到最上方

图 15-13　图层顺序调整结果

15.2.10　图层可见性

当图层调板中某个图层标签前有眼睛图案，则表示该图层可见；如果没有，则该图层上的图像不可见。图层是否可见同时也影响着打印时该图层是否会被打印输出。单击眼睛图标可以切换图层可见性。当按住<Alt>键再单击一个图层前的眼睛图标时，则会使除该图层外的所有图层不可见。

15.2.11　图层不透明度

当图层不透明度为 100% 时，该图层上的图像将完全遮盖它下面所有图层上的图像，遮盖的范围由该图像的范围决定；如果把不透明度调为 0%，则该图层上的图像将完全透明。

15.2.12　文档间复制

利用工具箱中的 移动工具（快捷键<V>）除可以移动当前文档中的图像外，还可以将一个文档中的图像拖动到另外一个文档中，被拖动的图像将在新文档中生成一个新图层，并且位于选定图层的上方。

【练习】 图 15-14 是一张手绘平面图，由于在扫描进电脑时分两次扫描（手绘图用 A3 纸绘制，而扫描仪通常最大扫描幅面为 A4），所以需要将其合并到一个文件当中。

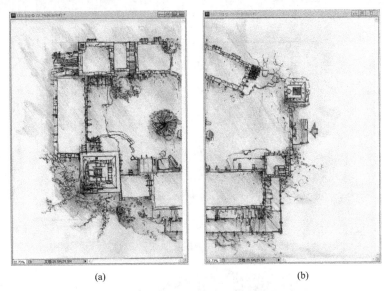

(a)   (b)

图 15-14　分两次扫描的手绘图

① 首先按<Ctrl＋N>键新建一个 A3 图纸大小的文档。

② 选择一张扫描图为当前文档，使用移动工具在扫描图上按住鼠标左键，将其拖动到新建的空白文档上并松开鼠标左键（图 15-15）。

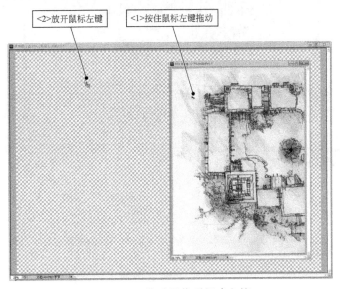

图 15-15　拖动图像到新建文档

③ 用相同方法拖动第二张扫描图到新文档，这时新文档图层调板中出现两个新图层，（图 15-16）。

④ 用移动工具调整两个图层图像到合适位置，单击菜单栏中"图层" ⇨ "拼合图像"将图层合并到一起。最后用裁剪工具去掉杂边即可（图 15-17）。

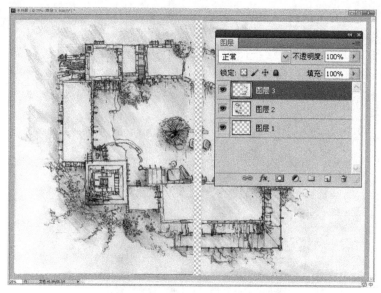

图 15-16　将扫描图拖入新文档

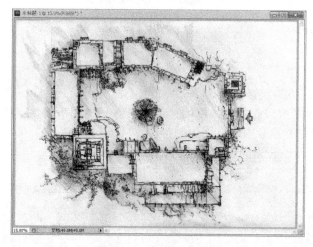

图 15-17　完成图像拼接

15.3　变换图层

与选区类似，也可以对图层进行变换。单击菜单栏中"编辑" ⇨ "变换"，可以对图层进行不同的操作（图 15-18）。其中，"再次"命令的功能是再次执行与上一次变换等量的变换（如上一次对图层旋转 15°，执行"再次"命令后将自动再对图层旋转 15°）。

通常更多地采用自由变换（快捷键＜Ctrl＋T＞）命令来变换图层，因为它同时可以进行缩放、旋转、扭曲等操作而不用每次单击选择"变换"中的单一命令进行操作。关于如何变换图层，可参照选区变换中的基本方法。

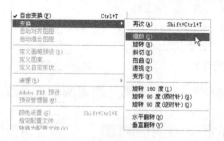

图 15-18　"变换"菜单

Chapter 16

基本绘图工具

本章将介绍一些与旅游规划制图相关的绘图工具。经过前面几章的学习会逐渐发现 Photoshop 的魅力很大程度来自于软件工具或命令的交叉作用，使得用有限的工具实现几乎无穷的应用效果，所以在学习这些基本工具的过程中，希望读者能够在实践中继续挖掘 Photoshop 奇妙的功能。

16.1　画笔和铅笔工具

画笔和铅笔工具功能基本相同，主要不同之处在于它们所绘出的线条效果不同（图 16-1）。画笔工具绘出的线条带有渐隐的边缘，而铅笔工具没有渐隐边缘。

16.1.1　画笔工具

单击工具箱中的 ⬛ 按钮（快捷键＜Shift＋B＞）可调用画笔工具（图 16-2）。画笔工具很容易上手，也可以对其进行详细的设置以绘制出不同的效果。下面来看一下画笔工具的属性栏（图 16-3）。

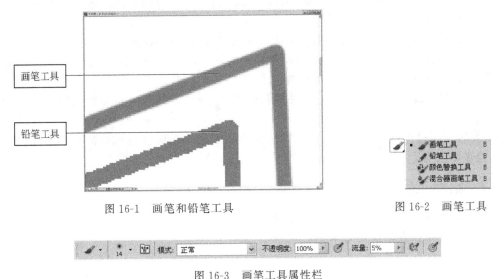

图 16-1　画笔和铅笔工具

图 16-2　画笔工具

图 16-3　画笔工具属性栏

• 画笔预设按钮：按钮图案表示当前画笔的笔尖样式，下面的数字代表笔尖的大小。单击该按钮会弹出画笔预设选取器，其中存储了 Photoshop 已经预设好的画笔类型，也可以选择一种画笔自己调节上面的 2 个滑块改变笔尖大小和笔尖硬度（硬度越大所绘图案边缘越实，越小则越虚）。画笔预设选取器与画笔预设调板功能类似，但是画笔预设调板可以进行新建或删除画笔类型等操作。单击画笔预设选取器或画笔预设调板右上角的菜单按钮，在弹出的菜单栏中可以进行调整画笔预览图、载入或存储画笔和选择其他种类的画笔类型等操作（图 16-4）。

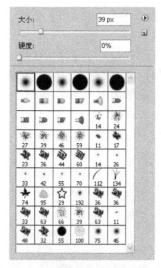
(a) 画笔预设选取器

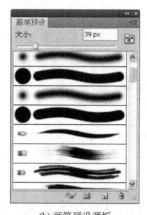
(b) 画笔预设调板

(c) 预设菜单

图 16-4　画笔设置

• 模式：用来调整画笔与所在图层图像的混合模式。混合模式在旅游规划制图中的应用并不多，可以在实践中进一步摸索。

• 不透明度：设置画笔的不透明度，当 100％时为完全不透明。

• 流量：顾名思义，就是控制画笔颜色释放的快慢，例如当不透明度为 80％、流量为 10％时，每次在同一区域绘图时都将释放所设定不透明度的 10％，即第一次绘制的透明度为 8％。也许在实践中的效果并没有出现那条透明度为 8％的线条，这多数是因为笔尖的间距过小造成的，这点将在后文提到。

• 启用喷枪按钮：启用喷枪功能后按住画笔不动，色彩会自动按流量的速度向周围扩散，就好像用毛笔接触宣纸后不动，墨水会洇开一样。

16.1.2　铅笔工具

铅笔工具的属性栏与画笔工具比较类似（图 16-5），选中"自动抹除"选项后可以在用前景色绘制的图像上自动绘制背景色。

图 16-5　铅笔工具属性栏

提示：

① 使用画笔或铅笔工具时，可以按键盘上的中括号＜［＞和＜］＞键改变笔尖大小；使用＜Shift＋［＞或＜Shift＋］＞键可以改变画笔笔尖硬度。

② 在按住＜Shift＞键的同时再按住鼠标左键拖动可绘制水平或垂直线条，如果按住＜Shift＞键单击鼠标左键，可用直线连接两点。

③ 以上技巧同样适用在橡皮擦、图章、模糊等工具中。

16.1.3　画笔调板

在画笔调板中可以对画笔进行详细的设置来绘出各种不同的效果（图 16-6）。勾选调板左侧的复选框可以为画笔添加相应的效果，单击复选框后面的名称可显示该效果的调整参数。

调整"画笔笔尖形状"中的"间距"滑块会加大或缩小每个墨点的间距。当间距为 1％时画出的线条就是普通的直线，增大间距则能画出如虚线式的线型，所以在前面讲解流量时遇到的问题就是因为画笔间距过小，每个墨点多次重合后造成了流量调整不明

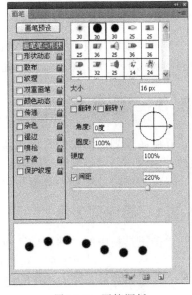

图 16-6　画笔调板

显。加大间距，使每个墨点分离再试验流量控制项就能看到它的效果了。

16.2　橡皮擦工具

橡皮擦工具就像现实中的橡皮用来擦除笔迹一样是用来擦除图像用的。单击工具箱中的"橡皮擦工具"按钮（图 16-7），其中包括三种橡皮擦工具（快捷键＜Shift＋E＞切换），下面依次介绍它们。

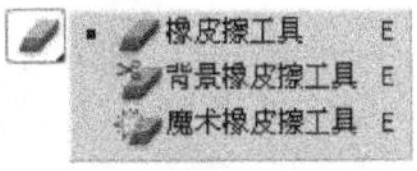

图 16-7　橡皮擦工具

16.2.1　橡皮擦工具

基本橡皮擦工具很容易使用，只要按住鼠标左键在图像上拖动即可擦除经过的图像。但需要注意的是，如果在背景图层上使用橡皮擦工具，将用背景色涂抹图像。要使用橡皮擦工具擦除背景图层上的图像，可将其转换为普通图层，或者使用背景橡皮擦工具或魔术橡皮擦工具。

16.2.2　背景橡皮擦工具

背景橡皮擦工具可以连续擦除与鼠标指针下颜色相同和相近的图像颜色。在背景橡皮擦工具的属性栏中有必要了解以下三个按钮的含义（图 16-8）。

图 16-8　背景橡皮擦工具属性栏

- ![]连续取样模式：随着光标的移动，Photoshop 会不停分析光标下的图像颜色，所以可以一次擦除多种颜色的图像。
- ![]一次取样模式：在该模式下，只能擦除最初擦除起点处的颜色图像。
- ![]背景色板模式：只有当光标移动到与背景色相近（由容差大小决定）的图像颜色时才会擦除图像，而在移动到其他位置时则不会擦除。

16.2.3　魔术橡皮擦工具

魔术橡皮擦工具会寻找颜色相近区域，并删除该部分区域。该工具的功能相当于在容差相同的情况下，使用魔棒工具创建一个选区，然后再删除选区内图像。

16.3　填充和描边

在旅游规划制图中经常用到填充命令。对图像进行填充主要运用油漆桶工具或单击菜单栏的"编辑"➪"填充"（快捷键＜Shift＋F5＞）命令来实现，这两种方法在使用上大同小异，所以下面以油漆桶工具为例进行介绍。

16.3.1　油漆桶工具

单击工具箱中的"油漆桶"按钮（快捷键＜G＞）可激活该工具（图 16-9）。使用油漆

图 16-9　油漆桶工具

桶工具，可以用鼠标单击图像上一点，那么 Photoshop 将用前景色填充与该点颜色相近的区域（相近程度由"容差"决定）。如果建立了选区，还可以用油漆桶工具或"编辑"➪"填充"命令将选区内图像用前景色填充。

在油漆桶工具的属性栏中有三个下拉列表，单击最左边的下拉列表（图 16-10），如果选择"前景"，则会用前景色填充；如果选择"图案"，则可以在右边的"图案"设色器中选择需要填充的图案，也可以通过单击右上角的"选项"按钮选择其他的图案类型（图 16-11）。

图 16-10　油漆桶工具属性栏

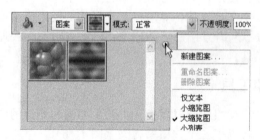

图 16-11　选择填充图案类型

16.3.2　描边

描边命令可以对选区或整个图层图像进行勾边处理，从而突出主题或增加图纸层次感，在绘制分析图时常用到它。单击菜单栏的"编辑"➪"描边"，弹出"描边"窗口（图 16-12）。

其中，"宽度"值决定描边的线宽，下面的色块是线条的颜色，单击色块会弹出"选择描边颜色"窗口以供选择颜色。在"位置"栏中可以控制描边线条与选区或图层图像边缘的关系，"内部"和"居外"分别表示沿边缘内部和外部描边，而"居中"表示描边线条以选

区或图层图像边缘为中线进行描边，当描边宽度为基数时，内部将比外部多 1 个像素的宽度。

【练习】　运用油漆桶工具和描边命令绘制某学校的功能分区图。

① 首先打开一张绘制好的大学校园平面图，如图 16-13 所示。

图 16-12　"描边"窗口

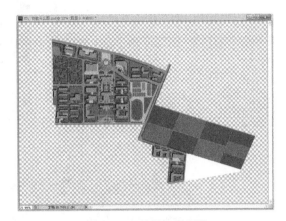

图 16-13　某学校平面图

② 一般大学校园包括教学区、教工生活区、学生生活区、体育活动区等功能分区。功能分区图的主要作用就是通过一定的表达方式（通常是色块等）来标出各个功能区在图中的位置，使观者能够快速、明了地了解各功能区的位置和相互关系等。

③ 先来绘制一个功能分区。放大图纸到合适大小，并用选框工具创建一个选区，如图 16-14 所示。

④ 建立填充图层，图层不透明度为 60％，选择油漆桶工具，将前景色置为黄色，移动光标到选区内并单击左键填充，如图 16-15 所示。

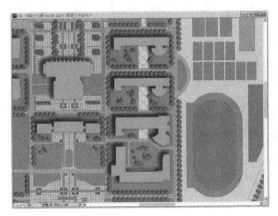

图 16-14　创建选区

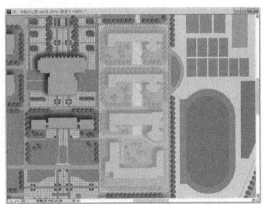

图 16-15　填充颜色

⑤ 新建描边图层，单击菜单栏的"编辑" ⇨ "描边"，在弹出的"描边"窗口中设置参数，如图 16-16 所示，单击"确定"按钮描边，如图 16-17 所示。

⑥ 选择描边图层，单击图层调板下部的 *fx.* 添加图层样式按钮，在"图层样式"窗口中的"斜面和浮雕"栏中设置属性，如图 16-18 所示，为描边添加斜面和浮雕效果，如图 16-19 所示。

图 16-16 设置描边参数

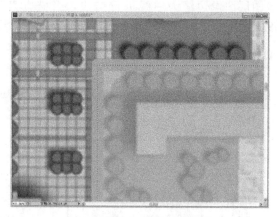

图 16-17 描边效果

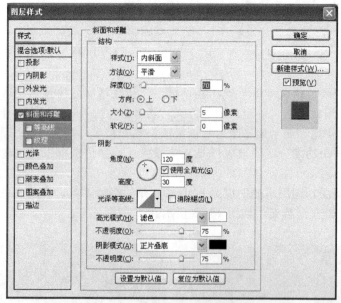

图 16-18 设置斜面和浮雕效果图

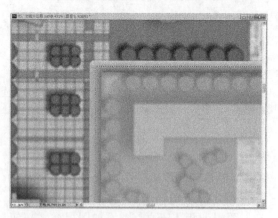

图 16-19 添加斜面和浮雕效果后的描边

⑦ 用相同方法绘制其他分区，最后效果如图 16-20 所示。

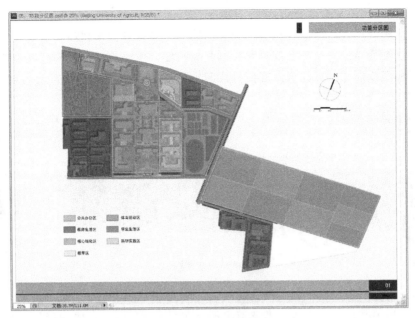

图 16-20　最终效果

16.4　渐变工具

渐变工具也是常用的工具之一，在填充水域或植物投影时就会用到它。调用渐变工具后（快捷键<Shift＋G>），在图像或选区中按住鼠标左键并拖出渐变控制线后释放鼠标左键即可添加渐变效果0。渐变工具的属性栏如图 16-21 所示。

图 16-21　渐变工具属性栏

· 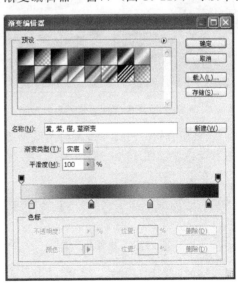 渐变样式预设：单击它会弹出"渐变编辑器"窗口（图 16-22），可以单击上面不同的方形色块选择预设好的渐变样式。

也可以在这些预设好的样式基础上，通过调节下面的色带来设置想要的渐变样式。色带下面的滑块控制每种颜色的位置，移动它可以改变对应颜色在色带中的位置，要改变色带中的颜色可双击滑块，在弹出"选择色标颜色"窗口中选取。两个滑块之间的菱形滑块可控制两种颜色过度的位置。色带上方的滑块可以为渐变色添加渐变效果，单击其中一个滑块，改变下面的不透明度数值就可以在滑块两侧添加不透明度，两滑块中间的菱形滑块用来控制不透明度的影响范围。单击滑块之间的空白区域可添加滑块；将滑块拖离色带可删除滑块。

· 线性渐变模式：可沿渐变控制线方向，

图 16-22　"渐变编辑器"窗口

以色带左侧颜色开始添加渐变效果。

- ■ 径向渐变模式：以渐变控制线起点为圆心，向外侧创建圆环状渐变效果。
- ■ 角度渐变模式：用渐变控制线控制起始角度，像摊煎饼一样创建渐变效果。
- ■ 对称渐变模式：以经过渐变控制线起点的并与控制线垂直的直线为对称轴，创建对称效果渐变。
- ■ 菱形渐变模式：与径向渐变类似，只是以正方形中点为中心向外渐变（图16-23）。

| (a)线性 | (b)径向 | (c)角度 | (d)对称 | (e)菱形 |

图 16-23　渐变模式

- 反向：勾选后将以色带的右侧为起点创建渐变效果。
- 仿色：可消除打印输出包含渐变效果的图像时出现的过度色带现象。
- 透明区域：只有勾选后才能创建在"渐变编辑器"窗口中设置的透明渐变效果。

提示：

使用渐变工具时，按键盘上的回车键即可弹出简化的渐变预设窗口。

【练习】　使用渐变工具填充水域。

① 用 Photoshop 打开一张填充了道路和绿地的平面图，如图 16-24 所示。

② 使用魔棒工具，在水域的白色部分单击鼠标左键，创建包含水域的选区，如图 16-25 所示。

图 16-24　图中水域部分还未填充

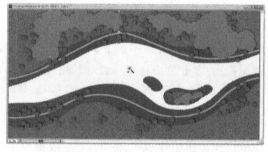

图 16-25　使用魔棒工具创建选区

③ 按组合键＜Shift＋G＞切换至渐变工具，在"渐变编辑器"窗口中选择好深浅不同的两种蓝色，如图 16-26 所示。

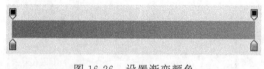

图 16-26　设置渐变颜色

④ 在选区内，从下向上拖出渐变控制线（图 16-27），然后松开鼠标左键完成填充，按组合键＜Ctrl＋D＞删除选区即可，如图 16-28 所示。

⑤ 在水域填充图层中单击 *fx* 按钮，为图层添加内阴影图层样式，如图 16-29 所示，最终效果如图 16-30 所示。

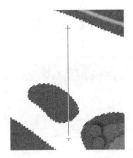

图 16-27　从下向上拖出渐变控制线

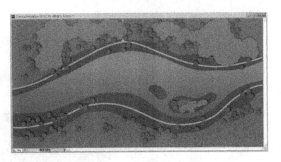

图 16-28　完成渐变填充

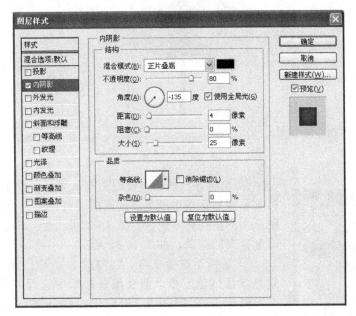

图 16-29　添加内阴影图层样式

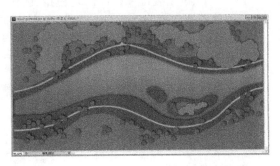

图 16-30　最终效果

【练习】　制作鸟瞰图中植物阴影效果。

① 打开一张包含植物图层的图像文件，如图 16-31 所示。

② 单击菜单栏中"图层" ⇨ "新建" ⇨ "通过拷贝的图层"（快捷键＜Ctrl＋J＞），复制植物所在图层（图 16-32）。键入快捷键＜Ctrl＋T＞开启"自由变换"命令，将原植物图层旋转并调整到合适形状，如图 16-33 所示。

图 16-31　原图

图 16-32　复制图层

③ 调整好后按回车键退出自由变换。按住<Ctrl>键将光标移到图层调板中刚复制的图层缩览图上，单击鼠标左键为该图层上的图像建立选区（图 16-34 所示）。单击<Delete>键删除选区内的图像，如图 16-35 所示。

④ 切换至渐变工具，在键盘上键入 D 键绘制前景色和背景色默认颜色。在"渐变编辑器"中选择"前景色到透明渐变"类型（图 16-36），从树干向树顶方向填充选区，如图 16-37 所示。

⑤ 按组合键<Ctrl+D>删除选区，然后将渐变填充所在图层不透明度降为 35％。如果感觉阴影效果比较生硬，可单击"滤镜" ⇨ "模糊" ⇨ "高斯模糊"命令适当对阴影进行模糊处理即可，如图 16-38 所示。

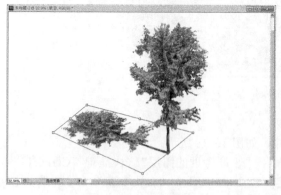

图 16-33　使用"自由变换"调整

图 16-34　按住<Ctrl>键单击图层缩览图

图 16-35　删除选区内图像

图 16-36　从前景色到透明

图 16-37　填充选区

图 16-38　最终效果

16.5　路径

16.5.1　路径的定义

路径是一种可以转化成选区或者被填充和描边的线型（图 16-39）。路径主要由钢笔工具创建，也可以由形状工具创建。路径上一个个黑色的小方块称为锚点，小方块伸出的部分是控制柄，两个锚点控制着它们之间的曲线或直线。

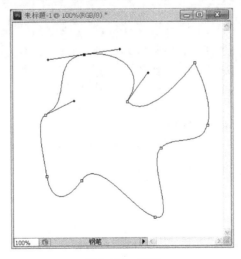

图 16-39　路径

锚点分为平滑点和角点两种。平滑点也就是带有控制柄的点，可以控制两边或一边的曲线；没有控制柄的角点用来连接两条直线段。

16.5.2　钢笔工具

钢笔工具（快捷键 P）是强大的路径绘制工具（图 16-40），可以用钢笔工具创建复杂、精确的路径以便转化为选区，或者对路径进行填充或描边等操作。

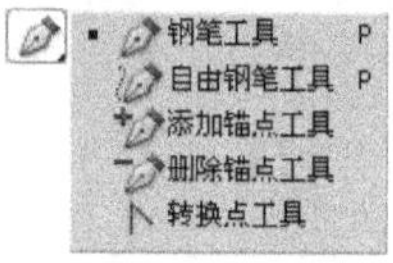

下面先来了解一下钢笔工具属性栏（图 16-41）。

图 16-40　钢笔工具

- 形状图层模式：使用该模式不仅会在路径调板中新建路径（关于路径调板下面会讲到），还会在图层调板中新建一个形状图层。可以单击属性栏后面的色块改变填充的颜色。

- 路径模式：可以创建单纯的路径，此模式是制图过程中常用的模式。

图 16-41　钢笔工具属性栏

- 填充像素模式：此模式需要选择属性栏中的形状工具 才能被激活，它可以用前景色填充用形状工具创建出的图形，并且不会在路径调板中创建路径。

- 自定形状工具：创建预设好的形状，可以单击后面的"形状"按钮，在弹出的"自定形状"拾色器中选择需要的形状。如果单击右上角的"选项"按钮，在弹出的菜单中选择"全部"，则可在"自定形状"拾色器中显示全部形状，如图 16-42 所示。

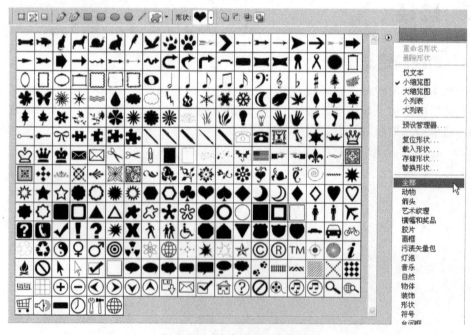

图 16-42　"自定形状"拾色器

- 当使用钢笔工具并单击"几何选项"按钮时，在弹出的选项中勾选"橡皮带"，则在创建路径过程中将显示刚创建的锚点与光标所在位置所建立的线形，有助于预知创建的路径形状。如图 16-43 所示。

在学习钢笔工具之前，不妨先选中钢笔工具在图上随意单击几下，几下之后会发现并没有创建出像上面例子中包含曲线的路径，而是一条条直线段组成的路径（图16-44）。要创建带控制柄的平滑点，只需在按下鼠标左键后不要松手并拖动鼠标，就能拉出两条控制柄了，这时放开左键在其他位置用相同方法创建平滑点，就能得到一条曲线了，如图16-45所示。

图16-43　钢笔几何选项

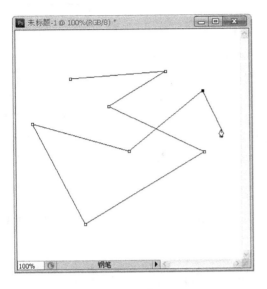

图16-44　单击获得角点

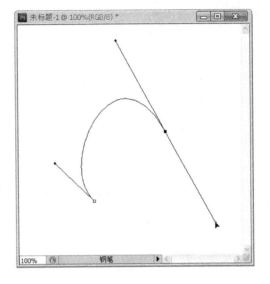

图16-45　按住鼠标左键并拖动获得平滑点

创建完路径后的结果通常都无法令我们满意，这时就需要用路径编辑工具对路径进行调整，这些编辑修改工具都可以在工具箱中找到（图16-46）。不过，在编辑路径时几乎不会去单击它们，因为结合键盘上的快捷键可以方便地调用这些工具。

首先用钢笔工具创建一个心形路径，甚至可以创建一个与心形毫不相关的图形，因为将介绍如何编辑路径使它成为心形（图16-47）。

从图中可以看到，路径中既有角点又有平滑点，要将锚点在平滑点和角点间转换需要使用"转换点工

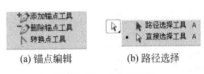

(a) 锚点编辑　　　(b) 路径选择

图16-46　路径调整

具"。在使用钢笔工具时，只需按住＜Alt＞键就可转换到"转换点工具"，这时单击平滑锚点就可将其变为角点，反之点住角点并拖动鼠标可将其变为平滑点（图16-48）。要是想添加或删除锚点，在确保钢笔工具属性栏中"自动添加/删除"被选中的情况下，将鼠标移动到锚点上单击可删除锚点，移动到路径上单击可添加锚点。在心形路径的左上部添加一个平滑锚点（图16-49）。这时的心形看起来好了很多，但是有些扭曲。按住＜Ctrl＞键调出"直接选择工具"，然后拖动锚点改变锚点位置，调整锚点位置后可以利用"直接选择工具"单击某一平滑点，拖动出现的控制柄可以改变两侧的曲线形状，如图16-50所示。

提示：

① 当按住＜Ctrl＞键切换至"直接选择工具"后，可以按住鼠标左键拖动来选中路径中的所有锚点，这时所有锚点均变为黑色，说明路径被全部选中，这样就可以整体移动路径了。

② 创建路径前可以单击菜单栏中的"视图"⇨"标尺"（快捷键＜Ctrl＋R＞）或"视图"⇨"显示"⇨"网格"（快捷键＜Ctrl＋'＞）打开标尺或网格参考线来辅助创建路径。如果将鼠标移动到标尺上，按住鼠标左键向图像中心方向拖动，可拖出一条参考线，使用移动工具可调整参考线位置。在使用其他工具时，按下＜Ctrl＞键也可移动参考线。要想清除

参考线，可单击"视图" ⇨ "清除参考线"。

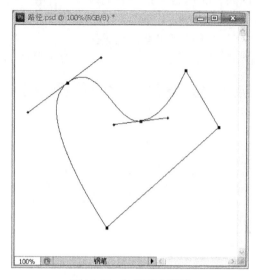

图 16-47　初步建立路径

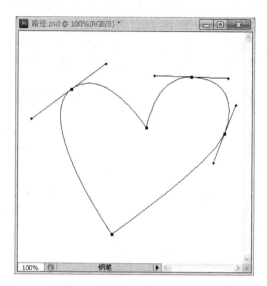

图 16-48　按住 Alt 键切换至转换点工具转换锚点类型

图 16-49　添加一个锚点

图 16-50　按住 Ctrl 键调整锚点位置

16.5.3　路径调板

路径调板与图层调板类似，可以存储和管理路径，如图 16-51 所示。

• 工作路径：使用钢笔工具或形状工具直接创建路径的话，会在路径调板中生成工作路径，工作路径是一种临时路径。如将工作路径转化为选区后再创建路径，则工作路径将显示新创建的路径而不保留先前的路径。

• 路径：将工作路径保存可将其转为可保存路径。可以在创建路径前单击"创建新路径"按钮创建路径；还可以将已有工作路径标签拖到路径调板下面的创建新路径按钮上；或双击工作路径名称在弹出的"存储路径"窗口中输入路径名称来新建路径（图 16-52）；再或者选中工作路径标签后，按住＜Alt＞键单击新建路径按钮将其转化为普通路径。

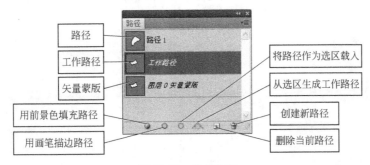

图 16-51　路径调板

• 矢量蒙版：建立好路径后，单击菜单栏中"图层" ⇨ "矢量蒙版"，可在当前图层上添加矢量蒙版来隔离特定区域，如图 16-53 所示。

• 用前景色填充路径按钮：单击此按钮可用前景色填充路径围合的区域。

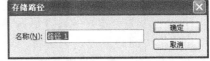

图 16-52　重命名工作路径

• 用画笔描边路径按钮：设置好画笔类型后单击该按钮，就会自动用画笔沿路径进行描边。

• 将路径作为选区载入按钮：可将创建好的路径变为选区。

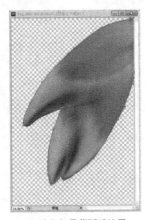

(a) 原图　　　　　　　(b) 建立矢量蒙版后效果　　　　　(c) 图层调板

图 16-53　矢量蒙版

• 创建新路径按钮：用于创建新的路径标签。

• 删除路径按钮：将路径标签拖到该按钮上可删除路径。

提示：

要暂时隐藏建立的路径，可点击路径调板中的空白区域，或使用快捷键＜Ctrl＋H＞。

【练习】利用钢笔工具绘制某学校道路系统示意图。

由于大学校园中有相对固定的作息时间，所以某一时段内一些路段瞬时人流量或车流量很大，所以大学校园中一般都有较为明确的人车分流交通系统以提高道路畅通性和安全性。本练习将道路分为校外主路、校内步行路和校内车行路。

① 首先打开校园平面底图，如图 16-54 所示。

② 将图纸局部放大，使用钢笔工具创建校内步行路的路径，如图 16-55 所示。

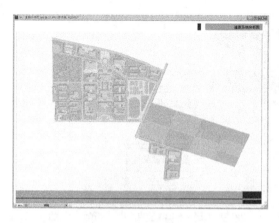

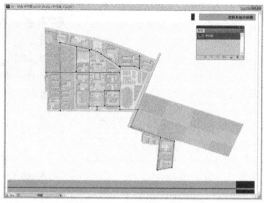

图 16-54　原图　　　　　　　　　　　　　图 16-55　创建步行路路径

③ 选择事先创建好的长方形画笔样式，调整好画笔大小，在画笔调板中"画笔笔尖形状"中将笔尖间距放大，然后将"形状动态"中的"角度抖动"中"控制"改为"方向"，如图 16-56 所示。最后将画笔颜色改为绿色。

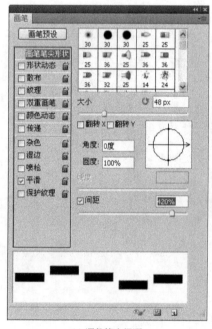

(a) 调整笔尖间距

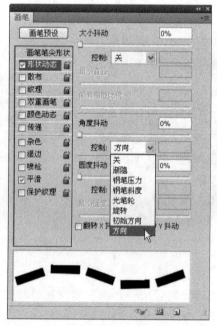

(b) 调整抖动方式

图 16-56　画笔设置

④ 设置好画笔后，在路径调板中单击 ◎ 用画笔描边路径按钮，描边并添加投影和斜面浮雕图层样式后，效果如图 16-57 所示。

⑤ 改变画笔笔尖样式和颜色，用类似方法再绘制校外主路和校内步行路，效果如图 16-58 所示。

图 16-57　用画笔沿路径描边

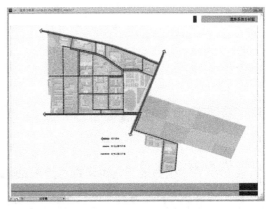

图 16-58　最后效果

第 17 章

Chapter 17

文字

在绘制完一张图纸后，通常都会为图纸添加图名及说明等文字内容。加上合适的文字，会给图纸增色不少。文字工具属于矢量工具，所以在放大文字时不会使文字变得模糊。下面就来学习如何使用 Photoshop 提供的文字工具。

17.1 输入单行文字

单击工具箱中的文字工具（快捷键 T），并在绘图区单击鼠标左键即可开始输入文字。如果选择“直排文字工具”可输入竖向文字。如图 17-1 所示。

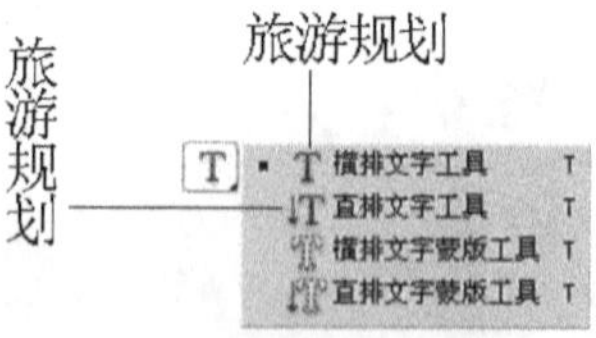

旅游规划
旅游规划
横排文字工具
直排文字工具
横排文字蒙版工具
直排文字蒙版工具

图 17-1 横排和直排文字

通过文字工具的属性栏可以对所输入的文字做基本设置，如图 17-2 所示。

- 切换文字排向：可将文字在横向和竖向间切换。
- 宋体 - 字体系列和字体样式：可以选择字体种类和字体样式。其中字体样式包括规则体（Regular）、斜体（Italic）、粗体（Bold）和斜粗体（Bold Italic）等。字体样式菜单只有在少数几种英文字体中才可用。

宋体
36点
无

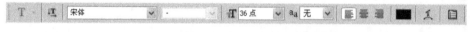

图 17-2 文字工具属性栏

- 36点 设置字体大小：可在下拉菜单中选择特定字体大小，也可自己输入数值，范围在 0.01～1296.00 点之间。
- 无 消除锯齿：可以消除字体的锯齿状边缘，如图 17-3 所示。

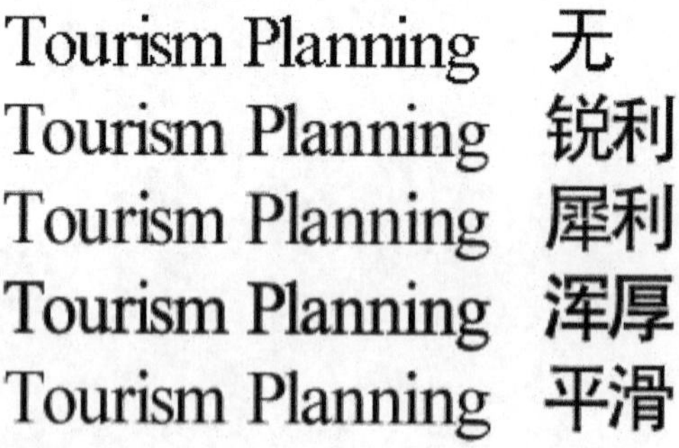

Tourism Planning 无
Tourism Planning 锐利
Tourism Planning 犀利
Tourism Planning 浑厚
Tourism Planning 平滑

图 17-3 消除锯齿模式

- 文本对齐方式：三个按钮分别是左对齐、居中对齐和右对齐，如图 17-4 所示。

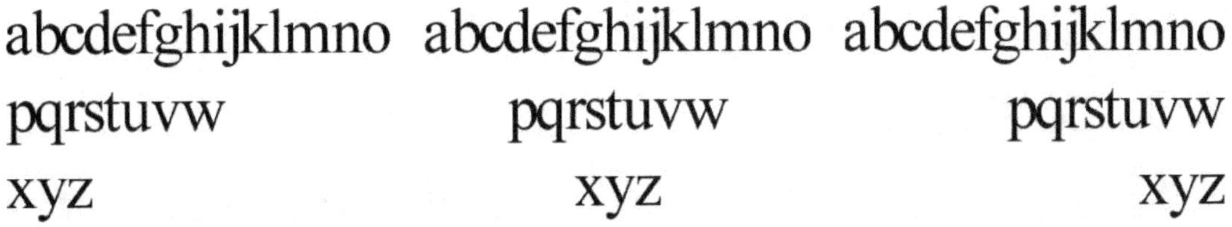

abcdefghijklmno
pqrstuvw
xyz
abcdefghijklmno
pqrstuvw
xyz
abcdefghijklmno
pqrstuvw
xyz

(a) 左对齐　　(b) 居中对齐　　(c) 右对齐

图 17-4　对齐方式

• 设置文本颜色：单击该色块可以在弹出的“选择文本颜色”窗口中设置字体颜色。

• 创建文字变形：可以为文字添加变形效果。单击该按钮会弹出“变形文字”窗口，单击“样式”下拉菜单，选择想要的样式即可。窗口中的三个滑块可在各种样式的基础上对样式进行调节。几种变形样式如图 17-5 所示。

变形文字
样式(S):
无
确定
复位
扇形
下弧
上弧
拱形
凸起
贝壳
花冠
旗帜
波浪
鱼形
增加
鱼眼
膨胀
挤压
扭转
区位分析图
总平面图
局部效果图
区位分析图
总平面图
局部效果图
区位分析图
总平面图
局部效果图

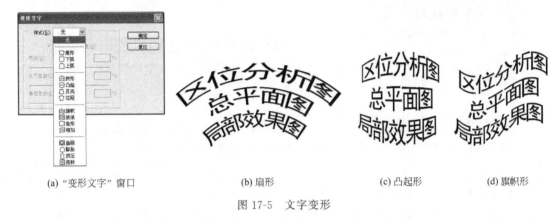

(a) “变形文字”窗口　　(b) 扇形　　(c) 凸起形　　(d) 旗帜形

图 17-5　文字变形

• 切换字符和段落面板：单击该按钮可显示或隐藏字符和段落调板。

提示：

单行文字并不是只能输入一行文字，可以通过按主键盘区的<Enter>键进行换行，按数字键盘区的<Enter>键或在主键盘区按<Ctrl＋Enter>键结束当前文字输入。

17.2　输入段落文字

使用横排或直排文字工具时，只要按住鼠标左键拖出一个文字输入框就可以输入段落文字了，如图 17-6 所示。输入段落文字时，文字被控制在输入框内，当输入一整行后，软件会自动换行而不用像输入单行文字时需要按回车键换行。段落文字可以像单行文字一样进行对齐方式、文字变形等操作，而且还可以在段落调板中设置最后一行文字的对齐方式。这在单行文字中是不行的。

Tourism Planning 旅
游规划

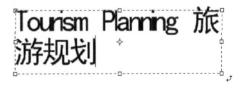

图 17-6　在文字框中输入段落文字

将鼠标移到输入框的 8 个控制点处就可以缩放或旋转输入框。如果按住<Ctrl>键，则可以在固定对角或对边的情况下同时拖动余下的输入框部分。如果按住<Alt>键，则可以以输入中点为中心放大或缩小输入框。

提示：

使用文字工具时，在单行文字上双击鼠标可选中整排单行文字，五击可选中全部单行文字。在段落文字上双击可选中其中一个段落，五击可选中输入框中的所有段落。

17.3　文字图层

　　每次使用文字工具输入文字后，Photoshop 会在图层调板中自动添加一个文字图层，如图 17-7 所示。文字图层缩览图是一个字母 T。如果在缩览图中带有黄色三角形警告标志，则说明当前使用的电脑中没有安装这种字体，这时双击缩览图或选中文字本身会弹出文字替换窗口，单击"确定"可以将文字替换为电脑中安装的字体，如图 17-8 所示。

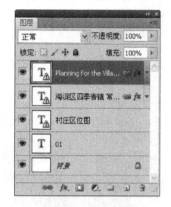

图 17-7　文字图层

图 17-8　替换文字窗口

　　为文字添加滤镜效果或进行其他操作前，必须先用鼠标右键单击图层名称或文字本身，在弹出的菜单中选择"栅格化文字"。栅格化文字就是将文字由基于矢量转化为基于像素。这是因为在 Photoshop 中的调整大部分都是基于像素的。另外，文字被栅格化后将不能被编辑。

　　提示：

　　如果双击图层调板中的文字图层缩览图，则当前使用的工具将自动变为文字工具，文字内容同时被全部选中。

17.4　字符和段落调板

　　字符和段落调板提供了比属性栏丰富得多的调节选项，如图 17-9 和图 17-10 所示。可以通过单击文字工具属性栏中的 ▤ 按钮来显示或隐藏字符和段落调板。

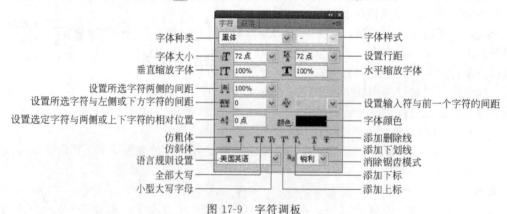

图 17-9　字符调板

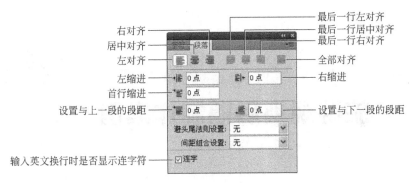

图 17-10　段落调板

17.5　沿路径输入文字

　　路径不仅可以引导画笔，同样也可以引导文字的输入。使用文字工具时，将光标靠近创建好的路径，注意当"I"形光标变为沿路径输入状态的光标样式（图 17-11）时，单击鼠标左键即可沿路径输入文字，如图 17-12 所示。

图 17-11　沿路径输入时的光标

图 17-12　沿路径输入文字的效果

　　沿一条路径输入完文字后，仔细观察路径会发现在文字的开始处和路径结尾处分别出现了×形和○形符号，使用工具箱中的路径选择工具或直接选择工具靠近这两个符号，当光标出现方向箭头时（图 17-13），按住左键拖动文字就可以改变文字在路径上的相对位置。如果文字超出路径，尾端将会被隐藏，并且结尾处的○形符号也会变为×形和○形的混合符号，如图 17-14 所示。

图 17-13　沿路径移动文字时的光标

图 17-14　路径包含隐藏文字时的结尾符号

旅游规划后期制作案例

18.1 平面效果图制作案例

18.1.1 绘图准备

（1）AutoCAD 输出位图

① 在 AutoCAD 中打开旅游规划平面图，按植物、建筑、地形、标注、文字说明等分层导出各自平面图，用 Photoshop CS5 将它们分别打开，拖拽并对齐到同一底图上，并给各自图层命名。执行"图像"⇨"调整"⇨"去色"命令，将各分层图片变为黑白色。

② 双击 Windows 桌面上的"AutoCAD2012"快捷图标，运行 AutoCAD 2012 软件，然后打开"游憩园总平面.dwg"文件，这是一个旅游景区游憩园的规划设计图。如图 18-1 所示。将辅助的标注、文字、图框、树木模块等所在的图层关闭，输出位图（图 18-2）。

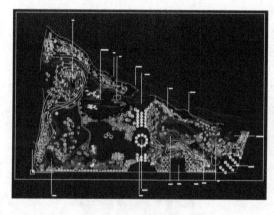 

图 18-1　游憩园总平面　　　　　　　　　　　图 18-2　调整后的游憩园总平面图

③ 在 AutoCAD 2012 中　新建一图层，把所有内容放到这个图层中，这样有利于后面的操作。按照前述方法，使用 AutoCAD 输出位图。

（2）调整输出位图

① 首先双击 Windows 桌面上的"Photoshop CS5"快捷图标，打开 Photoshop CS5 程序后，打开在 AutoCAD 中输出的位图，如图 18-3 所示。

② 在"色相/饱和度"对话框中，将"饱和度"数值调整为"－100"，将该图转为单色图像。此时，图纸中的黑色线条效果并不明显。在"曲线"对话框中，将"输出"数值调整为"20"，"输入"数值调整为"240"，如图 18-4 所示。调整后图纸线条加黑，增强了图纸的对比度，如图 18-5 所示。

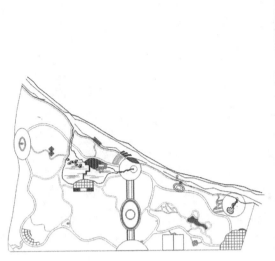

图 18-3　游憩园总平面图

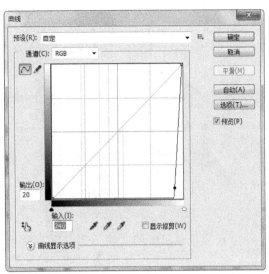

图 18-4　"曲线"对话框

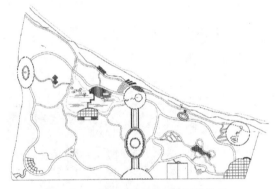

图 18-5　游憩园总平面图调整结果

18.1.2　路面处理

①　使用工具箱中的"缩放工具"将视图放大，然后选择工具箱中的"铅笔工具"将图纸中没有封闭的线条封闭，以便在后面的工作中进行选择。将所有未封闭的线条封闭后，使用工具箱中的"魔棒工具"对图纸中主要道路部分进行选取。

②　打开"砖1.jpg"文件，然后使用快捷键<Ctrl＋A>将图像全部选择，按<Ctrl＋T>键对其进行自由变换，使砖块大小与道路铺装合适。再选择"编辑"⇨"定义图案"，在弹出的"图案名称"对话框中为定义的图案命名。

③　新建图层并命名为"主路"，使其为当前图层，执行"编辑"⇨"填充"，在弹出的"填充"对话框中选择上一操作步骤中定义的图案。确定填充图案后，单击"好"按钮进行填充，按<Ctrl＋D>键取消选择。填充后的主路路面效果如图18-6所示。

④　使用工具箱中的"魔棒工具"对图纸中主要道路部分进行选取。打开"鹅卵石.jpg"文件，使用快捷键<Ctrl＋A>将图像全部选择，按<Ctrl＋T>键对其进行自由变换，使砖块大小与道路铺装合适。再选择"编辑"⇨"定义图案"，在弹出的"图案名称"对话框中

为定义的图案命名。

⑤ 新建图层并命名为"次路"，使其为当前图层，执行"编辑"⇨"填充"，在弹出的"填充"对话框中选择上一操作步骤中定义的图案。确定填充图案后，单击"好"按钮进行填充，按<Ctrl＋D>键取消选择。填充后的次路路面效果，如图 18-7 所示。

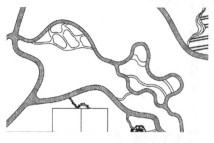

图 18-6　填充主路路面

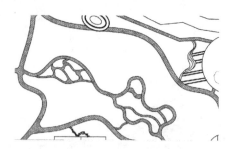

图 18-7　填充次路路面

⑥ 使用工具箱中的"魔棒工具"在背景层将景观道路选中，并建立"景观路"图层。执行"编辑"⇨"填充"，在弹出的"填充"对话框中选择"颜色"并选择合适颜色，如图 18-8 所示。

⑦ 选择菜单"滤镜"⇨"纹理"⇨"拼缀图"，打开"拼缀图"对话框，在对话框中设置参数，"方形大小"设为"1"、"凸显"设为"3"，结果如图 18-9 所示。

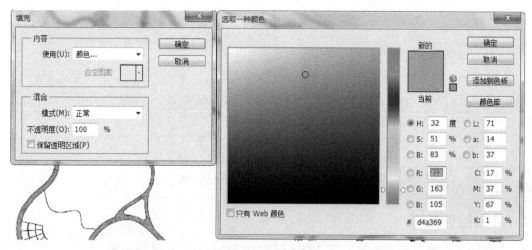

图 18-8　填充颜色选择

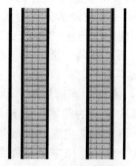

图 18-9　景观路填充效果

18.1.3 制作草地

使用工具箱中的魔棒工具在背景层将草坪区域选中。新建"草坪"层并设为当前层,选择渐变工具并选择"前景色到透明渐变",单击前景色,设置前景色颜色,如图 18-10 所示。在"草坪"图层由左至右施加渐变,选择菜单"滤镜" ⇨ "杂色" ⇨ "添加杂色",使草坪有质感,效果如图 18-11 所示。

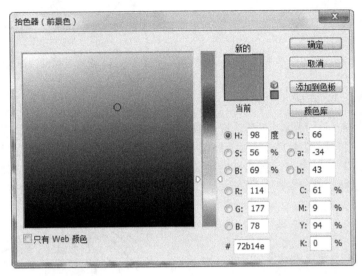

图 18-10 前景色选择

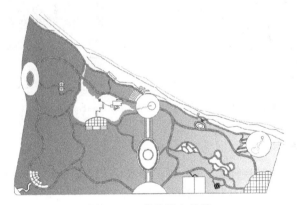

图 18-11 草地填充效果

18.1.4 中心广场铺装

① 打开如图 18-12 所示图案,使图案所在图层为当前图层,利用选择工具将图案移动到公园文件当中。

② 按快捷键<Ctrl+T>对图案进行自由变换,经缩放与旋转后将图案调整至合适大小并移动到中心广场所在区域。将图层命名为"中心广场"。中心广场效果如图 18-13 所示。

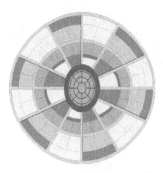

图 18-12　中心广场填充图案

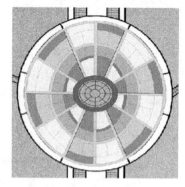

图 18-13　中心广场铺装图案填充效果

18.1.5　水景广场铺装

以背景层为当前层，用魔棒工具选取水景广场，新建图层命名为"水景广场"，打开如图 18-14 所示铺装图案，用魔棒工具选择整体铺装图案，在水景广场图层执行"编辑"⇨"选择性粘贴"⇨"贴入"菜单命令，将选择的铺装图案贴入之前的选区内，按快捷键<Ctrl＋T>对图案进行自由变换，将图案调整至与水景广场一样大小，并对图案进行旋转，使水源处与图案重合，如图 18-15 所示。

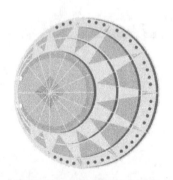

图 18-14　水景广场填充图案

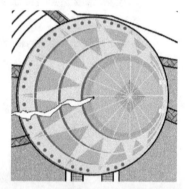

图 18-15　水景广场铺装图案填充效果

18.1.6　铺装的渲染

根据设计意图，铺装有木质铺装、硬质铺装和嵌草砖铺装三部分。在底图图层用魔棒工具选择需要填充的木质铺装部分，打开一个木质铺装图案，按<Ctrl＋T>键自由变换到合适大小时，用矩形工具对材质进行选择，并按<Ctrl＋C>键进行复制。单击"编辑"⇨"选择性粘贴"⇨"贴入"菜单命令将刚才选择的木质图案粘贴到选区内，按<Ctrl＋T>键将图案进行旋转，使其与选区设定的铺装纹路相适应。按住<Alt>键的同时利用鼠标拖动刚贴入的木质图案进行复制并填满整个木质铺装区域，最后将复制的所有图层合并为一层，并命名为"木质铺装"，效果如图 18-16 所示。

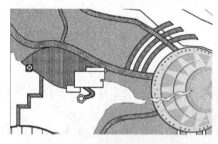

图 18-16　木质铺装填充效果

篮球场及网球场的铺装应分别选择篮球场及网球场图案进行复制。回到底图图层用魔棒工具分别选择篮球场及网球场区域，执行"编辑"⇨"选择性粘贴"⇨"贴入"菜单命令，然后按＜Ctrl＋T＞键将图案进行调整，使其与选择区域相吻合，如图 18-17 所示。

硬质铺装及嵌草砖铺装部分利用图案填充进行渲染，铺装的总体效果如图 18-18 所示。

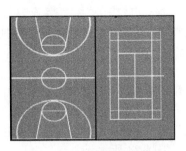

图 18-17　球场铺装填充效果

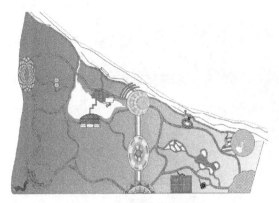

图 18-18　铺装总体效果

18.1.7　水景制作

用 Photoshop CS5 打开一个水体文件，用矩形选框工具选择其中合适大小的水体部分复制。在底图图层利用魔棒工具选择所需填充的水体，执行"编辑"⇨"选择性粘贴"⇨"贴入"菜单命令将复制的图案贴入到选区内，并利用拖动及自由变换命令使图案充满整个选区。激活工具箱中的"减淡工具"，在"水景"中连续单击，使水景色产生浓淡变化，增强图面效果，如图 18-19 所示。

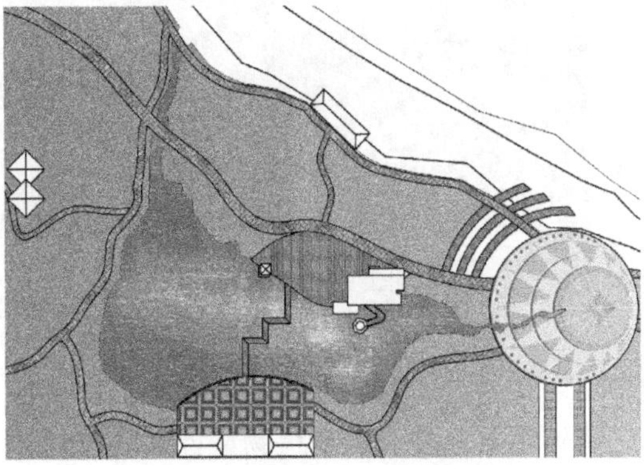

还可以在背景图层中利用魔棒工具选择所要填充的水体，单击画笔工具，在画笔预设中选择画笔，并调整画笔大小、不透明度、流量等值，如图 18-20 所示。

单击前景色面板，在弹出的拾色器中选择水面颜色，最后利用手绘技法在选区内绘制水面，如图 18-21 所示。

图 18-19　水面填充效果

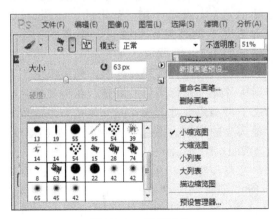

图 18-20　画笔工具

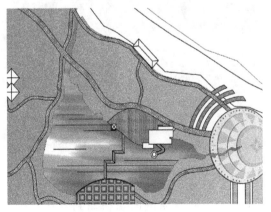

图 18-21　手绘水面效果

18.1.8 建筑制作

① 使用工具箱中的魔棒工具将建筑楼顶分层选中，然后进行填充并分别加阴影，再将分层合并命名为"建筑1"，如图18-22所示。

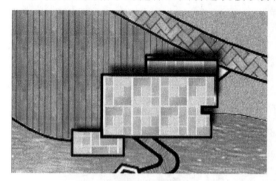
图18-22 填充效果

② 打开浏览窗口，选择"亭子"、"建筑"等文件，双击打开文件，用鼠标拖拽到图中，经缩放、旋转，移动到合适位置，如图18-23所示。

③ 打开"花架.jpg"文件，拖入到中心广场处，经缩放、旋转，再作投影，并选择"色彩平衡"和"色相/饱和度"进行相应调整，效果如图18-24所示。

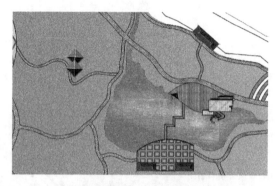
图18-23 建筑效果

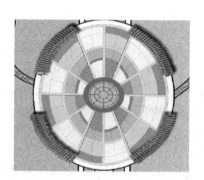
图18-24 花架效果

18.1.9 植物渲染

（1）乔木 打开一个植物文件并将其拖动到图像中，利用自由变换工具调整好大小后，按照设计图按住<Alt>键拖动、复制到适当位置。利用同样的方法将其他乔木的图例复制拖动到适当位置，绘制完成后，可将同种植物的图层合并，并按植物高低调节好图层的先后顺序。在图层面板通过"添加图层样式"按钮给其加上投影，并在弹出的"图层样式"对话框中调整投影的角度、距离、大小等值。如图18-25所示。

（2）灌木 按照设计图，利用画笔工具对大片灌木进行颜色的填充。在英文输入状态下可利用键盘上的<［>和<］>进行画笔大小的调整。颜色填充过程中注意留白。如图18-26所示。

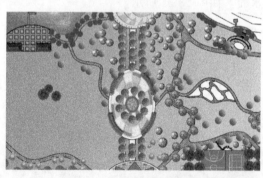
图18-25 乔木填充效果

（3）花卉 在底图用魔棒工具选择花卉区域，打开所需花卉图片复制，回到底图执行"编辑" ⇨ "选择性粘贴" ⇨ "贴入"菜单命令，将复制的图像粘贴到选区内，按住<Alt>键的同时，拖动刚刚贴入的图像进行多重复制，使图像充满整个选区，效果如图18-27所示。

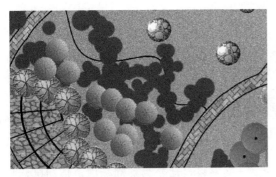

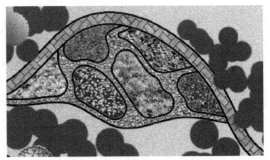

图 18-26　灌木填充效果　　　　　　　　　图 18-27　花卉填充效果

18.1.10　添加投影

　　将相同的植物图层合并，并调整植物的前后顺序，在图层面板通过"添加图层样式"按钮给其加上投影，并在弹出的"图层样式"对话框中调整投影的角度、距离、大小等值，如图 18-28、图 18-29 所示。

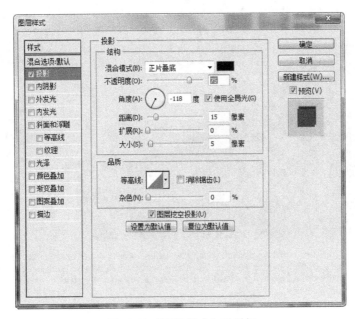

图 18-28　"图层样式"对话框

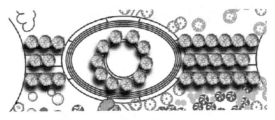

图 18-29　植物投影效果

18.1.11　添加图例、标题、指北针、设计说明

新建"图例"图层，启用画笔工具并调整画笔的大小、颜色、流量、不透明度等值。在图中，需要标识的景点用画笔工具进行标识，并利用文字工具在其上标上数字。利用以上方法完成其他景点的标识，全部标识完成后，用文字工具在图上完成景点名称的编辑，并用标尺工具作为辅助进行对齐。按快捷键<T>激活工具箱中的文字工具，单击文字工具属性栏中的"颜色"栏，在弹出的"拾色器"对话框中将颜色调整为黑色，R、G、B值为0、0、0；在属性栏中单击"字体"下拉按钮选择"黑体"；在"字体大小"框中直接改变文字数值。在图像文件的图框内、图形的空白处单击，然后从计算机界面的右下方调出汉字输入法，输入"聆听园"三个字。文字输入后，光标离开文字将自动变为移动标识，拖动鼠标将文字移动到合适的位置。在文字工具属性栏中设置字体大小。单击工具箱中文字工具按钮，在"聆听园"的下方输入"聆听自然的声音⋯"。按照以上方法制作设计说明。将 AutoCAD 中的指北针添加进来。

由于图纸设定比实际图形大，所以要进行裁切。按快捷键<C>激活工具箱中的"裁切工具"，在图的左上角单击，用鼠标拖动裁切框至图形右下方，拖动裁切框上方线中心调节上下范围，拖动裁切框左侧线中心调节左右范围。结果如图 18-30 所示。

图 18-30　公园平面效果

18.2　透视效果图后期制作案例

18.2.1　图像的色彩处理和画面调整

打开由 3ds Max 软件渲染输出的"小游园鸟瞰．tga"文件，如图 18-31（a）所示。打开通道调板，将光标放到"alphal"通道上，按<Ctrl>键的同时单击，建模部分被选择，再按<Ctrl＋Shift＋I>键进行反选操作。打开图层调板，双击背景层弹出"新图层"对话框，单击"好"按钮确定，再按<Delete>键删除图中黑色部分，结果如图 18-31（b）所示。

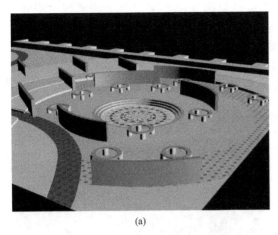
(a)

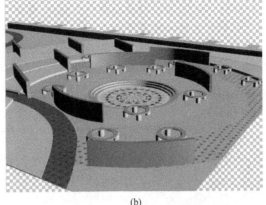
(b)

图 18-31　建筑原图和删除黑色部分的结果

单击"图像"⇨"调整"⇨"亮度/对比度"菜单命令，在弹出的对话框中将"亮度"设为 6，单击"确定"使图案整体调亮。

18.2.2　草坪的制作和添加花草

（1）制作草坪

草坪的制作方法有很多，使用不同的方法可以制作出效果不同的草坪。

在图层 0 利用魔棒工具单击选择草坪区域。打开"草坪.jpg"文件，按＜Ctrl＋A＞键全部选择，按＜Ctrl＋C＞键复制，回到"小游园鸟瞰"图，单击"编辑"⇨"选择性粘贴"⇨"贴入"菜单命令，则草坪图片贴入选区内且草坪自动建立一个图层。按＜Ctrl＋T＞键使图片自由变换调整到合适大小，然后单击图层调板下的"添加蒙版"按钮，在刚才复制的"草坪"图层上添加图层蒙版。按住＜Alt＞键的同时单击鼠标左键并拖动"草坪"，复制"草坪"图层，再用虚边的"画笔"在草坪接壤处涂抹，这样在"草坪"图层的接缝处会很自然地过渡，如图 18-32 所示。合并"草坪"图层。

（2）添加花草

打开"花草 1.jpg"文件，选择"选择"⇨"色彩范围"菜单命令，弹出"色彩范围"对话框后，将光标移动到花卉素材的画面上选取当作背景的蓝色，如图 18-33 所示。

图 18-32　草坪图层

图 18-33　选择蓝色的选区

按"好"按钮后，建立的是蓝色图像的选区，再按＜Shift＋Ctrl＋I＞键建立花草的选区。将花草素材拖动到效果图中，使用"编辑"⇨"自由变换"菜单命令调整好大小和位置，按住 Alt 键的同时单击鼠标左键并拖动"花草"，复制"花草"图层，并调整复制图层的先后顺序，使花草连接处自然过渡，最终效果如图 18-34 所示。

由于复制花草素材后会形成一个新的图层，为了以后方便控制，最好将它们合并为一个图层。打开"花草2.jpg"文件，按以上方法贴到图中，效果如图 18-35 所示。

图 18-34　添加和复制花草后的效果

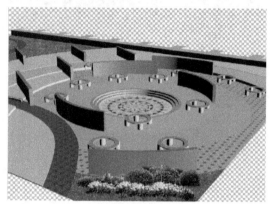

图 18-35　添加花草后总体效果

18.2.3　制作花带

在图层0用魔棒工具选择"花带1"区域，打开一个花草文件，按<Ctrl＋A>键全部选择，按<Ctrl＋C>键复制，回到"小游园鸟瞰"图，将复制的内容贴入"花带1"区域中，并按<Ctrl＋T>键进行自由变换使其大小合适，在按住<Alt>键的同时按住鼠标左键拖动复制的对象对其进行复制，使图像充满整个选择区域。合并"花带1"图层，结果如图 18-36 所示。

按以上方法依次对花带2、花带3、花带4进行填充，效果如图 18-37 所示。

图 18-36　花带1填充效果

图 18-37　花带整体填充效果

18.2.4　制作绿篱

绿篱有以下两种制作方法。

方法一：在图层0先用魔棒工具选中绿篱背光部分，打开一绿篱文件，按<Ctrl＋A>

键全部选择，按<Ctrl＋C>键复制，回到"小游园鸟瞰"图，将复制的内容贴入刚选中的区域中，并按<Ctrl＋T>键进行自由变换使其大小合适。在按住<Alt>键的同时按住鼠标左键拖动复制的对象对其进行复制，使图像充满整个选择区域。合并图层。单击"图像"⇨"调整"⇨"色相/饱和度"菜单命令，调整图像的饱和度，使其颜色稍暗一些。回到图层0，选择绿篱顶面，按以上方法进行填充合并，并调节图像的饱和度，使其稍亮于刚创建的绿篱背面图层。再选择绿篱向光区域，按以上方法填充合并后，将其饱和度调到最高。合并三个图层，结果如图18-38所示。

方法二：将3ds Max中创建的绿篱删除，打开一立体的绿篱文件，选择后拖动到小游园鸟瞰图中，利用自由变换工具将其调整到合适大小，并调整图层顺序使其位于图层0之后，完成效果如图18-39所示。

图18-38　绿篱填充效果1

图18-39　绿篱填充效果2

18.2.5　制作树木

打开"树木1.jpg"文件，将其拖入到画面中，命名为"树阵"图层，调整大小和位置后，按<Alt>键的同时按住鼠标左键拖动复制的对象对其进行复制，将复制的对象按照近大远小的关系逐一进行自由变换，效果如图18-40所示。

从图18-40中可以看出，树木与坐凳的关系不协调，树木应植于树池坐凳里面。回到图层0，利用矩形选框工具逐一选择与树木相重合的坐凳部分复制并原位粘贴，将原位粘贴产生的新图层移动到树木图层之上，利用橡皮擦工具擦除多余部分，使树木在树池坐凳中显现出来，结果如图18-41所示。

图18-40　添加并复制树阵效果

打开"树木2.jpg"文件，将其拖入到画面中，命名为"行道树"图层，按<Alt>键的同时按住鼠标左键拖动复制的对象对其进行复制，再按照透视关系分别调整大小和位置，效果如图18-42所示。

图 18-41　处理后树阵效果

图 18-42　行道树效果

18.2.6　添加阴影

在"图层"面板中，将行道树、树阵所在的图层复制一层，然后使用扭曲变形命令

图 18-43　添加阴影

将其作变形处理，然后调整"色相/饱和度"中的明度为"－100"、不透明度为"50％"制作树木阴影。回到图层 0，用魔棒工具选择景墙背阴面，按<Ctrl＋C>键复制后原位粘贴，利用移动工具将其移到合适位置，然后使用扭曲变形命令将其做变形处理，调整"色相/饱和度"中的明度为"－100"、不透明度为"50％"制作景墙阴影。结果如图 18-43 所示。

18.2.7　制作远景

打开合适的远景文件，将其拖至图中并命名为"远景"。将其拖放到图层下方，使用自由变换功能调整位置和大小。由于环境的色彩偏绿，不太符合整体效果的颜色，所以还需要对远景进行色彩处理。使用"色彩平衡"和"色相/饱和度"功能对其进行修改，如图 18-44 所示，结果如图 18-45 所示。

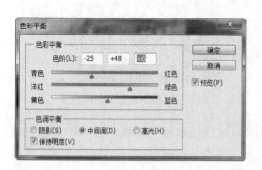

图 18-44　"色彩平衡"和"色相/饱和度"设置

图 18-45　添加远景效果

18.2.8　添加中景

打开"人物.psd"文件，拖动人物图像到效果图中，把图层命名为"人"，将其拖放到图层 0 上方。使用前面介绍的复制命令复制，调整图层不透明度，制作出人的影子。打开"雕塑.psd"文件，拖动雕塑到效果图中，把图层命名为"雕塑"，将其拖放到图层 0 上方。按前述方法制作雕塑阴影。打开"灌木.psd"文件，将其拖动到效果图中，经自由变换调整其大小并置于合适位置。打开"铺地.psd"文件，拖动到效果图中，并置于最底层。最后，再添加一个挂角树的配景，以丰富画面的空间层次。整体效果如图 18-46所示。

图 18-46　添加中景效果

18.2.9　添加边框及文字

给效果图添加边框及文字，总体效果如图 18-47 所示。

图 18-47　透视图效果

18.3　鸟瞰效果图制作案例

18.3.1　裁图和调整图像品质

　　进行后期处理所用的图像是由 3ds Max 渲染生成的原始图像，一般情况下需要对图像进行裁剪以调整大小。另外，还要根据需要对图像进行品质调整，增强图像的对比度等。

　　启动 Photoshop CS5。单击菜单栏中的"文件" ⇨ "打开"，打开"公园规划. tga"图像文件。单击工具箱中的"裁切工具"按钮，在图像中拖出一个区域作为图像的裁剪区域。单击回车键完成裁图操作，结果如图 18-48（a）所示。

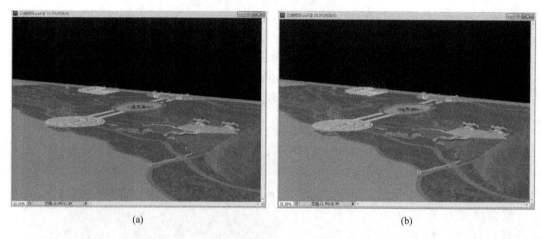

(a)　　　　　　　　　　　　　　　　(b)

图 18-48　图像裁剪后和调整色阶后的效果

　　整个画面较暗，单击菜单栏中的"图像" ⇨ "调整" ⇨ "色阶"，在弹出的"色阶"对话框中设置各项参数，如图 18-49 所示。

　　单击"好"按钮，调整色阶后的鸟瞰效果图如图 18-48（b）所示。

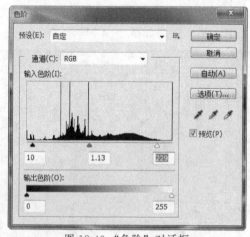

图 18-49　"色阶"对话框

18.3.2　合并背景

单击工具箱中的"魔棒工具"按钮，在工具选项栏上设置容差值为"20"，在"公园规划.tga"图像文件中选择上方的黑色部分及下方水面部分建立选择区域。按<Delete>键将选择区域中的图像删除。按<Ctrl＋D>键取消选择区域。打开"楼房.jpg"文件，单击工具箱中的"移动工具"按钮，将"楼房.jpg"文件中的图像拖动到"公园规划.tga"图像文件窗口中，并调整其色彩平衡，然后将其置于图层最底部进行位置和大小的调整，此时鸟瞰效果图如图18-50所示。

在按住<Alt>键的同时拖动刚拖入的楼房图层，将楼房图层复制多份，利用移动工具将新复制的图层调整到合适位置，效果如图18-51所示。

图 18-50　添加楼房背景　　　　　　　　图 18-51　复制楼房图层

18.3.3　添加水面

打开"水.jpg"文件，将其拖动到"公园规划.tga"图像文件窗口中，调整其色彩平衡，如图18-52所示。

将拖入的水图层置于图层最底部并进行位置和大小的调整，效果如图18-53所示。

图 18-52　"亮度/对比度"对话框　　　　　图 18-53　添加水面

18.3.4　添加天空

打开"天空.jpg"文件，将其拖动到"公园规划.tga"图像文件窗口中，置于楼房图层的下面，按<Ctrl＋T>键对其进行自由变换，调整其大小及位置，效果如图18-54所示。

图 18-54 添加天空

18.3.5 添加行道树

单击菜单栏中的"文件" ⇨ "打开",打开文件夹中的"行道树. psd"文件。使用工具箱中的"移动工具"将"行道树. psd"文件中的图像拖动至"公园规划. tga"图像文件窗口中作为行道树。按<Ctrl＋T>键,行道树的周围出现变形编辑框,将其进行适当缩小,再移动到需栽种行道树的位置。

在"图层"面板中,将行道树所在的图层复制一层,然后使用扭曲变形命令将其做变形处理,然后调整"色相/饱和度"中的明度及不透明度制作树木阴影,结果如图 18-55 所示。

将行道树阴影所在的图层置于"行道树"图层的下方,然后再将两个图层合并为一个图层。按住键盘上的<A1t>键将行道树图像沿道路的两侧进行复制,结果如图 18-56 所示。最后,将所有行道树图层合并为一个图层,并将其命名为"行道树"。

图 18-55 添加行道树

图 18-56 行道树整体效果

18.3.6 添加灌木及树丛

单击菜单栏中的"文件" ⇨ "打开",打开文件夹中的"桃树. psd"文件。使用工具箱中的"移动工具",将"桃树. psd"文件中的图像拖动至"公园规划. tga"图像文件窗口中作为小乔木。按<Ctrl＋T>键,桃树的周围出现变形编辑框,将其进行适当缩小,再移动到需栽种的位置。

在"图层"面板中,将桃树所在的图层复制一层,然后使用扭曲变形命令将其做变形处理,然后调整"色相/饱和度"制作树木阴影,结果如图 18-57 所示。

将桃树阴影所在的图层置于"桃树"图层的下方,然后再将两个图层合并为一个图层。

按住键盘上的＜Alt＞键，通过移动工具对新合并的图层进行复制，并按＜Ctrl＋T＞键调整复制图像的大小，使桃树林显现一种参差的生长感。如图 18-58 所示。

图 18-57　添加小乔木

图 18-58　树丛效果

使用同样的方法复制其他树丛，如图 18-59 所示。

图 18-59　其他树丛复制

18.3.7　添加其他配景

打开如图 18-60 所示"睡莲.jpg"文件，单击工具栏中"魔棒工具"按钮，在图像上右击，在弹出的下拉列表中选择"色彩范围"，弹出如图 18-61 所示对话框。用吸管工具选择蓝色背景部分，并在对话框中将颜色容差设为"200"。

图 18-60　睡莲图片

图 18-61　色彩范围对话框

按<Shift＋Ctrl＋I>键反选睡莲图片，单击工具箱中的"移动工具"按钮，将睡莲图片拖动到"公园规划．tga"图像文件窗口中，按<Ctrl＋T>键，睡莲的周围出现变形编辑框，将其进行适当缩小，再移动到图中水面位置，将睡莲图层移动到水体图层上方，结果如图18-62所示。

　　打开文件夹中的"人群01．psd"和"车－1．tif"图像文件。使用工具箱中的"框选工具"在"人群01．psd"图像文件中选择所需的人物图像，在"车－1．tif"图像文件中选择需要的车辆图像，参照前面的方法，将其添加到鸟瞰效果图中，并设计好人物和车的位置、大小。最终效果如图18-63所示。

图18-62　添加水生植物　　　　　　　　　　图18-63　添加人物、汽车后的效果

18.3.8　图面整体的调整

　　在"图层"面板新建一空白图层，将其置于图层最上方，按<Ctrl＋Delete>键将图层全部填充为白色，调节其不透明度为"50％"。单击工具箱中的"椭圆选框工具"按钮在图中拉出一个椭圆，使椭圆正对视觉中心。调节羽化值为"100"，按<Delete>键将椭圆选区内图像删除，结果如图18-64所示。

　　打开存储的"公园规划．tga"图像文件。单击"图像"菜单下的"调整"按钮，选择"亮度/对比度"菜单命令，参数设置如图18-65所示。

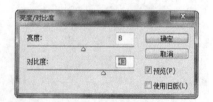

图18-64　给图像添加蒙版　　　　　　　　图18-65　调整"亮度/对比度"

18.3.9 添加文字和边框

添加文字和边框，结果如图 18-66 所示，存储，完成制作。

图 18-66　鸟瞰效果图

第 3 篇
3ds Max 部分

3ds Max 是当今最为流行的三维设计软件，在影视动画、游戏制作以及设计领域都发挥着不可替代的作用。在旅游规划制图中会使用到 3ds Max 制作三维效果图。

Chapter 19

3ds Max 2012 基础入门

19.1 3ds Max 2012 中文版的安装

3ds Max2012 的安装与前面介绍过的两款软件大同小异，需要注意的是在安装过程中设置好软件的安装位置，尽量不要安装到电脑系统盘，否则有可能会降低电脑的运行速度（图19-1）。

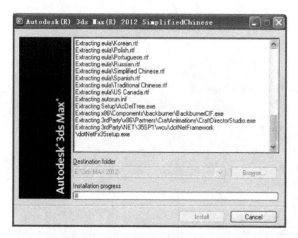

图 19-1 设置好安装路径后开始安装

提示：

3ds Max 2012 软件的 32 位版本最低需要配置以下硬件系统。

① 操作系统：Microsoft Windows 7 Professional 操作系统 或 Microsoft Windows XP Professional 操作系统（SP3 或更高版本）。

② 一般动画和渲染（通常少于 1000 个对象或 100000 个多边形）：

• Intel Pentium 4（主频 1.4 GHz）或相同规格的 AMD 处理器（采用 SSE2 技术）。

• 2 GB 内存（推荐 4 GB）。

• 2GB 交换空间（推荐 4GB）。

• 3 GB 可用硬盘空间。

• 支持 Direct3 D 10 技术、Direct3D 9 或 OpenGL 显卡。

• 512 MB 或更大的显卡内存（推荐 1GB 或更高）。

• 配有鼠标驱动程序的三键鼠标。

• DVD 光驱。

• 支持 Web 下载和 Autodesk Subscription—aware 访问的互联网连接 access。

19.2 启动 3ds Max 2012 中文版

双击桌面上的"3ds Max 2012"图标或在"开始"菜单中选择"3ds Max 2012"启动项，如果电脑中同时也安装的 AutoCAD 软件的话，那么这两款软件的选项将会整合到一个名字为"Autodesk"的选项中，这是因为它们都是 Autodesk 的产品。

3ds Max 2012 是一款大型的设计软件，启动过程可能需要等待一段时间，启动后将会进入软件主界面。

19.3 3ds Max 2012 界面介绍

3ds Max 2012 软件主界面主要由标题栏、快速访问工具栏、菜单栏、主工具栏、视口、视口控制栏、命令面板、时间和动画控制面板和状态提示栏构成，如图 19-2 所示。

标题栏
快速访问工具栏
菜单栏
主工具栏
命令面板
视口
视口控制栏
状态提示栏
时间和动画控制面板

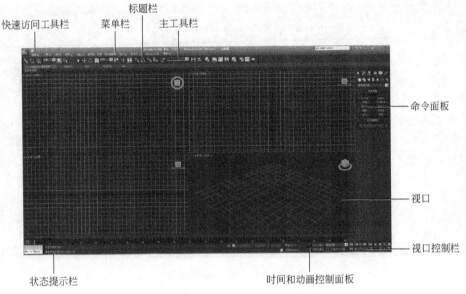

图 19-2 3ds Max 2012 主界面介绍

19.3.1 标题栏

标题栏可以显示软件的版本和当前任务名称。

19.3.2 快速访问工具栏

与 AutoCAD 软件一样，3ds Max 2012 也在界面的左上角设有快速访问工具栏，可以通过它快速地进行新建、打开、保存等任务。

19.3.3 菜单栏

在菜单栏中包含了 3ds Max 2012 中大部分命令，如图 19-3 所示。

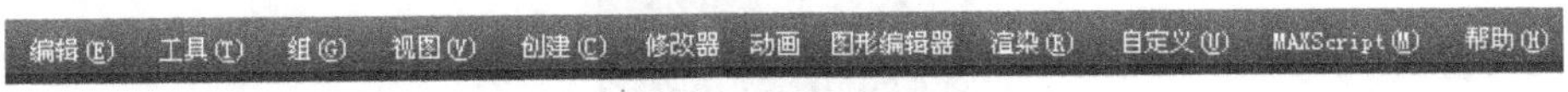

编辑(E) 工具(T) 组(G) 视图(V) 创建(C) 修改器 动画 图形编辑器 渲染(R) 自定义(U) MAXScript(M) 帮助(H)

图 19-3 菜单栏

19.3.4 主工具栏

在菜单栏的下面是主工具栏，如图 19-4 所示，常用的控制工具都可在主工具栏中找到。可以在主工具栏的空白区域单击鼠标右键，在弹出的菜单中可以控制显示或隐藏指定的工具栏。

全部
视图

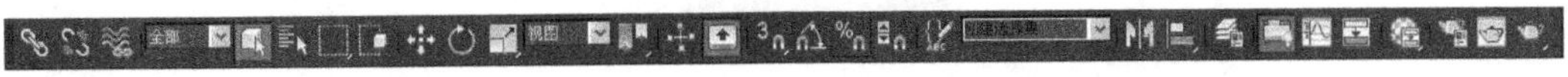

图 19-4 主工具栏

19.3.5　视口

由于 3ds Max 主要用来创建三维对象，所以为了在创建三维对象时便于观察，它的视口与其他二维软件有所不同。在默认状态下，由顶视图、前视图、左视图和透视图 4 个视口组成，如图 19-5 所示。

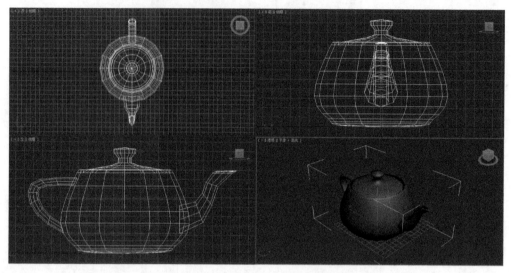

图 19-5　3ds Max 的四元视口

19.3.6　视口控制栏

使用视口控制栏中的工具可以控制对象的显示或进行视图导航，这些视口控制工具位于软件主界面右下角的视口控制栏中，如图 19-6 所示。

图 19-6　视口控制栏

19.3.7　命令面板

命令面板位于视口右侧，它包括创建、修改、层次、运动、显示、工具六个子选项卡面板，如图 19-7 所示。其中，创建面板用来创建模型对象，而修改面板中的命令可以对创建好的模型进行修改。

图 19-7　命令面板

19.3.8　时间和动画控制面板

该面板包含于制作动画的有关控件，主要由轨迹栏和控制面板组成。

19.3.9　状态提示栏

状态提示栏位于软件主界面下边缘，如图 19-8 所示，上半部分的左侧可以显示当前被选中对象的个数等信息，右侧可以显示光标或选定对象的坐标位置。下半部分则会根据当前的操作提供动态信息提示（类似于 AutoCAD 中的命令行）。

图 19-8　状态提示栏

19.4　预置的用户界面主题

3ds Max 2012 的默认界面以深灰色调为主，可以根据个人喜好改变软件的界面样式。3ds Max 2012 提供了几种预设好的用户界面效果供我们选择。单击菜单栏中的"自定义"⇨"自定义 UI 与默认设置切换器"（UI 即 User's Interface，用户界面），在弹出的"为工具选项和用户界面布局选择初始设置"窗口中提供了"工具选项的初始设置"和"用户界面方案"选项，如图 19-9 所示。

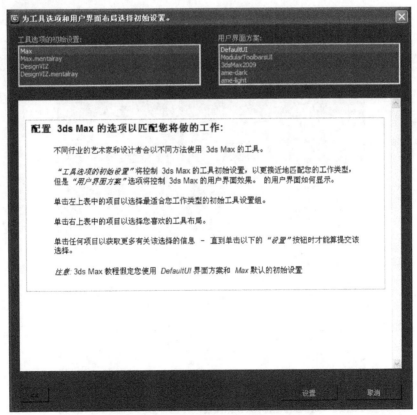

图 19-9　"为工具选项和用户界面布局选择初始设置"窗口

在图 19-9 中左侧的列表中提供了针对不同任务侧重的选项初始设置，一般不做改动。右侧的列表中包含了预设好的软件界面颜色方案，可以根据个人习惯选择。如选择"ame-light"方案，然后单击"设置"按钮后，软件界面的背景色调变为浅灰色，文字为黑色，如图 19-10 所示。

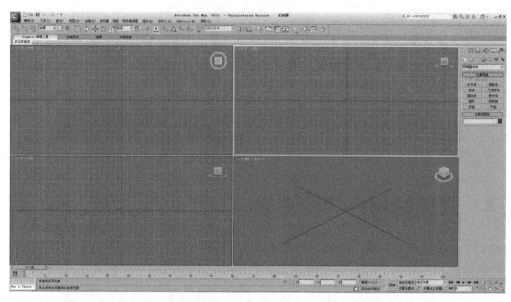

图 19-10 选择"ame-light"方案后的效果

19.5 自定义用户界面

可以根据个人的应用习惯打造适合自己的软件界面。单击菜单栏中的"自定义" ⇨ "自定义用户界面"，可弹出"自定义用户界面"窗口，如图 19-11 所示。

图 19-11 "自定义用户界面"窗口

可以对软件的键盘、工具栏、四元菜单、菜单和颜色五个内容进行自定义设置。

19.5.1　键盘

可以查看、修改或者加载其他的 3ds Max 快捷键文件。在左侧选择要指定快捷键的操作命令，然后在右侧的"热键"输入框中输入快捷键后按下面的"指定"按钮即可。可以通过"指定到"输入框了解输入的快捷键是否已被使用（3ds Max 2012 允许不同的命令使用相同的快捷键）。"写入键盘表"可将快捷键保存为文档格式以方便查看。

19.5.2　工具栏

通过在主工具栏旁边的空白处单击鼠标右键可以打开或关闭软件预设的一些工具栏。也可以在工具栏中单击"新建"按钮，输入新建工具栏名称后单击"确定"按钮，新建一个工具栏，拖动左侧的任意命令到该工具栏上即可将命令添加到工具栏中。如图 19-12 所示。

图 19-12　新建自定义工具栏并添加捕捉开关按钮

19.5.3　四元菜单

当用鼠标右键单击某个对象时可弹出一个菜单，菜单的内容会根据当前的对象所处状态不同而有所不同，如图 19-13 所示。可以在四元菜单选项卡中对这个菜单进行自定义修改。

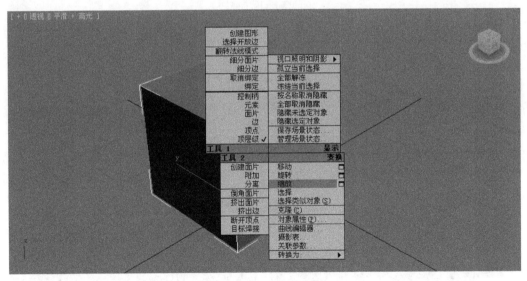

图 19-13　四元菜单

19.5.4　菜单

可以对菜单栏的菜单进行自定义设置。

19.5.5　颜色

在该选项卡中可以设置软件各处的颜色。如在"元素"下拉列表中选择视口背景，然后单击右侧的颜色色块就可以选择自己想要的视口背景颜色了，如图 19-14 所示。

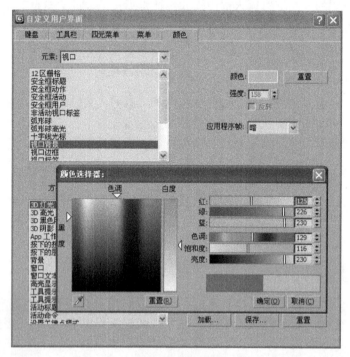

(a) 设置视口背景颜色

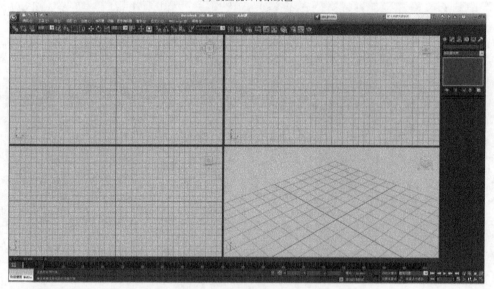

(b) 调整后效果

图 19-14　"颜色"选项卡设置

当全部设置完自定义用户界面后，单击菜单栏中"自定义" ⇨ "保存自定义用户界面方案"可以保存设置的所有自定义界面，在指定保存位置后，会提示保存内容，单击"确定"

按钮，软件会在相应文件夹生成 6 个文件，以后就可以加载一个或多个相应的自定义文件了。如图 19-15 所示。

提示：

每个人都会有自己习惯使用的快捷键，如果重新安装了 3ds Max 软件或者快捷键设置被其他人改动，保存快捷键的自定义设置就很重要了。要是发生了上述情况，不用再一个个设置快捷键，只需单击菜单栏中"自定义"⇨"加载自定义用户界面方案"，然后选择文件类型为".kbd"的文件即可，如图 19-16 所示。

图 19-15　自定义方案

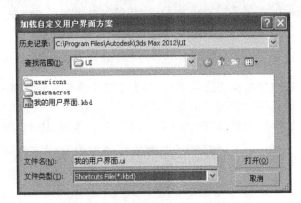

图 19-16　加载自定义用户界面方案

19.6　视口操作

可以通过视口来观察所创建的对象，熟练地操作视口会让创建对象的过程更加灵活和直观。

19.6.1　视口的显示模式

默认的 4 个视口由顶视图、前视图、左视图和透视图组成（图 19-5），每个视口的左上角都标明了该视口的显示模式和场景中对象的渲染方式。

用鼠标左键单击图中的文字会弹出相应的菜单，在这些菜单中可以改变视口的显示模式和对象渲染方式，如图 19-17 所示。

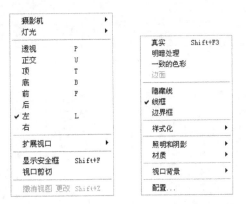

图 19-17　视口显示模式和对象渲染方式菜单栏

在显示模式菜单栏中可以看到透视、正交、顶、底等模式，这些文字后面的字母代表这些显示模式的快捷键。如在透视图模式下，按<F>键将使当前视图切换到前视图模式，如

图 19-18 所示。

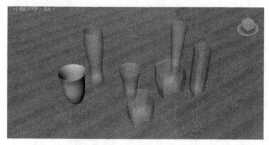
(a) 透视图

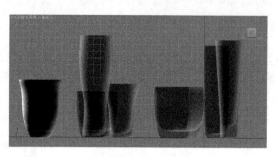
(b) 按<F>键切换到前视图

图 19-18　视图模式切换

在对象渲染方式菜单栏中可以选择该视口中对象的渲染模式，包括平滑＋高光、隐藏
线、线框等，也可单击菜单栏中的"视图" ⇨ "视口配置"，在"视口配置"窗口中的"视
觉样式"栏中选择渲染级别。如图 19-19 和图 19-20 所示。

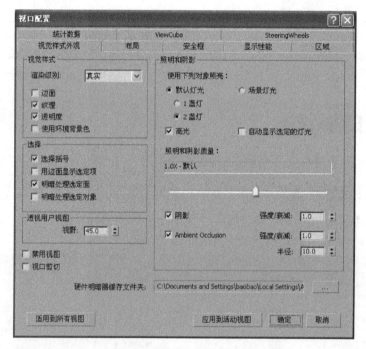

图 19-19　"视口配置"窗口

(a) 真实渲染模式

(b) 线框渲染模式

图 19-20　"渲染级别"设置效果

提示：

使用快捷键＜F3＞可以在真实和线框渲染模式间切换。

19.6.2　视口控制工具

从前文可知位于软件主界面右下角的视口控制栏中的工具（图 19-6），下面就来具体了解一下这些工具。

- 缩放：选择缩放按钮后，在某一视口中按住鼠标左键同时上下移动光标即可放大和缩小视图的显示。在实际应用中，使用鼠标滚轮也可达到相同的效果。
- 缩放所有视图：可以同时放大和缩小所有视图的显示。
- 最大化显示/最大化显示选定对象（快捷键＜Ctrl＋Alt＋Z＞）：单击最大化显示按钮可以将当前选定视口中的所有对象最大化显示；如果用鼠标左键按住该按钮不放选择最大化显示选定对象按钮，则视口只会最大化显示选中的对象。如图 19-21 所示。

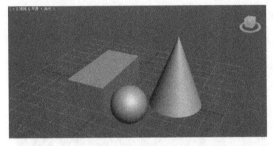
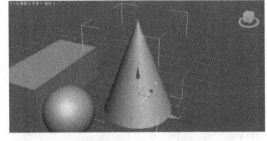

(a) 最大化显示　　　　　　　　　　　　(b) 最大化显示选定对象(圆锥体)

图 19-21　最大化显示和最大化显示选定对象效果

- 所有视图最大化显示/所有视图最大化显示选定对象（快捷键＜Z＞）：将最大化显示或最大化显示选定对象功能应用到所有视口。
- 视野/缩放区域：选择透视按钮可以控制透视视口中的透视效果强度；缩放区域按钮可以放大用鼠标框选的区域。
- 平移视图/穿行：单击平移视图按钮，按住鼠标左键拖动对象可调整对象在视口中的显示位置（按住鼠标滚轮可随时切换到平移视图功能）；穿行按钮多用于制作动画。
- 环绕/选定的环绕（快捷键＜Ctrl＋R＞）：环绕可以以当前视口为中心旋转视图，而选定的环绕可以以选定的对象为中心进行旋转。此功能可以方便地从各个方向观察模型对象。
- 最大化视口切换（快捷键＜Alt＋W＞）：单击该按钮可以将当前选定的视口最大化显示，如图 19-22 所示。

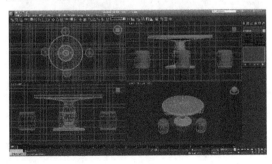

(a) 默认视口模式　　　　　　　　　　　　(b) 最大化视口

图 19-22　视口最大化显示

19.6.3 视口盒的使用

视口盒位于每个视口的右上角，它可以快速地调整所观察对象的方向，如图 19-23 所示。

当光标移动到视口盒上的文字或者立方体的边、角时，这部分将以加亮形式显示；单击加亮部分则视口将显示相应的对象方向。如图 19-24 所示。

图 19-23　视口盒

图 19-24　视口盒加亮显示

【练习】　使用视口盒控制观察对象的方向。

① 打开一个三维模型文件，将视口置于"透视"视图显示模式下，如图 19-25 所示。

② 将光标移到视口盒的"左"字区域并单击，视图将在"透视"视图模式下显示左视图，如图 19-26 所示。

图 19-25　"透视"视图模式

图 19-26　左视图

③ 单击视口盒右上角的方向箭头可以转动视口观察方向。如单击顺时针箭头，则观察对象的视角将顺时针旋转 90°，如图 19-27 所示。

④ 单击视口盒左上角的小房子图标，视口的视图模式将转换为"透视"模式，如图 19-28 所示。

图 19-27　顺时针旋转观察方向

图 19-28　恢复到透视模式

⑤ 也可将光标移到视口盒上并按住鼠标左键拖动，这时对象观察方向将随着视口盒被拖动而改变。

⑥ 如果在视口盒上单击鼠标右键，在弹出的菜单中选择"配置"，则会弹出"视口配

置"窗口，其中可以调整视口盒的大小、透明度等参数。

19.7　工具栏简介

3ds Max 2011 的工具栏分为主工具栏和浮动工具栏。主工具栏在前文提到过（图
19-4），而浮动工具栏在默认状态下并不显示，需要
在主工具栏的空白处单击鼠标右键，然后在弹出的菜
单中选择相应的工具栏单击打开即可，如图 19-29
所示。

要想一次性打开所有浮动工具栏，可以单击菜单栏
中"自定义" ⇨ "显示 UI"，在弹出的菜单中选择"显
示浮动工具栏"就可打开所有浮动工具栏，如图 19-30
所示。可以有选择地打开几个浮动工具栏，然后拖动其
上边缘到主工具栏旁边，就可将其变为固定工具栏。拖
动工具栏最左端的双线处可将固定的工具栏变为浮动工
具栏。

图 19-29　在菜单中选择打开
其他工具栏

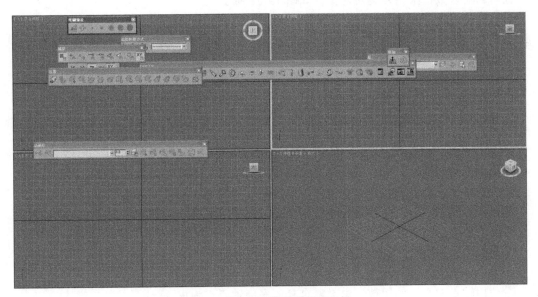

图 19-30　打开所有浮动工具栏

19.7.1　主工具栏常用命令

下面来介绍一下主工具栏中常用的功能按钮。一些命令按钮的右下角会有一个小三角标
志，这说明该命令包含有多个子命令，可以在这个按钮上按住鼠标左键，在弹出的按钮菜单
中选择。

 • ⬚选择对象（快捷键＜Q＞）：用于单纯地选择一个或多个对象，被选中的对象将用
白色边框标明，按住＜Ctrl＞键同时单击不同对象可选择多个对象。

 • ⬚按名称选择（快捷键＜H＞）：单击该按钮会弹出"从场景选择"窗口，在窗口中
选中要选择的对象名称单击"确定"即可。

- ▣矩形选择区域：用鼠标拖出矩形框来框选对象。
- ○圆形选择区域：拖动鼠标会出现椭圆形的选区。
- ◪围栏选择区域：单击鼠标左键并移动鼠标，用拉出的选段围合成的区域选择对象。
- ◪套索选择区域：可以用鼠标自由绘制选择区域。
- ♦绘制选择区域：按住鼠标左键可以看到在光标处出现一个虚线圆环，被圆圈套住的对象将被选中。要改变圆环的大小，应右键单击"绘制选择区域"按钮，在弹出的"首选项设置"窗口的"常规"选项卡中修改"绘制选择笔刷大小"值。
- ▣窗交/▣交叉：此按钮用于控制区域选择的方式，当为窗交模式时，只有对象被完全包含到选框中时才会被选中，而在交叉模式时，只要选框边缘与对象接触就会被选中。
- 全部▾选择过滤器：控制任务中哪类对象可被选中，如选择其中的"灯光"，则只有灯光对象可被选中。
- ✛选择并移动（快捷键<W>）：选中对象并可进行移动操作。鼠标右键单击该按钮会弹出"移动变换输入"窗口，其中左边显示被选中对象当前的坐标，可以在右侧输入数值来精确移动对象，如图19-31所示。
- ○选择并旋转（快捷键<E>）：选中对象并可对其进行旋转。鼠标右键单击该按钮会弹出"旋转变换输入"窗口，其中左边显示被选中对象当前相对三个坐标轴旋转的角度，可以在右侧输入数值来精确旋转对象。如图19-32所示。

图19-31 "移动变换输入"窗口

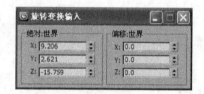

图19-32 "旋转变换输入"窗口

- 缩放切换（快捷键<Ctrl+E>）：对选定对象进行缩放操作。

▣选择并均匀缩放：可将选中的对象进行均匀缩放，不改变对象的形状。

▣选择并非均匀缩放：对选中物体的缩放是非均匀的，可改变对象形状。

▣选择并挤压：对选中对象进行挤压变形，改变对象形状的同时不改变对象的体积。

右键单击按钮同样可对对象进行精确的缩放，如图19-33所示。

- 视图▾参考坐标系：用于设置进行变换的坐标系。
- 轴心点控制：用于设置旋转或缩放时对象的中心点位置。

▣使用轴点中心：使用被选中对象自身的底部轴心点为中心。

▣使用选择中心：使用被选中对象的中心点为中点，如选中了多个对象，则以多个对象的中心点为中点。

▣使用变换坐标中心：使用当前使用的坐标系的轴点作为旋转或缩放的中心。

- 捕捉开关：用于对象创建或修改时精确定位。

▣²二维捕捉：光标只能捕捉到栅格平面上的元素。

▣²·⁵二点五维捕捉：是介于二维和三维捕捉之间的捕捉形式，它可以捕捉三维空间上的元素，并将其投射到栅格平面上。

▣³三维捕捉：可捕捉三维空间中的元素，并在三维空间中定位。

下面通过一个实例来进一步了解三种不同的捕捉方式。

首先建立一个位于栅格网下面倾斜的立方体，如图19-34所示。

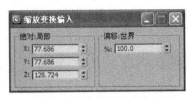

图 19-33　"缩放变换输入"窗口

图 19-34　建立立方体模型

打开二维捕捉，试着捕捉立方体上面的四个顶点，但是会发现只能捕捉到栅格线而不能捕捉到立方体。

然后用二点五维捕捉模式，还是捕捉立方体的四个顶点并沿这些点画线（将在后面介绍如何创建二维图形），这时可以捕捉到立方体上的顶点，但是所绘制的线段被投影到了栅格平面上，如图 19-35 所示。

最后使用三维捕捉，沿四个顶点绘制线段，最后线段依然沿着立方体的边线建立，如图 19-36 所示。

图 19-35　图中粉色线条

图 19-36　图中青色线条

-  角度捕捉切换（快捷键<A>）：在旋转对象时，可使对象按照一定的角度间隔进行旋转。

- 百分比捕捉切换（快捷键<Shift＋Ctrl＋P>）：在缩放对象时，可使对象按照一定的百分比间隔进行缩放。

用鼠标右键单击捕捉、角度捕捉或百分比捕捉按钮，会弹出"栅格和捕捉设置"窗口，可以在其中选择可捕捉到的元素和设置捕捉精度，如图 19-37 所示。

(a) 设置捕捉元素　　　　　　　　(b) 设置捕捉精度

图 19-37　"栅格和捕捉设置"窗口

- 微调器捕捉切换：右键单击该按钮可弹出"首选项设置"窗口，在"微调器"组中可设置捕捉精度值。
- 编辑命名选择集：单击该按钮会弹出"命名选择集"窗口，可以建立多个集合，并将相应的对象添加到某个集合中，这样单击按钮就可以全部选中这个集合中的所有对象，如图 19-38 所示。
- 立方体 选择集下拉列表：选择列表中的某个集合就可选中在该集合中的所有对象，同时也可以在此修改集合的名称。
- 镜像：用于进行镜像操作。
- 对齐：使选择的对象与目标对象在指定的坐标轴、对齐位置、方向、比例下进行对齐。最长用的是 "基本对齐"功能
- 层管理器：可在层管理器中建立不同的层级，并设置这些层或层中对象的可见性、是否被冻结、可渲染性等参数，如图 19-39 所示，这与 AutoCAD 中对层的控制相似。

图 19-38 "命令选择集"窗口

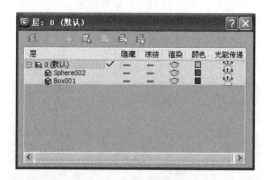

图 19-39 层管理器

- 材质编辑器（快捷键＜M＞）：单击该按钮会弹出"材质编辑器"窗口，可以通过它创建或修改材质，并将这项材质赋给不同的对象。
- 渲染设置（快捷键＜F10＞）：可在弹出的"渲染设置"窗口中设置相应的渲染参数。
- 渲染帧窗口（快捷键＜Shift＋Q＞）：用于渲染场景，可在"渲染"窗口中选择进行产品级渲染或是迭代渲染。
- ActiveShade 渲染：渲染场景后，保持渲染窗口开启，则渲染窗口将实时显示对场景的修改。

19.7.2 其他工具栏

其他应用较多的工具栏还包括层工具栏和附加工具栏，如图 19-40 所示。

图 19-40 层、附加工具栏

- 层管理器：与主工具栏中的按钮功能相同。
- 新建层：用于新建图层，同时为新建的层设置名称。
- 将当前选择添加到当前层：可将选中的对象添加到当前的层中。
- 选择当前层中的对象：单击该按钮会选中在当前层中的所有对象。

- 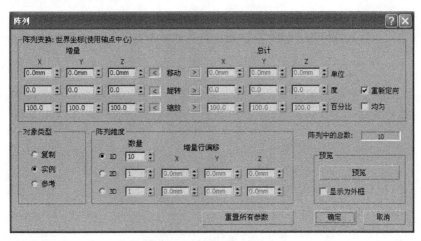设置当前层为选择的层：选中某个对象后单击该按钮，会将当前层转换为该对象所在的层。

- 阵列：单击按钮会弹出"阵列"窗口，在其中可以设置对象阵列的参数，如图 19-41 所示。本书将在后面的章节中介绍如何阵列对象。

图 19-41 "阵列"窗口

Chapter 20

三维模型的创建与编辑

本章将学习如何创建和修改三维模型。创建和修改三维模型主要是通过命令面板中的"创建"选项卡中的命令来实现的（图20-1），其中又包含了几何体、图形、灯光、摄像机等7个对象类型。

图 20-1　命令面板中的"创建"选项卡

20.1　创建基本三维对象

单击命令面板中"创建"选项卡中的◯几何体按钮，可以看到在下面的下拉菜单中包含有标准基本体、扩展基本体、复合对象等对象类型，选择"标准基本体"，在下面的"对象类型"卷展栏中可以看到"标准基本体"所能创建的几何体种类［图20-2（a）］。这10种几何体是3ds Max能创建的最基本的几何体。用这10个基本命令创建的基本几何体如图20-2（b）所示。

(a) 标准基本体对象类型　　　　　(b) 标准基本体的10种几何体

图 20-2　创建标准基本体几何对象

"扩展基本体"所创建的 13 种几何体对象如图 20-3 所示。

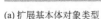
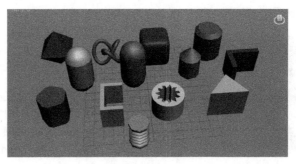

(a) 扩展基本体对象类型　　　　　(b) 扩展基本体的13种几何体

图 20-3　创建扩展基本体几何体对象

创建基本三维对象的方法如下。

方法一：单击要创建的对象类型按钮，如 长方体 按钮，然后在一个视口中按住鼠标左键并拖动，待拖出合适大小的矩形后不要放开鼠标，接着向垂直方向继续拖动鼠标，将刚才的矩形拉成长方体后放开鼠标左键即可。这时可以在命令面板中"参数"卷展栏中看到刚才创建的长方体的长、宽、高数值和分段数，如图 20-4 所示。

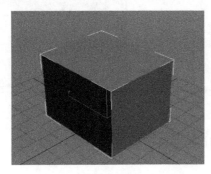

(a) 创建的长方体　　　　　(b) 长方体的参数

图 20-4　创建长方体

方法二：单击 长方体 按钮后，不在视口中拖动鼠标，而是在命令面板中的"键盘输入"卷展栏中输入要创建的几何体的坐标和尺寸参数等数据，然后单击 创建 按钮即可，如图 20-5 所示。这样可一次性创建具有精确尺寸的几何体。

提示：

命令面板中的卷展栏会随着创建对象类型的变换而有所变化。

【练习】　创建名称为"几何体"、颜色为绿色的五棱台，如图 20-6 所示。

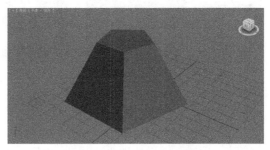

图 20-5　"键盘输入"卷展栏　　　　　图 20-6　所要创建的五棱台

① 首先在命令面板的"创建"选项卡中单击 ⊙ 几何体按钮，然后在标准基本体中单击 圆锥体 按钮。

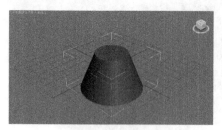

图 20-7　创建的圆台

② 在透视图视口中按住鼠标左键并拖动创建圆锥体的底面，接着松开鼠标左键并先上移动鼠标拖出圆锥体的高，拖出合适高度后单击鼠标左键确认，再横向移动鼠标调整圆锥体顶面大小，单击鼠标左键确认即可，如图 20-7 所示。

③ 因为要建立的是五棱台，所以还要在命令面板下方的"参数"卷展栏中将其中的"边数"改为"5"，并关闭下面"平滑"复选框，如图 20-8 所示。

④ 要改变对象颜色，可以单击命令面板中"命令与颜色"卷展栏中的色块 Cone001，在弹出的"对象颜色"窗口中选择绿色，按"确定"即可，如图 20-9 所示。

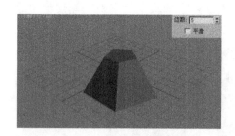

图 20-8　调整边数和平滑

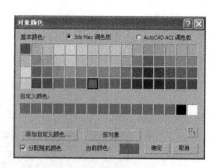

图 20-9　调整对象颜色为绿色

【练习】　将前一练习中创建的五棱台移动到坐标原点（0，0，0，），并绕 Y 轴逆时针旋转 61 度。

① 打开在前一练习中创建的五棱台，将五棱台移动到坐标原点，方法有以下两种。

方法一：使用主工具栏中的 ✛ 选择并移动工具，由于要精确移动，所以选中五棱台后用鼠标右键单击 ✛ 按钮，在弹出的"移动变换输入"窗口中可以看到当前对象的绝对坐标，将它们都改为"0"，按回车键确认即可，如图 20-10 所示。

(a) 可以看到当前对象的绝对坐标

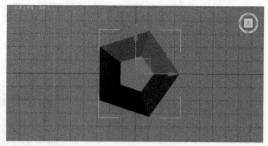

(b) 五棱台被移动到坐标原点

图 20-10　移动五棱台

方法二：选择对象后，可在软件主界面下方的状态提示栏中的坐标显示栏中直接将坐标值都改为"0"，按回车键确认即可，如图 20-11 所示。

(a) 移动对象前的坐标   (b) 将对象移动到坐标原点

图 20-11   参数设置

② 旋转对象。使用主工具栏中的 ⟳ 选择并旋转命令，方法有以下两种。

方法一：选中五棱台，并用鼠标右键单击 ⟳ 按钮，在弹出的"旋转变换输入"窗口中右侧的 Y 轴偏移增量中输入"−61"（输入负值为逆时针旋转），按回车键确认即可，如图 20-12 所示。

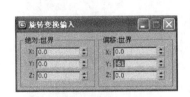 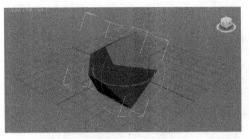

(a) 设置旋转方向和角度   (b) 五棱台绕Y轴逆时针旋转61度

图 20-12   五棱台旋转变换输入

方法二：选中五棱台，激活主工具栏中的 ⟳ 角度捕捉切换按钮，并用鼠标右键单击该按钮，在弹出的"栅格和捕捉设置"窗口中将角度值改为"1"，关闭窗口。单击主工具栏中的 ⟳ 按钮，并选择五棱台，这时可以看到对象周围出现的旋转控制器（也叫做旋转 Gizmo）。在控制器上有红、绿、蓝三种颜色的彩色圆圈，它们分别控制对象绕 X 轴、Y 轴或 Z 轴旋转。将光标移动到控制 Y 轴移动的圆圈上，这时圆圈由绿色变为黄色，接着按住鼠标左键逆时针拖动五棱台，由于设置了角度捕捉按 1 度的增量改变，所以角度很容易就可旋转 61 度，然后放开鼠标左键即可如图 20-13 所示。

 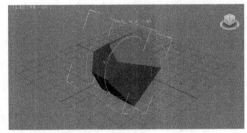

(a) 设置旋转角度捕捉增量为1度   (b) 拖动绿色控制环使五棱台绕Y轴逆时针旋转61度

图 20-13   五棱台旋转角度输入

20.2   对象参数修改

如果在建模过程中需要对之前创建的对象参数进行修改，可以在命令面板中的"修改"选项卡中修改对象参数。

如创建一个标准基本体中的球体（图 20-14）之后要修改这个球体的参数，可以单击命令面板中的"修改"选项卡，可以看到"修改"选项卡包括了这个球体的可修改参数，如图

20-15 所示。

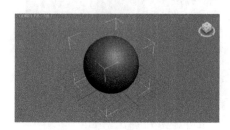

图 20-14　创建一个球体对象

图 20-15　球体的"修改"选项卡

- ▢ Sphere001 ▢：球体对象的名称和颜色。
- ▢ 修改器列表 ▾：在修改器列表中可以为当前对象添加其他修改器，以实现对对象特定的修改。
- 修改器控制面板：被添加的修改器将按照先后顺序，从下到上地在面板中排列，并依次给对象施加修改。关于修改器的控制，将在后面的章节中详细介绍。
- 半径：球体的半径。
- 分段：用于控制对象的细分程度和光滑程度。数值越大，对象细分越强，同时表面越光滑；数值越小，则细分越弱，同时表面棱角越分明。
- 平滑：可以让对象表面上的面与面的过度更自然。
- 半球：控制创建球体部分的多少，数值范围在 0～1 之间，当数值为 0 时将创建整个球体，当为 0.5 时将创建半个球体。
- 启用切片：控制是否对球体进行像切瓜一样的操作。
- 切片起始/结束位置：是切片起始/结束的角度，以 Y 轴为 0°，输入正值为逆时针方向，负值为顺时针方向，如图 20-16 所示。

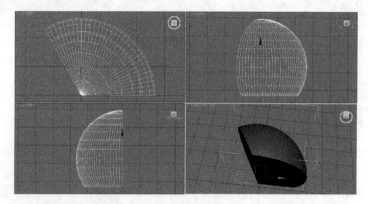

图 20-16　半球值为 0.3、切片起始位置 30、结束位置 270

- 切除/挤压：决定分段数在调整半球或切片参数时，是对象原有细分程度和平滑度不变，还是随着球体被切割而分段数值保持不变。
- 轴心在底部：控制对象轴心在底部中点还是在对象中心。

提示：

根据对象的不同，在"修改"选项卡中出现的参数内容会有所不同，应该在实际操作中不断尝试各种参数的效果。

20.3　修改器控制面板

本节将介绍修改器控制面板的构成，以及修改器控制面板的操作，如图 20-17 所示。

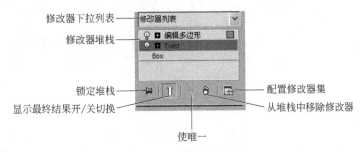

图 20-17　修改器控制面板

- 修改器列表 ：在修改器列表中可以选择要添加修改器。
- 修改器堆栈：为对象添加的修改器会按照添加的顺序由下至上排列，上面的修改器将在下面所有修改器对对象的修改效果基础上进行对象修改。可以按住鼠标键拖动某一个修改器以改变它在堆栈中的位置，从而影响对象修改的效果。
- 锁定堆栈：选择不同的对象时，修改器堆栈中的内容也会显示相应对象的修改器状态。如果单击该按钮，在选择其他对象时，修改器堆栈仍会显示刚才锁定堆栈的对象修改器。
- 显示最终结果开/关切换：当按钮为 状态时，视口中的对象将显示添加的所有修改器的修改效果（即最终结果）；如果按钮处于 状态，在选择堆栈中的某个修改器时，视口中的对象将只显示为当前选中修改器及以下修改器的修改结果。
- 使唯一：在同时选中多个对象并为它们添加了修改器后，当选中其中一个对象并调节其修改器参数时，将影响其他的对象；但是如果单击 按钮后，调节某个对象修改器参数将只影响当前对象。
- 从堆栈中移除修改器：可将选中的修改器从堆栈中删除。
- 配置修改器集：在打开修改器列表的时候会发现里面有大量的修改器，如果从中寻找想要的修改器会耗费不少时间，所以就有必要将这些修改器分门别类组成不同小组，这样选择起来就会方便得多。配置修改器集的功能就在于此。

单击 按钮会弹出一个菜单，选择"配置修改器集"会弹出"配置修改器集"窗口，在"集"下拉列表中选择一个修改器集，这时窗口右侧会列出该修改器集中的修改器。3ds Max 2012 提供了 12 个预置好的修改器集，如图 20-18 所示。

也可以自定义 20 修改器集。只需在左侧的修改器列表中找到相应修改器并按住鼠标左键将其拖动到右侧的"修改器"中即可，调节"按钮总数"可以设置按钮数量，设置好后可以在"集"下拉列表中输入名称并按"保存"按钮保存。如将编辑多边形、拉伸、弯曲、扭

(a) 选择集菜单　　　　　(b) "配置修改器集"窗口　　　　　(c) "集"下拉列表

图 20-18　修改器集配置

由 4 个修改器组成一个集合，集名称为"我的自定义修改器"，单击"保存"按钮并关闭窗口，再单击 按钮，这时可以发现在弹出的菜单中增加了"我的自定义修改器"选项，选中该选项后选择"显示按钮"，观察命令面板会发现创建的自定义修改器集已经显示在其中了，如图 20-19 所示。

(a) 添加4个修改器　　　　　(b) 选择集菜单　　　　　(c) 在命令面板中显示按钮

图 20-19　自定义修改器集

20.4　常用三维对象修改器

下面来学习一些在编辑三维对象时常用的修改器。

20.4.1 弯曲

弯曲修改器可让对象产生弯曲的效果。例如，用 长方体 工具建立一个扁平长方体和一个柱状长方体，然后选中扁平长方体并在 修改器列表 中选择"弯曲"修改器，修改"弯曲"修改器参数中的"角度"和"弯曲轴"数据（图 20-20），用同样方法为另一个长方体添加"弯曲"修改器并设置参数（图 20-21）。

图 20-20　弯曲参数

- 角度：指定对象弯曲角度的大小。
- 方向：用于控制对象相对于水平面的弯曲方向。
- 弯曲轴：设置对象弯曲时所依据的坐标轴。
- 限制：设定对象产生弯曲的部分。

限定效果：决定是否为弯曲的对象产生限制效果。

上限：在上限值以上的部分将不产生弯曲效果。

下限：在下限值以下的部分将不产生弯曲效果。

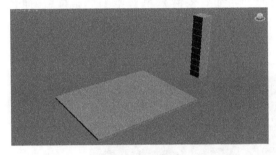
(a) 原长方体对象

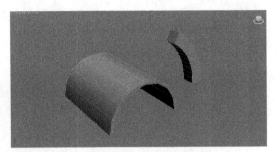
(b) 使用"弯曲"修改器后的效果

图 20-21　弯曲修改器使用

在"弯曲"修改器中包含"Gizmo"（线框）和"中心"两个子层级，移动它们的位置会对弯曲的效果产生影响。

提示：

如果"弯曲"修改器无法使对象弯曲，应为对象设置分段数，分段数越大则曲面越平滑，但也不宜过大。

20.4.2 锥化

添加"锥化"修改器，可以使对象在某一个轴向上的一端被放大或缩小，从而产生锥形效果。例如用 圆柱体 工具建立一个圆柱体，然后选中圆柱体并在 修改器列表 中选择"锥化"修改器，修改"锥化"修改器参数中的"数量"和"曲线"数据（图 20-22），使圆柱体产生相应的锥化效果如图 20-23 所示。

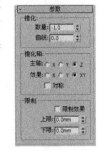

图 20-22　锥化参数

- 数量：设置锥化的倾斜程度。
- 曲线：用于设置倾斜面的弯曲程度。
- 主轴：选择产生锥化效果的轴向。
- 效果：选择产生放大或缩小的轴向。
- 对称：使对象产生对称的锥化效果。

(a) 原圆柱体对象

(b) 使用"锥化"修改器后的效果

图 20-23 锥化修改器使用

20.4.3 扭曲

该修改器可以让对象上的顶点绕某个轴向旋转，从而使对象产生扭曲的效果。例如用 长方体 工具建立一个长方体柱（高度分段数 10），然后选中长方体并在 修改器列表 中选择"扭曲"修改器，修改"扭曲"修改器参数中的"角度"，使长方体产生相应的扭曲效果，如图 20-24 所示。

(a) 扭曲参数

(b) 长方体产生扭曲效果

图 20-24 "扭曲"修改器使用

- 角度：设置扭曲的旋转角度。
- 偏移：用于控制扭曲效果在扭曲轴向上的分布情况，如果数值为正，则沿扭曲轴越向上扭曲效果越明显，数值为负时则沿扭曲轴越向下扭曲效果越明显。
- 扭曲轴：决定对象上顶点围绕哪个轴向进行旋转。

图 20-25 噪波参数

20.4.4 噪波

使用"噪波"修改器可以使对象上的顶点产生不规则的起伏，可以快速地形成自然起伏地形、水面等效果。例如用 长方体 工具建立一个较扁平的长方体并设置相应的分段数，然后在 修改器列表 中为长方体添加"噪波"修改器，修改"噪波"修改器参数中的相应参数（图 20-25），使长方体产生起伏的噪波效果，如图 20-26 所示。

- 种子：调整数值可改变噪波的随机效果。
- 比例：用于调整噪波的程度，数值越小噪波效果越大，数值越大则效果越平缓。

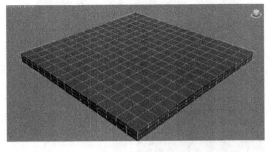
(a) 原长方体

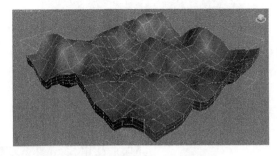
(b) 使用"噪波"修改器后的效果

图 20-26　"噪波"修改器使用

- 分形：打开此功能，可使产生的噪波更加无序，在制作起伏地形时可勾选此项。
- 粗糙度：数值越大起伏越尖锐，值越小则越平滑。
- 迭代次数：可以理解为噪波产生的频率，数值越高起伏越多，值越小起伏越少。
- 强度：控制噪波在 3 个轴向上的强度，数值越大产生的起伏越大。
- 动画：可以提供动态噪波效果。

20.5　布尔复合对象

在 3ds Max 2012 中，布尔运算是常用的创建三维对象的方法。布尔运算可以将两相交的对象按照交集、并集、差集和切割的形式组合为一个新的独立对象，从而创建出较复杂的三维对象。

单击命令面板中的 几何体，在其中的下拉列表中选择"复合对象"，在"对象类型"卷展栏中就可以找到"布尔"命令按钮，在布尔命令中包含 4 个卷展栏如图 20-27 所示。

图 20-27　布尔命令的 3 个卷展栏参数

下面用一个实例来了解布尔命令。

【练习】　运用布尔命令为三维户型图制作门、窗洞口，如图 20-28 所示。

① 首先制作大门门洞。创建一个长度为 1500mm、高度为 2100mm、宽度度大于 240mm（因为实例中的墙体厚度值为 240mm）的长方体，如图 20-29 所示。

② 使用主工具栏中的移动工具将长方体移动到大门门洞位置，并保证与墙体相交，如图 20-30 所示。

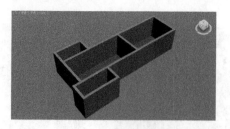

图 20-28 三维户型图

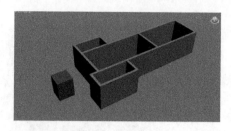

图 20-29 创建长方体

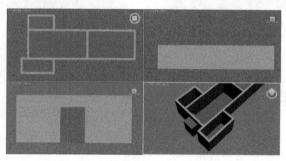

图 20-30 移动长方体到合适位置

③ 选中墙体对象，在布尔命令的"参数"卷展栏中选中"差集（A－B）"，然后在"拾取布尔"卷展栏中选中"移动"并单击 拾取操作对象B 按钮，在视图中单选长方体对象后将产生布尔复合对象，如图 20-31 所示。

④ 接下来制作室内的门洞。创建长方体，长度为 900mm、高度为 2100mm、宽度大于 240mm。用同样的方法创建室内各个门洞口，如图 20-32 所示。

图 20-31 创建大门洞口

图 20-32 创建室内门洞口

⑤ 创建 3 个窗洞口，窗高 1500mm，窗宽可自定，窗洞口下边缘与地面距离取 900mm（要用主工具栏中的移动工具将长方体沿 Z 轴移动 900mm），如图 20-33 所示，最后执行布尔运算，结果如图 20-34 所示。

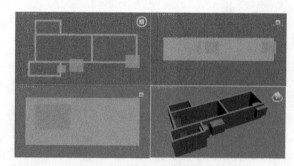

图 20-33 将长方体移动到窗洞口位置

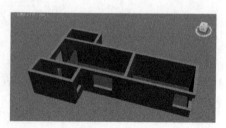

图 20-34 最终效果

Chapter **21**

二维图形的创建与编辑

在 3ds Max 2012 中也可以创建二维图形，由二维图形转化为三维模型也是创建三维模型对象的重要途径。本章将学习与二维图形有关的知识。

21.1 创建基本二维图形

创建二维图形与创建基本三维模型的步骤相似。在命令面板的"创建"选项卡中单击 按钮，并在下面的下拉列表中选择"样条线"（所谓样条线就是由不同线型组成的线，而一条或多条样条线则构成一个图形），在"对象类型"卷展栏中可以看到 11 种基本样条线类型，如图 21-1 所示。

(a) 基本二维图形类型

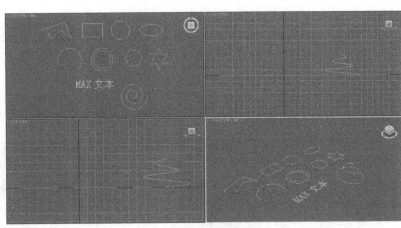

(b) 基本图形样式示意

图 21-1　创建二维图形

其中，"线"类型是建模过程中最常用的样条线，因为它不仅可以创建直线，也可以创建带有控制柄的贝塞尔（Bezier）曲线（在学习 Photoshop 时使用钢笔工具所创建的曲线就是贝塞尔曲线），这样就给建模带来很大的自由性。下面就以创建"线"为例来学习如何创建二维图形。

创建样条线可以使用手动拖拽和键盘输入两种途径。首先单击 **线** 按钮，这时命令面板下方会出现关于"线"的 5 个卷展栏，如图 21-2 所示。

其中主要参数意义如下。

① "渲染"卷展栏：在默认情况下，样条线是不可被渲染的，此卷展栏中的参数用于控制所创建的样条线与渲染相关的参数。

• 在渲染中启用：勾选使样条线可被渲染，但在视口中依然显示没有截面尺寸的样条线。

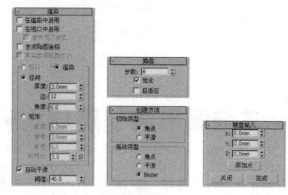

图 21-2 卷展栏参数

- 在视口中启用：在视口中显示可渲染样条线的样式。
- 径向/矩形：用于决定样条线渲染时的截面形状，径向时的截面为圆形或多边形，矩形时为长方形。

② "插值"卷展栏：用于控制对样条线外观的优化程度。

- 步数：决定两个顶点之间由多少条直线连接，步数越高，则样条线在曲线处越圆滑。
- 优化：开启后，可自动删除曲线上多余的步数。
- 自适应：开启后，计算机会自动对曲线段设置合适的步数，直线段保持直线（步数为 0）。

③ "创建方法"卷展栏：用于控制创建曲线时的顶点类型和创建方式。

- 初始类型（角点/平滑）：决定在视口中单击创建线型时，顶点是角点模式还是平滑模式，如图 21-3 所示。
- 拖动类型（角点/平滑/Bezier）：用于设置按住鼠标左键并拖动所创建的顶点的类型。其中，Bezier 是在一条直线上带有两个控制柄的平滑模式，如图 21-4 所示。

图 21-3　左边是角点模式，右边是平滑模式

图 21-4　从左至右依次是角点、平滑、Bezier

④ "键盘输入"卷展栏：采用键盘输入的方式创建线型时，通过逐个输入每个顶点的坐标来创建样条线。当输入完一个点的坐标后，单击 添加点 按钮来创建，样条线创建完成后单击 完成 按钮。

【练习】　创建二维图形，如图 21-5 所示。

① 从图中可看到，图形由曲线和直线构成，所以可以使用样条线中的"线"命令来创建。首先单击主工具栏中的 2维 按钮打开二维捕捉，然后在命令面板的"样条线"中单击 线 按钮。

② 在"创建方法"卷展栏中使用，图 21-6 所示顶点类型。

③ 从图形的尖顶部位绘制。在前视图中的合适位置单击鼠标左键创建一个角点，在右下方按住鼠标左键创建一个 Bezier 点，再在右下方创建一个角点，如图 21-7 所示。

图 21-5　创建二维图形　　　　　　　　　　　图 21-6　顶点类型

④ 在栅格网的辅助下继续创建直线，注意起始点与结束点在一条垂直栅格线上，如图 21-8 所示。

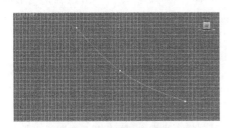

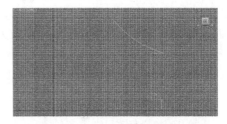

图 21-7　创建一条曲线　　　　　　　　　　图 21-8　创建出所要图形的一半

⑤ 接下来不必再手工绘制另一半的图形，选中创建的曲线后，单击主工具栏中的 镜像按钮，在弹出的窗口中选择如图 21-9 所示选项，单击"确定"按钮完成镜像，如图 21-10 所示。

图 21-9　"镜像"窗口　　　　　　　　　　图 21-10　镜像后的效果

⑥ 最后，单击主工具栏中的 选择并移动按钮，捕捉到一个起始点或结束点后，按住鼠标左键拖动它到所对应的镜像点即可，如图 21-11 所示。

图 21-11　移动到正确位置

提示：
可使用快捷键＜G＞来显示或隐藏主栅格。

21.2　二维图形的修改与编辑

在创建二维图形的过程中可知，这些二维图形都是由一个个顶点定义的，顶点与顶点之间由直线或曲线连接，从而组成了所创建的图形。

要编辑"线"命令创建的样条线，可单击命令面板上的 修改选项卡按钮，在下面的修改器窗口中列出了当前修改对象的类型。单击前面的"＋"按钮可展开菜单，从中可见样条线的 3 个修改层级，分别是顶点、线段和样条线，如图 21-12 所示。

如果创建的是"线"以外的样条线类型，一开始在修改选项卡中的修改器窗口中是无法看到这 3 个层级的，需要单击 修改器列表 从中选择"编辑样条线"修改器后才能对样条线进行 3 个层级的修改编辑，如图 21-13 所示；或在创建的样条线上单击鼠标右键，在弹出的四元菜单中选择"转换为" ⇨ "转换为可编辑样条线"按钮。

图 21-12　3 个修改层级　　　　图 21-13　为其他样条线添加"编辑样条线"修改器

以"线"命令创建的样条线为例，它的"修改"卷展栏包括渲染、插值、选择、软选择、几何体 6 个卷展栏，如图 21-2 和图 21-14 所示。

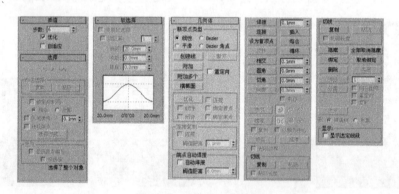

图 21-14　"修改"卷展栏

其中，"渲染"和"插值"卷展栏中的参数含义在本章前面已经讲过，下面来学习其他卷展栏中参数的含义。

首先，在"选择"卷展栏中可以看到 顶点、 线段、 样条线 3 个按钮，选择其中之一可以决定将对样条线的哪个层级进行编辑。如选择 顶点层级，则将对样条线中的顶点进行编辑。在不同的层级间切换时，卷展栏下面不同的命令选项会根据当前所处的层级不同被激活（黑色字体显示）或处于不可用状态（灰色字体显示）。

21.2.1　顶点子层级

单击 按钮（快捷键<1>）进入顶点编辑层级，这时可以对二维图形上的顶点进行编辑。下面是常用命令参数含义。

• 锁定控制柄：在未勾选该选项时，如果选择了多个 Bezier 点或 Bezier 角点，只能一次拖动其中一个顶点的控制柄；如果勾选该选项，如果拖动其中一个控制柄，将会影响其他被选中顶点的控制柄，从而整体调节连接这些顶点的曲线段。

• 区域选择：勾选该选项，在选择一个顶点的同时，位于该选项后面的数值范围内的点也将被选中。

• 线段端点：勾选后，点选样条线中的一条线段将选中该选段的起始点。

• 显示顶点编号/仅选择：勾选"显示顶点编号"选项可以在视口中看到每个顶点上都出现了一个阿拉伯数字编号；如果还勾选了"仅选择"，则视口中只会选择当前被选中的顶点编号。

• 创建线：在当前样条线的基础上继续绘制线形。

• 断开：单击该按钮可以使当前选中的顶点分离为两个端点。

• 附加：单击该按钮后，点选其他二维图形，可以将它与当前图形合并为一个对象。

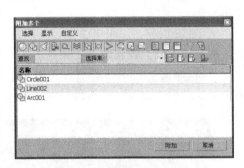

图 21-15　"附加多个"窗口

• 附加多个：单击该按钮会弹出"附加多个"窗口，可以按住<Ctrl>键选择一个或多个图形并附加到当前图形中，如图 21-15 所示。

• 重定向：勾选该选项，在附加其他样条线后，被附加的图形将被移动到当前选定图形的中心点位置，如图 21-16 所示。

• 优化：按下该按钮，在当前图形上单击可在不改变当前线段形态的情况下添加顶点。

(a) 附加并重定向圆形对象

(b) 附加后效果

图 21-16　重定向

• 自动焊接：勾选后，如果同一样条线上的端点在其后面输入的阈值距离之内，则会被焊接为一个点

• 焊接：与自动焊接不同的是，焊接命令不仅可以焊接端点，其他相邻的顶点也可以被焊接在一起。选中要焊接的顶点，然后单击"焊接"按钮即可。

• 连接：用该命令可以将两个断开的端点连接起来。单击该按钮后，在一个端点上单击并按住鼠标左键拖出一条虚线，然后在另一个端点上放开鼠标左键就可以将两个端点连接起来了，如图 21-17 所示。

(a) 要连接弧形的两端点

(b) 按住鼠标左键从一个端点拖动到另一个端点

图 21-17　连接

- **插入**：也可以添加新的顶点，连续单击鼠标左键可连续添加若干个顶点，单击鼠标右键结束添加。与"优化"命令不同的是，该命令在添加顶点时会改变所在线段的形态。

- **设为首顶点**：用于指定作为样条线起点的顶点，在后文讲"放样"操作时会讲到。

- **熔合**：可以将选中的顶点移动到它们之间的中点上，但是这些点虽然被移动到同一点，但是没有被焊接到一起。该命令常与"焊接"命令结合使用，可先单击"熔合"按钮，将需要焊接的点移动到一个点上，然后再单击"焊接"命令即可。

- **循环**：可以按照顶点编号的顺序依次选择顶点，当顶点非常密集时，该命令较实用。

- **相交**：使用该命令，在两条同属一个对象的样条线交叉处单击鼠标左键，可以在这两条样条线上各添加一个顶点。

- **圆角** 和 **切角**：选中一个顶点，改变按钮后面的圆角半径或切角尺寸可以将选中的顶点转化为圆角或切角，如图 21-18 所示。

(a) 选中右上角顶点   (b) 圆角操作

(c) 切角操作

图 21-18　圆角和切角

- **切线** **复制** / **粘贴**：可以复制一个顶点控制柄的方向，之后按"粘贴"按钮并单击令一个顶点控制柄，可使第二个顶点控制柄的方向与第一个顶点控制柄的方向平行，若勾选下面的"粘贴长度"复选框，则可同时复制控制柄的长度。

- **隐藏**：可隐藏选中的顶点、线段或样条线。

- **全部取消隐藏**：显示被隐藏的对象。

- **绑定**：单击该按钮并将鼠标移动到样条线的端点上按住鼠标左键，移动光标到一条线段上松开左键，就可将端点锁定在这条线段的中点上。

- **取消绑定**：可解除端点的绑定。

- **删除**：删除选中的顶点、线段或样条线。

21.2.2　线段子层级

单击 ∧ 按钮（快捷键<2>）进入线段编辑层级，这时可以对二维图形中顶点间的线段进行编辑，其中功能相同或相近的命令可参考 21.2.1 中的讲解。下面是线段子层级的一些常用特有命令。

- 拆分 ：可将选中的线段等分为若干个线段，后面可输入插入的顶点数。
- 分离 ：可将当前选中的线段与原样条线分离成为一个独立的对象。

同一图形：勾选该项，则分离的线段仍是原图形线的一部分。

重定向：分离出去的线段将被重新放置。

复制：会保留原图形中的线段，而被分离出去的线段是一个复制品。

21.2.3　样条线子层级

单击 按钮（快捷键<3>）进入样条线编辑层级，这时可以对图形中的整条样条线进行编辑。

- 反转 ：可以颠倒样条线的起止方向，显示顶点编号就可以观察到反转的效果。
- 轮廓 ：可以为样条线向内或向外添加一个二维厚度（类似 AutoCAD 中的偏移命令），如果是未封闭的样条线，则执行"轮廓"命令后将形成封闭的样条线，如图 21-19 所示。

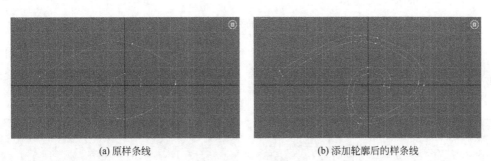

(a) 原样条线　　　　　　　　　　(b) 添加轮廓后的样条线

图 21-19　轮廓

- 中心：勾选该选项后，添加的轮廓将以原样条线为中心向两边扩展，而不是向一边扩展。如轮廓尺寸为 10mm 时，将向两边各扩展 5mm。
- 布尔 ：二维样条线也可以进行布尔运算操作，并提供了 并集、 差集和 交集 3 种运算方式。

操作方法：先选中图形中的一条封闭的样条线，然后选择布尔运算方式，接下来单击"布尔"按钮并选中另外一条与第一条相交的闭合样条线即可执行布尔运算，如图 21-20 所示。

- 镜像 ：可对选中的样条线进行镜像操作，包括 水平镜像、 垂直镜像和 对角镜像 3 种模式。

镜像方法：首先选择要镜像的样条线，然后选择镜像模式，之后单击"镜像"按钮。

复制：勾选后，镜像操作时将创建被镜像图形的复制品，并对其进行镜像操作。

以轴为中心：勾选后，镜像操作将以图形的轴点为中心进行，否则将以图形的几何中心为镜像中心进行操作。

提示：

要改变对象轴的相对位置，可在命令面板的 "层次"选择项卡中单击 仅影响轴 按钮，并用主工具栏中的 "选择并移动"功能，就可以移动对象轴的位置。要恢复对象轴的默认位置，可单击 重置轴 按钮。

(a) 原图形

(b) 布尔运算(并集)

(c) 布尔运算(差集)

(d) 布尔运算(交集)

图 21-20　布尔运算方式

- 修剪 / 延伸 ：与 AutoCAD 中的修剪和延伸命令基本相同，可以将相交的样条线以交点为界将交点间的线段删除，或者一条样条线的端点延伸到与其延长线相交的样条线上。如图 21-21 所示。

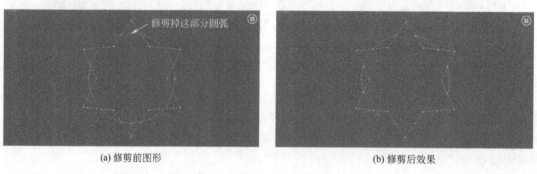

(a) 修剪前图形

(b) 修剪后效果

图 21-21　修剪

无限边界：勾选后，作为延伸边界的不封闭样条线将被视为沿端点方向无限延长的线，这时所延伸的样条线可以延长到与边界样条线虚拟相交的点上，如图 21-22 所示。

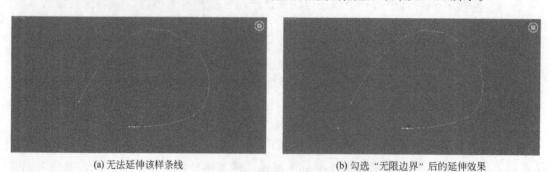

(a) 无法延伸该样条线

(b) 勾选"无限边界"后的延伸效果

图 21-22　延伸

21.3 由二维图形生成三维模型

在 3ds Max 中，由二维图形生成三维模型是重要的建模方法，在本节中将学习几种常用的生成方法。

21.3.1 放样

使用放样命令可以用一条样条线作为路径，用一个或多个图形作为横截面，然后将各横截面按照一定位置放置到路径上，从而形成三维对象，如图 21-23 所示。

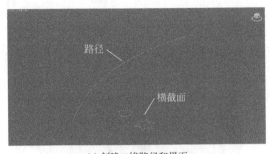

(a) 创建二维路径和界面

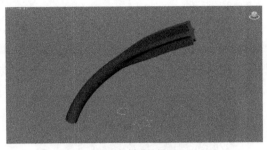

(b) 放样后效果

图 21-23　放样

首先来了解一下如何调用放样命令。先要绘制好二维路径和横截面，然后选中路径，在命令面板中的"创建"选项卡中单击 ⊙ 按钮，在 标准基本体 ▼ 下拉列表中选择"复合对象"，并在"对象类型"中单击 放样 按钮，这时会在命令面板下方出现 5 个

图 21-24　常用卷展栏及参数

"放样参数"卷展栏，分别是名称和颜色、创建方法、曲面参数、路径参数和蒙皮参数。其中，创建方法和路径参数两卷展栏是经常使用的，下面就来着重了解一下这两个卷展栏中的命令参数含义，如图 21-24 所示。

• 获取路径：如果之前先选中了截面，在调用放样命令后就会获取所创建三维模型的路径。

• 获取图形：如果之前先选中了路径，就会获取所创建三维模型的截面以生成三维模型。

• 移动、复制、实例：这是 3 种放样模式，通常选择"实例"模式，这样完成放样操作后，之前的路径或截面图形将被保留下来，并且调整路径或截面将会影响放样的效果。

• 路径：当使用多个截面进行多截面放样时，通过设置路径值来控制每个截面在路径上的插入位置。

• 捕捉：勾选"启用"后可开启捕捉功能，这样在调节"路径"时，参数每次会以设定的捕捉值为间隔改变。

• 百分比、距离、路径步数：用于设定输入路径参数的形式。

【练习】　使用放样命令创建简单的柱子模型。

① 首先在创建面板中使用"线"、"矩形"和"圆"命令分别创建路径和两个截面，如图 21-25 所示。

② 选中路径，然后在创建面板的"复合对象"中单击 放样 按钮，在"路径参数"卷展栏中的"路径"栏中输入"10"（百分比模式），接下来单击 获取图形 按钮并在视口中选择矩形，在路径的 10% 位置上插入矩形，如图 21-26 所示。

图 21-25　创建路径和截面

图 21-26　首先插入第一个截面

③ 接着在"路径"栏中输入"15"，单击 获取图形 按钮并在视口中选择圆形，如图 21-27 所示。

④ 接着在"路径"栏中输入"85"，单击 获取图形 按钮并在视口中选择圆形，最后在"路径"栏中输入"90"，单击 获取图形 按钮并在视口中选择矩形，完成柱子模型的创建，如图 21-28 所示。

图 21-27　插入第二个截面

图 21-28　最终效果

⑤ 通过观察，如果发现在矩形和圆形截面处连接得不够好，可以在修改面板中的修改器控制面板中选则"图形"子层级，然后使用主工具栏中的 ⟳ "选择并旋转"工具选中圆形截面并旋转即可，如图 21-29 所示。

(a) 截面过度有问题

(b) 图形子层级

(c) 旋转截面图形后效果

图 21-29　调整模型

21.3.2 地形

3ds Max 可以根据等高线快速生成三维地形模型，可以使用样条线在 3ds Max 中直接绘制等高线，也可以导入其他二维软件（如 AutoCAD）绘制的地形图来生成三维地形。

下面通过一个练习学习如何将一个用 AutoCAD 软件绘制的等高线图导入到 3ds Max 中，并生成三维地形。

【练习】 将二维地形图导入 3ds Max 中并生成三维地形，如图 21-30 所示。

图 21-30　使用 AutoCAD 绘制的二维等高线

① 首先单击 3ds Max 软件主界面左上角的 按钮，在弹出的菜单中选择"导入" ⇨ "导入"，并在弹出的"选择要导入的文件"窗口中选择要导入的文件，如图 21-31 所示。

② 单击"打开"按钮后，会弹出"AutoCAD DWG/DXF 导入选项"窗口，在其中的"层"选项卡中选择要导入的 AutoCAD 文件中的层级，如图 21-32 所示，单击"确定"即可导入，如图 21-33 所示。

图 21-32　选择导入层级

图 21-31　选择要导入的文件

③ 使用"移动并选择"工具将各条等高线移动到合适高度，如图 21-34 所示。

④ 选中最外面的一条等高线，在创建面板的"复合对象"中单击 地形 按钮，接下来在"拾取操作对象"卷展栏中单击 拾取操作对象 按钮，在图中依次从下向上选择每条等高

线即可生成三维地形模型，如图 21-35 所示。

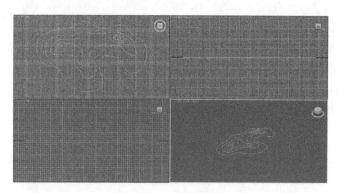

图 21-33　导入后效果

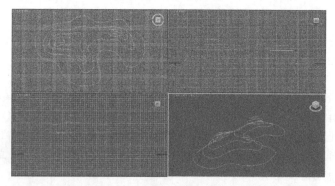

图 21-34　移动等高线到合适高度

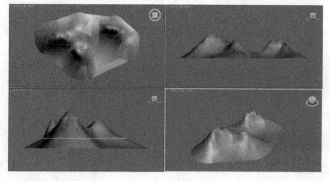

图 21-35　三维地形

21.3.3　车削

车削修改器是很常用的三维建模途径，它可以将二维图形进行轴向旋转后生成三维模型，如图 21-36 所示。

车削修改器参数卷展栏和部分参数含义如下（图 21-37）。

- 度数：用于设置旋转角度，默认为 360°。
- 翻转法线：法线就是三维模型表面的朝向，"翻转法线"可将生成模型的法线翻转，当生成的模型表面朝向有误时可勾选此项。

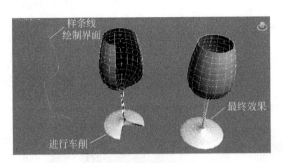

图 21-36　用车削修改器生成三维模型　　　　　图 21-37　车削参数卷展栏

- 方向：选择车削时的旋转轴。
- 对齐：控制旋转轴相对于二维图形的位置，如图 21-38 所示。

最小：旋转轴与二维图形内侧边界对齐。

中心：旋转轴与二维图形的中心对齐。

最大：旋转轴与二维图形外侧边界对齐。

【练习】　使用车削修改器创建石桌。

① 利用创建面板中的 ▭线▭ 命令在前视图中创建石桌截面，如图 21-39 所示。

图 21-38　从左至右为最小、中心、最大　　　　　图 21-39　创建石桌截面

② 选中界面后在修改面板 修改器列表 ▾ 中选择车削修改器生成三维模型，如图 21-40 所示。

③ 观察模型发现，需要调整旋转轴，所以在"参数"卷展栏中单击"对齐"中的 最小 按钮，得到最终三维模型，如图 21-41 所示。

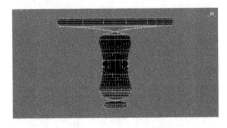

图 21-40　生成三维模型　　　　　　　　图 21-41　最终效果

21.3.4　挤出

挤出修改器也是创建三维模型的常用方法。该修改器以二维图形轮廓并赋予厚度后形成

三维模型，如图 21-42 所示。

【练习】 用挤出修改器创建简单的三维建筑环境模型。

① 在导入二维图形前，首先单击菜单栏中的"自定义" ⇨ "单位设置"，在弹出的"单位设置"窗口中单击 [系统单位设置] 按钮，并在"系统单位设置"窗口中选择"毫米"（图 21-43），以便 3ds Max 软件的系统单位与将要导入的二维图形的单位相符（AutoCAD 通常以"毫米"为单位）。

图 21-42　挤出修改器效果示意

图 21-43　设置系统单位

图 21-44　导入二维平面图

② 导入用 AutoCAD 绘制的二维平面图，如图 21-44 所示。

③ 选中图中左边的建筑轮廓后，在修改面板 [修改器列表] 中选择挤出修改器，并在"参数"卷展栏中输入"75000mm"〔层高（3000mm）× 层数（25）〕，生成 6 栋建筑模型。如图 21-45 所示。

图 21-45　生成 6 栋建筑模型

④ 使用相同方法再生成另外 1 栋 30 层建筑模型和 5 层的底商建筑模型，如图 21-46 所示。

⑤ 再使用挤出修改器将绿地抬高 100mm 即可，如图 21-47 所示。

图 21-46　生成其他建筑模型

图 21-47　最终效果

Chapter 22

材质与贴图

材质与贴图可以通过对现实世界的模拟，赋予物体以特定特性，从而更为真实地模拟现实世界。下面就来学习 3ds Max 2012 中关于材质和贴图的知识。

22.1 材质与贴图的含义

22.1.1 材质

材质是物体表面的材料在光照下反映出来的颜色的质地。3ds Max 2012 中较为常用的材质类型如下。

- 标准材质：用于表现多数物体的材质，如墙面、屋面、玻璃等。
- 光线跟踪材质：用于反光的物体表面，如反光地面、玻璃幕墙等。
- 多维物体：是一种复合材质，为一个物体的不同部分指定材质，常用于建筑扩展创建的门、窗、楼梯等物体的材质表现。

22.1.2 贴图

在制作大部分材质效果时都要用到贴图，主要用来表现材质表面的纹理。贴图与参数设置相互配合，可以使材质表现出不同的效果。

3ds Max 中贴图有位图和光线跟踪、衰减、噪波等程序贴图两大类。位图是来源于自然界物体表面的图片，如砖墙、石墙、瓦面、草坪、铺装等，可较好地模拟自然界中物体的表面

22.2 材质编辑器

材质编辑器在 3ds Max 中以一个窗口的形式存在。单击主工具栏上的■或者按<M>键即可打开"材质编辑器"窗口。

22.2.1 材质编辑器的基本结构

"材质编辑器"对话框主要由菜单栏、材质示例窗、工具栏和参数控制区几部分组成（图 22-1）。

（1）菜单栏 可以从中调用各种材质编辑工具。

（2）材质示例窗 在"材质编辑器"对话框上端的 6 个窗口为材质示例窗，每一个示例窗都有一个灰色的材质示例球，用于显示编辑材质的近似效果。材质编辑器中共有 24 个材质示例球，拖动滑块可见。

如果材质示例窗显示为白框，表示其当前正处于被选中状态；如果示例窗周围出现空心的三角形边框，表明该示例窗的材质已经被指定给场景中的对象（图 22-2）。

如果在材质示例窗单击鼠标右键，可弹出一个快捷菜单（图22-3），通过这个快捷菜单可以完成示例球的复制、旋转等操作。

图 22-1　材质编辑器

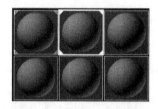

图 22-2　不同状态的示例球

图 22-3　快捷菜单

（3）工具栏　有水平、垂直两个工具栏，它们分别有着不同的用途。

① 水平工具栏：用来对材质进行操作，如指定材质给场景中的物体、保存材质、获取材质等。

② 垂直工具栏：用来控制材质示例窗材质的显示方式。

（4）参数区　是材质编辑的主要区域，设置材质基本参数、指定贴图等操作全部在参数区进行。参数区由多个可以自由展开和收缩的卷展栏组成，随着编辑材质的不同，参数区也会显示出不同的参数。

22.2.2　标准材质下的参数控制区

标准材质是材质编辑器的默认材质，利用标准材质几乎可以表现出所有的质感。

（1）明暗器基本参数　主要用于设置材质的明暗模式及线框、面贴图、双面、面状等材质属性（图22-4）。

① 明暗选择窗口。在明暗选择窗口可以选择不同材质渲染的明暗方式。

• 塑性（Phong）：以光滑的方式进行表面渲染，可以精确地反映出凹凸、不透明、反光、高光和反射贴图效果，它可以用于金属以外的坚硬物体。

• 胶性（Blinn）：在标准材质中被设定为默认的渲染方式，与塑性的效果较为相似，适用于一些暖色、柔和的材质，如纺织品等。

• 金属：用于金属材质的制作。

• 各向异性：可使物体表面产生狭长的高光，比较适合于头发、玻璃等材质。

• 多层：可以产生两层高光，适合于制作极度光滑的高光反光表面。

• 明暗处理（Oren-Nayar-Blinn）：较适合于织物、陶瓷等一些不光滑的物体表面。

• 金属加强（Strauss）：与金属模式类似，可创建金属或非金属的表面，比金属模式简单。

• 半透明明暗器：与胶性模式相似，但可以创建出半透明的物体，如毛玻璃等。

② 渲染方式。

• 线框：勾选此项，则场景中被赋予此材质的物体将以网格线框的方式被渲染。

• 双面：勾选此项，则对物体的内壁也进行材质渲染；撤选此项，则对于一些有开敞面的物体，其内壁不被渲染。

• 面贴图：勾选此项，会将材质指定给物体的所有面，如果是贴图材质，物体表面的贴图坐标将失效，贴图会均匀分布在物体的每一个面上。

• 面状：勾选此项，物体将表现为小平面拼接的效果（图22-5）。

图22-4　明暗器基本参数

图22-5　面状与面贴图的区别

（2）基本参数卷展栏　基本参数卷展栏是根据明暗器中所选的明暗类型设定的。在标准材质默认的Blinn下，它的各个参数如下。

① 环境光、漫反射、高光反射：主要设置材质的颜色特性。

• 漫反射：指物体自身的颜色。

• 高光反射：指物体光滑表面高光部分的颜色。

• 环境光：指物体表面阴影部分的颜色。

② 反射高光：主要设置材质光感特性。

• 高光级别：指物体的反光强度，数值越大，物体越光亮。

• 光泽度：指物体反光的范围，数值越大，反光范围越小。

• 柔化：对高光区的反光做柔化处理，使其变得模糊、柔和。

③ 自发光：常用作制作光源物体。

④ 不透明度：用百分比控制物体的不透明度，用于透明材质的制作，数值越小，物体越透明。

（3）贴图卷展栏　贴图的使用是材质制作中重要的一部分。贴图的作用是在贴图通道中实现的，不同的明暗方式下，可设置的贴图通道数量也同。标准材质在贴图卷展栏中提供了12种不同的贴图通道（图22-6）。

贴图的调用是通过贴图按钮实现的。单击任意贴图通道右侧的  None 按钮，在弹出的"材质/贴图"浏览器中可选择所需的材质类型。

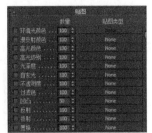

通过"数量"文本框中的数值可以控制贴图的程度，一般贴图数量的最大值为100，只有凹凸贴图最大值可以设置为999。

图22-6　贴图通道

22.3 贴图方法

编辑材质的基本参数只能模拟材料表面的特色、反光特性、透明等基本属性，无法模拟得到物体表面的纹理效果；而通过贴图则可以制作逼真的材质效果。

贴图方式是 3ds Max 提供的用于改变材质各种属性的贴图区域，其选项设置位于贴图卷展栏。使用不同的贴图方式，影响材质的属性便会不同，因而会产生不同的材质效果。按照贴图影响材质的方式的不同，贴图方式可以分为两大类：一类是颜色贴图方式，包括阴影区贴图方式、过渡区贴图方式、反射贴图方式和折射贴图方式，这类贴图方式接受贴图的色彩信息，影响材质的色彩属性，在指定材质的物体上可以看到该贴图的图像内容；另一类是强度贴图方式，包括反光强度贴图方式、光泽度贴图方式、不透明贴图方式、凹凸贴图方式和置换贴图方式，强度贴图方式只接受贴图的灰度值信息，不接受颜色信息。

22.3.1 贴图过程

① 重新设定 3ds Max 2012 系统。

② 在透视图中创建一个长方体。

③ 单击<M>键打开材质编辑器，选择一个材质示例球，在贴图面板单击"漫反射颜色"贴图区域的 None 按钮，打开"材质/贴图"浏览器窗口，选择其中的"位图"选项，单击"确定"。

④ 在弹出的"选择位图图像文件"窗口选择一个位图文件。

⑤ 单击材质编辑器中的 按钮，将材质赋予场景中的长方体。

⑥ 单击材质编辑器中的 按钮，在透视图中观看长方体的贴图效果（图 22-7）。

⑦ 在坐标参数面板中，通过更改 U 与 V 的各项值，可使物体的贴图状态呈现不同的变化（图 22-8）。

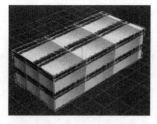

图 22-7 长方体贴图效果

图 22-8 贴图变化

⑧ 单击坐标参数面板中的"旋转"按钮，弹出一个"旋转贴图坐标"对话框，可以通过鼠标对贴图进行任意旋转（图 22-9、图 22-10）。

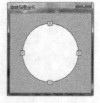

图 22-9 贴图旋转

图 22-10 贴图旋转效果

22.3.2 UVW Map 贴图坐标

如果一种材质要应用到几个不同的物体上，必须根据不同物体形态进行坐标系统的调整，这时应当采用 UVW Map 贴图坐标。UVW Map 贴图坐标的使用方法如下。

① 在上节例子中首先恢复原材质的设定，将"角度"、"U/V/W"偏移量都改为 0。

② 单击修改面板按钮，在"修改器列表"中找到"UVW 贴图"修改器，为长方体施加"UVW 贴图"坐标。

③ 选择修改器堆栈窗口的"UVW 贴图"修改项的"Gizmo"方体套框。

④ 在透视图中移动"Gizmo"套框观察方体上贴图的变化。

⑤ 单击主工具栏旋转按钮，在透视图中沿 X、Z 轴旋转，观察贴图的变化。

⑥ 单击主工具栏缩放按钮，在透视图缩放"Gizmo"套框，观察贴图的变化。

⑦ 回到"Gizmo"套框的缺省状态，单击"重置"按钮，可以看到透视图中长方体的贴图又回到初始状态。

22.3.3 常用贴图类型

打开 3ds Max 2012，按<M>键打开材质编辑器，单击贴图面板，在其下拉列表中单击"漫反射颜色"后面的框，即可弹出"材质/贴图"浏览器窗口。窗口中显示的即为常用贴图类型。

(1) 位图 最常用的贴图类型，支持多种位图格式。

(2) 棋盘格 产生两色交错的图案，也可用两个贴图来进行交错，产生方格图案效果 (图 22-11)，常用于一些格状纹理。"棋盘格参数"面板如下 (图 22-12)。

图 22-11 棋盘格贴图

图 22-12 参数面板

① 柔化：模糊两个区域之间的交界 (图 22-13)。

② 颜色：分别设置两个区域的颜色或贴图。

③ 交换：将两个区域的设置进行交换。

(3) 凹痕 产生随机的纹理，使其看上去有一种风化和腐蚀的效果，常用于凹凸贴图 (图 22-14)。其面板如下 (图 22-15)。

① 大小：设置凹痕的尺寸大小，值越大，凹痕越小，数目越少。

② 强度：设置凹痕的数量，值越低，凹痕越疏散，值为 0 时，表面为光滑。

③ 迭代次数：设置凹痕的重复次数，值越大，凹痕越复杂。

图 22-13　柔化效果

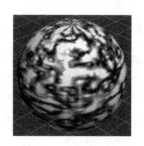

图 22-14　凹痕贴图

（4）渐变　可产生三色或三个贴图的渐变过渡效果（图 22-16）。

图 22-15　凹痕贴图

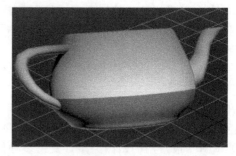

图 22-16　渐变贴图

"渐变参数"面板如下。

① 颜色♯1/颜色♯2/颜色♯3：分别设置三个渐变区域，可以设置颜色及贴图。

② 颜色 2 位置：设置中间色的位置，值为 1 时，"颜色 2"代替"颜色 1"，值为 0 时，"颜色 2"代替"颜色 3"。

③ 渐变类型：分为线性渐变和径向渐变两种（图 22-17）。

(a) 线性渐变

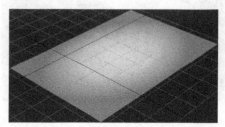

(b) 径向渐变

图 22-17　线性渐变和径向渐变

（5）噪波　通过两种颜色的随机混合产生一种噪波效果（图 22-18）。

"噪波参数"面板如下（图 22-19）。

① 噪波类型：分为规则、分形和湍流三种。

② 噪波阈值：通过"高/低"值来控制两种噪波的颜色限制。

③ 大小：控制噪波的大小。

④ 级别：控制分形运算时迭代运算的次数，值越大，噪波越复杂。

⑤ 颜色♯1/颜色♯2：分别设置噪波的两种颜色，也可以为其制定两个贴图。

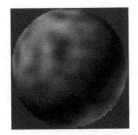

图 22-18　噪波效果

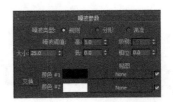

图 22-19　噪波参数面板

22.4　效果图材质制作

为比较直观地观察材质制作过程，下面以一个景观亭的材质赋予过程进行讲解。

① 打开一幅景观亭建筑模型的场景文件（图 22-20）。

② 按<M>键打开材质编辑器，并选择一个示例球，将其命名为"砖墙材质"。执行"贴图"卷展栏中"漫反射颜色"命令，在弹出的"材质/贴图"浏览器中选择"位图"单击确定。

③ 在弹出的"选择位图图像"对话框中选择合适的砖墙材质，并打开将其赋予示例球。

④ 在视图中选择基座，单击 🔳 按钮，将材质赋予选择对象。

⑤ 重新选择一个示例球，将其命名为"瓦材质"，执行"贴图"卷展栏中"漫反射颜色"命令，在弹出的"材质/贴图"浏览器中选择"位图"单击确定。

⑥ 在弹出的"选择位图图像"对话框中选择合适的瓦片材质，并打开将其赋予示例球。

⑦ 在视图中选择亭子顶，单击 🔳 按钮，将材质赋予选择对象。

⑧ 重复以上步骤，重新命名一个示例球为"木材"，在"选择位图图像"对话框中选择合适的木材材质将其赋予亭子其他部分。

⑨ 单击主工具栏中的渲染按钮，快速渲染透视图（图 22-21）。

图 22-20　景观亭建筑模型

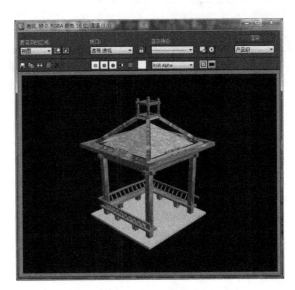

图 22-21　渲染效果

Chapter 23

摄像机、灯光、渲染

23.1 灯光

灯光物体是模拟真实灯光效果的一种特殊物体，不同类型的灯光物体其照亮场景的原理不同，模拟的效果也不同。

23.1.1 光线的类型

自然界的光线大体可以分为自然光、人工光和漫反射光 3 种类型。

自然光是指自然界光源发出的光线。自然光主要出现在室外日光场景的制作中，在 3ds Max 中主要使用太阳光或平行光来模拟。

人工光是人工光源发出的光线，主要指各类电光源，它们的共同特点是照明范围有限。人工光源主要应用在室外夜景场景或室内场景的制作中。在 3ds Max 中，一般使用目标聚光灯或泛光灯来模拟。

漫反射光指空气对光的散射形成的背景光，这种光使整个光线的分布趋于平缓、均匀，充满各个角落，甚至会照亮物体背光的一面。在 3ds Max 中，室外的漫反射一般用天光来模拟，室内的漫反射一般用泛光灯来模拟。

23.1.2 灯光的类型（图 23-1）

（1）目标聚光灯 目标聚光灯是一个点状光源，光线从一点出发，产生一个锥形的照射区域，可影响光束内被照射的物体。目标聚光灯包括两部分：投射点和目标点。通过调整投射点和目标点可以很好地控制目标聚光等的投射方向。如图 23-2 所示。

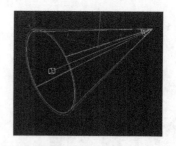

图 23-1　灯光的类型　　　　　　　　图 23-2　目标聚光灯

由于聚光灯的可约束性和目标明确，一般在布光中都使用它做主光源，主调的效果都由它决定，然后再使用泛光灯进行补充。

目标聚光灯有圆形和矩形两种投影区域，矩形适合于制作电影投影图像、窗户投影等，圆形可用作路灯、车灯、台灯等灯光照射。

（2）自由聚光灯　自由聚光灯产生锥形的照射区域，与目标聚光灯基本相同，只是无目标点可调，实际上是一种受限制的目标聚光灯。虽然无法通过目标点调整其投射范围，但可以通过工具栏的旋转按钮来改变其投射范围。自由聚光灯适合模拟舞台射灯、手电筒等。

（3）目标平行光　目标平行光是一种面光源，光线从一个面出发，在传播过程中所有的光线始终保持平行，产生一个圆柱状的照射区域，如图23-3所示。

目标平行光主要用于模拟太阳光、探照灯、激光光束等效果，在制作室外园林效果图时，可以采用目标平行光来模拟阳光照射所产生的光影效果。

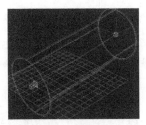

图23-3　目标平行光

（4）自由平行光　自由平行光与目标平行光的唯一区别就是无目标点可调，因而只能进行整体的移动或旋转，它的照射范围是柱形的。

（5）泛光灯　泛光灯是一种可以向四面八方均匀照射的"点光源"，用来照亮整个场景，照射范围可以任意调整。它易于建立和调整。泛光灯主要用于建筑外部的辅助照明或是室内照明。

（6）天光　天光主要用来模拟天空中的漫反射光，为了表现漫反射光没有方向性，它模拟了一个照在场景上空的圆形天空，光线从天空的各个方向射出，因此天光是一种面状光源。

（7）太阳光　单击创建—面板上的 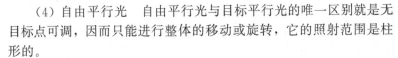 系统按钮，在创建面板中单击"太阳光"按钮，即可在视图中创建太阳光。

太阳光可以精确模拟一个地区在某个时间点上太阳的照射角度和照射强度。它由定位指北针和投射点组成，其中定位指北针用于设定场景中的空间方向，投射点表明太阳所在的位置和高度。

以上几种灯光本身并不能着色显示，只能在透视操作时看到，但它们却可以影响周围物体表面的光泽、色彩和亮度。通常灯光是和物体的材质共同起作用的，它们之间合理的搭配可以产生恰到好处的色彩和明暗对比，从而使三维效果图作品更具立体感和真实感。

23.1.3　控制光源的主要参数

用3ds Max中的光源来模拟真实的光照效果，主要靠调整光源及目标点的位置以及设定各项参数来实现。

大多数灯光在创建完毕后进入修改面板，修改面板有7个常用参数面板："常规参数"面板、"强度/颜色/衰减"面板、"聚光灯参数"面板、"高级效果"面板、"阴影参数"面板、"阴影贴图参数"面板、"环境特效"面板。

（1）"常规参数"面板　常规参数是除天光之外其他灯光共有的参数，主要设置灯光的开关、阴影以及阴影的渲染方式（图23-4）。

① 灯光类型。

• 启用：打开或关闭灯光。

图23-4　常规参数面板

• 目标：勾选此项，目标聚光灯的投射点与目标点之间的距离会显示在右侧，此时在视图中可以通过调节投射点或目标点的位置来改变照射范围；取消此项勾选，则视图中聚光灯的目标点消失，此时通过调整右侧数值框的数值可以改变照射的范围。

② 阴影。

• 启用：用于决定当前的灯光是否产生阴影。

• 使用全局设置：勾选此项，对于场景中所有已设置阴影功能且勾选此项的灯光而言，其阴影参数将保持一致，修改其中任何一个灯光的阴影参数都会关联地改变其他灯光。

③ 排除。

"排除"用来设置不需要受灯光影响的物体，或者使灯光只影响某些物体。单击它可以打开一个"排除/包含"对话框（图23-5），在此窗口中可以将场景中的物体加入或取出右侧的排除框中。作为排除对象，将不再受这盏灯的影响。照明和阴影也可以分别进行排除。

④ 阴影贴图。

用来选择阴影的渲染方式。在3ds Max中包含5种产生阴影的方式，分别为阴影贴图、光线跟踪阴影、高级光线跟踪阴影、Mental Ray阴影贴图和区域阴影。

（2）"强度/颜色/衰减"面板　其主要设置灯光的强度、颜色以及灯光的影响范围（图23-6）。

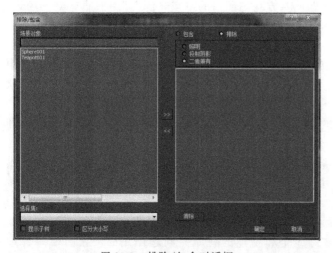

图 23-5　排除/包含对话框

图 23-6　强度/颜色/衰减面板

① 倍增：控制灯光的照射强度，值越大，则光照强度越大，默认值为1；其后的色块可以调整灯光的颜色。

② 衰退：设置灯光强度的衰减类型，其中包括无、反比例函数和反比例平方三种衰减类型。在旅游效果图制作中，多数情况下选择"无"即可满足要求。

③ 近距衰减：设置灯光从开始发散到发散最强的区域。

• 开始：设定开始出现光线时的位置。

• 结束：光线强度增加到最大值时的值。

• 使用：使灯光的近距衰减有效。

• 显示：在视图中显示近距衰减的区域。

④ 远距衰减：设置灯光从开始衰减到全部消失的区域。

（3）"聚光灯参数"面板　其主要用来调整锥形框的形状（图23-7）。

• 显示光锥：控制聚光灯锥形框的显示，勾选此项，不管灯光是否被选择，视图中始终显示灯光锥形框。

• 泛光化：勾选此项，使聚光灯兼有泛光灯的功能，可以向四面八方投射光线，照亮整个场景，但仍会保留聚光灯的特性。

- 聚光区/光束：设置光线完全照射的范围，在此范围内物体受到全部光线的照射。
- 衰减区/区域：调节灯光的衰减区域，在此范围外的物体将不受该灯光的影响。
- 圆/矩形：设置产生圆形灯还是矩形灯，系统默认为圆形。
- 纵横比：设置矩形长宽比例。

（4）"高级效果"面板　其主要用来设置灯光对物体表面的照亮效果（图23-8）。

图23-7　聚光灯参数面板

图23-8　高级效果面板

① 影响曲面。
- 对比度：调整阴影区与表面区的对比度，在场景中光线越强，对比度越大。
- 柔化漫反射边：调整阴影区与表面区的明暗柔和度。
- 漫反射/高光反射/仅环境光：确定光线照亮物体表面的区域。
② 投影贴图。可以选择一个图像作为投影图，它可以使灯光投影出图片效果。

23.2　摄像机

在3ds Max中创建的场景文件最终是在摄像机视图中进行渲染的。一个场景中可以设置多个摄像机，每个摄像机对应一个场景视图。在渲染场景之前，可以在不同的摄像机视图之间进行转换，并从中选择最为合适的视图进行最终渲染。

23.2.1　摄像机的创建

单击创建面板中的摄像机按钮，打开摄像机创建面板。系统提供了两种摄像机——目标摄像机和自由摄像机。

目标摄像机主要用来获取静态图片，自由摄像机主要用来获取动态影像文件。在效果图制作中，主要运用的是目标摄像机。这两种摄像机参数完全相同，用法也相似，区别在于自由摄像机在视图中只能进行整体控制，不能单个操作投影点和目标点。

单击摄像机参数面板上的"目标"按钮，在任意视图中单击鼠标左键，拖拽光标至合适位置后松开鼠标，完成摄像机的创建。

目标摄像机创建完成后，可以利用移动工具分别调节视点和目标点的位置，通常是将目标点设置在场景中的造型物体上，然后再通过移动摄像机视点来捕捉所需的场景。

摄像机创建完成后，在透视图左上角的"透视"文字上单击鼠标右键，在弹出的快捷菜单中选择"摄像机/Camera001"，此时透视图自动转换为摄像机视图。

23.2.2　摄像机参数设置

创建目标摄像机后，选择摄像机并单击"修改"命令按钮，打开与摄像机相关的修改卷展栏。

- 镜头：设置相机的焦距长度。

- 视野：设置相机的视角。
- 备用镜头：系统提供了9种常用镜头，以便快速选择。
- 显示地平线：是否在摄像机视图中显示地平线。地平线一般在制作雾效等特殊效果时使用。
- 环境范围：设置环境大气的影响范围。
- 多过程效果：控制景深或运动模糊。

23.3 渲染与输出

渲染输出是将在3ds Max中创建的三维场景转换为真正意义上的效果图的过程。经渲染输出的效果图可以直接应用，也可以转到其他软件做进一步处理。在渲染效果图时，共有3种类型的渲染器——扫描线渲染器、mental ray渲染器、VUE文件渲染器。一般系统默认的是扫描线渲染器，下面主要介绍扫描线渲染器的使用。

23.3.1 渲染基本参数设置

单击"渲染" ⇨ "渲染设置"菜单命令，就会弹出"渲染设置"对话框（图23-9）。

（1）"公用"面板　在该面板中有公用参数、电子邮件通知、指定渲染器等（图23-10）。

图23-9　渲染设置对话框

图23-10　公用面板

① 公用参数
- "时间输出"栏：设置渲染输出单帧还是多帧，如果是多帧还可以设置活动时间段。
- "输出大小"栏：可设置渲染输出图像的大小，有4个标准选项，还可以设置图像纵横比、像素纵横比等值，也允许用户自定义渲染输出图像的大小。
- "选项"栏：可设置渲染输出是否有大气、效果、置换、视频颜色检查等功能。
- "高级照明"栏：可设置渲染是否要使用高级照明、是否要计算高级照明。

- "渲染输出"栏：可设置渲染输出文件的默认保存位置。

② 电子邮件通知：选"启动通知"复选框，在渲染输出后可通过电子邮件通知对方。

③ 指定渲染器：单击指定渲染器前面的"＋"号，可以看到指定渲染器参数面板，单击"产品级"后面的按钮，弹出"选择渲染器"对话框，可指定不同类型的渲染器。

（2）"渲染器"面板　"渲染器"面板常用选项功能如下。

① 选项：设置渲染输出时是否有贴图、阴影、自动反射/折射和镜像等效果。

② 抗锯齿：设置是否要抗锯齿、是否要过滤贴图及过滤器形式。

③ 全局超级采样：有禁用和启用2个选项。

④ 对象运动模糊：设置是否启用场景中的所有对象加入动态模糊效果，还可以设置动态模糊的持续时间、持续时间细分。

⑤ 自动反射、折射贴图：用来设置渲染迭代次数，初始值为1，值越大则渲染品质越高，渲染时间越长。

（3）"光线跟踪器"面板

① 光线跟踪深度控制：用来设置光线的最大深度值、中止阈值、最大深度时使用的颜色。

② 全局光线抗锯齿器：用来设置是否启用全局光线抗锯齿器，如果启用，则可防止渲染时对象的边缘产生锯齿效果，但会影响渲染速度。

③ 全局光线跟踪引擎：用来设置是否启用光线跟踪、自反射/折射、光线跟踪大气等项，还可以进行加速控制。

（4）"高级照明"面板　"高级照明"面板共有3个选项，分别是无照明插件、光线跟踪器和光能传递，默认设置是无照明插件。在进行户外天光效果渲染时，一般使用光跟踪器。

23.3.2　渲染输出

（1）使用"打印尺寸向导"快速渲染

① 选定一个要渲染输出的摄像机视图。

② 单击菜单栏中的"渲染" ⇨ "打印大小向导"，在弹出的对话框中包括"纸张大小"和"渲染"两个参数设置区（图23-11）。

- 纸张大小：单击"自定义…"，弹出纸张大小列表，从中可以选择要渲染输出的场景文件的大小。"选择DPI值"可以设定图像的打印分辨率。一般效果图的打印分辨率应设置在150～300dpi之间。

- 渲染：单击"文件…"按钮，可设置渲染文件的保存位置。勾选"保存Alpha通道"，则在Photoshop中打开渲染图像时可直接将场景中没有物体的黑色区域镂空，使其成为透明的背景。

③ 进行完以上参数设置后，单击"快速渲染"按钮，开始对场景文件进行渲染。

（2）使用"渲染场景"

① 选定要渲染输出的一个摄像机视图。

② 单击菜单栏中的"渲染" ⇨ "渲染设置"，弹出"渲染设置"对话框，在"输出大小"选项区内设置渲染图像的大小；在"渲染输出"选项区内设置渲染文件的保存位置。

③ 单击"渲染"按钮，开始对场景文件进行渲染。

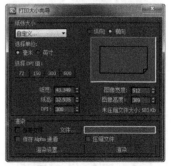

图23-11　打印大小向导面板

Chapter 24

旅游规划图模型绘制案例

24.1 旅游规划小游园制作

24.1.1 将 CAD 文件导入场景中

启动 3ds Max 软件，重新设定系统。单击菜单栏的"自定义"命令，在弹出的下拉列表中选择"单位设置"，在弹出的对话框中将单位设置为"毫米"。

执行菜单栏"文件" ⇨ "导入"命令，选择需要建模的 CAD 文件。单击"打开"按钮，在弹出的对话框中设置参数，如图 24-1 所示。

单击 ⬤ "确定"按钮，将 CAD 图导入场景中。在顶视图中选择所有线型，单击 🔳 打开层管理器，新建图层并命名为"底图"，将选择的所有线型放入"底图"图层并删除空白图层。按 <Z> 键，四个视图最大化显示的效果如图 24-2 所示。在顶视图中选择"小游园平面图"，单击鼠标右键，在弹出的右键快捷菜单中选择"冻结当前选择"命令，将所选对象冻结。

图 24-1　CAD 导入对话框

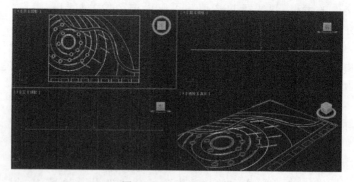

图 24-2　CAD 导入后

24.1.2 制作小游园地面

单击，在"标准基本体"类型下选择"平面"，在"0 图层"按照底图创建一平面作为地面，长度与宽度分段都设为 1，并新建一图层命名为"地面"，将新建平面放入"地面"图层，如图 24-3 所示。

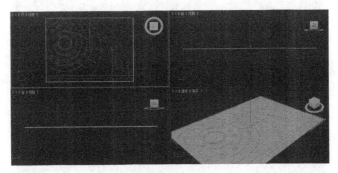

图 24-3　地面

24.1.3　制作下沉广场

回到"0 图层"，单击![图标]选择圆命令，并在"创建方法"下拉列表中选择"边"，在顶视图中按照下沉广场最外侧台阶的边缘创建圆，单击![图标]，使刚创建的圆沿 Z 轴移动，悬浮于"地面"平面上，结果如图 24-4 所示。

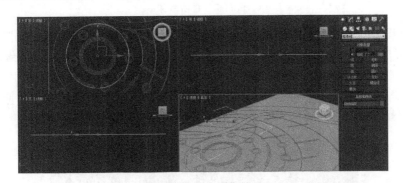

图 24-4　挤出操作结果

选择"地面"平面，单击![图标]，在"复合对象"类型下选择"图形合并"，单击 `拾取图形` 拾取圆形，右击结束。选择"地面"平面右击，在弹出的列表中执行"转换为:"/"转换为可编辑多边形"命令，弹出如图 24-5 所示修改器列表。单击![图标]，则圆形在平面上的投影区域自动生成一个面，按<Delete>键删除，在"地面"平面生成一个镂空区域，如图 24-6 所示。

回到"0 图层"，单击![图标]选择圆命令，并在"创建方法"下拉列表中选择"边"，在顶视图中按照下沉广场第一阶台阶内侧边缘创建圆，单击![图标]，在 `修改器列表` ![图标]中，选择"编辑样条线"，在弹出的下拉列表中单击![图标]，在"几何体"卷展栏中单击"轮廓"按钮，值设为"250mm"。再次点开 `修改器列表` ![图标]，选择"挤出"命令，值设为"450mm"。回到前视图，将创建好的台阶顶面与地面对齐，并新建一图层命名为"台阶 1"，将新建的台阶移动到"台阶 1"图层，则第一阶台阶创建完毕。参照台阶 1 的作法，依次创建台阶 2、台阶 3，挤出值分别设为"300mm"、"150mm"，创建完成后利用移动工具使三个台阶的底面在同一直线上，并新建图层"台阶 2"、"台阶 3"，将相应台阶移动到相应图层中，如图 24-7 所示。

图 24-5　可编辑多边形修改器列表

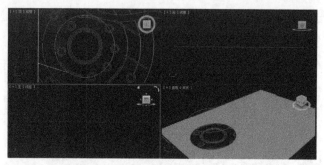

图 24-6 下沉广场镂空操作

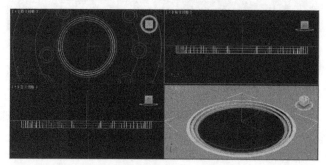

图 24-7 台阶效果

回到"0 图层",单击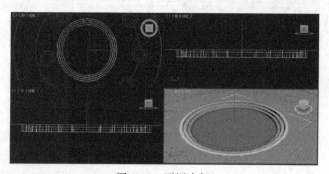选择圆命令,并在"创建方法"下拉列表中选择"边",在顶视图中按照下沉广场最内侧圆创建圆,单击 ⬡,在 修改器列表 ▼ 中选择"编辑样条线",单击"样条线"按钮,再在"修改器列表"中选择"挤出"命令,值设为"1mm",新建"下沉广场"图层,将挤出的面移入,在前视图中移动面,使其与最内侧台阶底边在同一直线上,如图 24-8 所示。

图 24-8 下沉广场

24.1.4 制作铺装

回到"0 图层",单击 ⬡ 选择圆命令,并在"创建方法"下拉列表中选择"边",在顶视图中创建圆与铺装 1 区域的圆重合,新建"铺装 1"图层,将新建的圆移入,并命名为"铺装 1"。按<Ctrl+C>、<Ctrl+V>键将圆复制一份,新建"铺装 1 布尔"图层。回到"铺装 1"图层,单击 ⬡,在 修改器列表 ▼ 中,选择"编辑样条线",单击"样条线"按钮,在"几何体"卷展栏中单击"轮廓"按钮,单击其右侧数值输入框,往上移动鼠标并观察顶视图,使生成的轮廓与台阶 1 最外侧边缘重合。再次点开 修改器列表 ▼,选择"挤出"命令,值设为 1mm,则铺装1 创建完成,效果如图 24-9 所示。

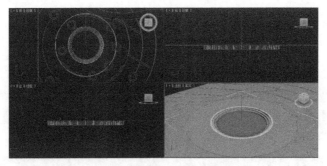

图 24-9　铺装 1

　　回到"0 图层",单击 选择弧命令,并将"开始新图形"左边的勾选去掉。将铺装 2 区域用弧与线命令描绘出来,新建"铺装 2"图层,将新建的线全部移入,选择"铺装 2"图层全部线型,单击 ,在 修改器列表 中选择"编辑样条线",单击 ,利用熔合与焊接按钮将分段创建的多段线焊接在一起,使其成为一个整体,并命名为"铺装 2"。在 修改器列表 中选择"挤出"命令,值设为"1mm"。在"层管理器"中选择"铺装 1 布尔"图层,单击 ,将图层内对象全部选中,执行"挤出"命令,值设为 1mm。单击选择"铺装 2"平面,单击,在"复合对象"类型下选择"布尔",单击"拾取对象 B",选择"铺装 1 布尔"面,则铺装 2 完成,效果如图 24-10 所示。

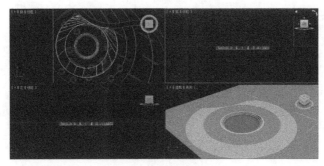

图 24-10　铺装 2

　　回到"0 图层",单击 选择弧命令,并将"开始新图形"左边的勾选去掉。将铺装 3 区域用弧与线命令描绘出来,新建"铺装 3"图层,将新建的线全部移入,选择"铺装 3"图层全部线型,单击 ,在 修改器列表 中选择"编辑样条线",单击 ,利用熔合与焊接按钮将分段创建的多段线焊接在一起,使其成为一个整体,并命名为"铺装 3"。在 修改器列表 中选择"挤出"命令,值设为"1mm",则铺装 3 制作完成,如图 24-11 所示。

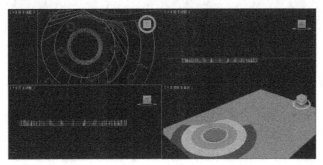

图 24-11　铺装 3

24.1.5　制作草坪

回到"0 图层"，单击![icon]选择弧命令，并将"开始新图形"左边的勾选去掉。将草坪区域用弧与线命令描绘出来，新建"草坪"图层，将新建的线全部移入，选择"草坪"图层全部线型，单击![icon]，在 [修改器列表] 中选择"编辑样条线"，单击![icon]，利用熔合与焊接按钮将分段创建的多段线焊接在一起，使其成为一个整体，并命名为"草坪"。在 [修改器列表] 中选择"挤出"命令，值设为"1mm"，则草坪制作完成，如图 24-12 所示。

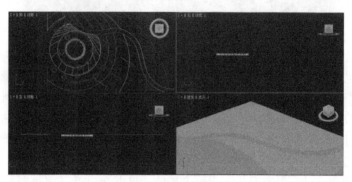

图 24-12　绘制草坪

24.1.6　制作花带

回到"0 图层"，单击![icon]选择弧命令，并将"开始新图形"左边的勾选去掉。将花带 1 区域用弧与线命令描绘出来，新建"花带 1"图层，将新建的线全部移入，选择"花带 1"图层全部线型，单击![icon]，在 [修改器列表] 中选择"编辑样条线"，单击![icon]，利用熔合与焊接按钮将分段创建的多段线焊接在一起，使其成为一个整体，并命名为"花带 1"。在 [修改器列表] 中选择"挤出"命令，值设为"500mm"。用以上方法依次建立"花带 2"、"花带 3"、"花带 4"，值分别设为"300mm"、"100mm"、"50mm"，结果如图 24-13 所示。

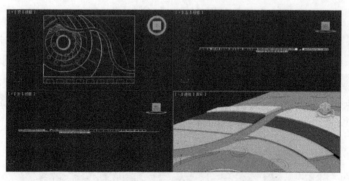

图 24-13　制作花带

24.1.7　创建道路

在层管理器中选择与道路有交集的图层，单击![icon]将它们全部选中，按<Ctrl＋C>、<Ctrl＋V>键复制，新建图层"道路"，将复制的对象移入，将原复制对象全部隐藏，依次单击复制的面，弹出如图 24-14（a）所示对话框，选择"挤出"命令，单击![icon]，将"挤出"命令删除。再在对话框中单击"可编辑样条线"命令，如图 24-14（b）所示，单击![icon]，在顶视图中选择与道路无关的线段，按＜Delete＞键删除。依次处理完毕后，选择其中一条线段，单击 ，在 修改器列表 中选择"编辑样条线"，单击"几何体"卷展栏中的"附加"按钮，在顶视图中依次单击删除后剩余的线段，将它们附加在一起，对于道路两端的开口处，则用线命令将它们连接在一起。利用熔合与焊接按钮将分段创建的多段线焊接在一起，使其成为一个整体，并命名为"道路"。

(a)   (b)

图 24-14　修改器对话框

新建"道路"图层，将创建的多段线移入，按＜Ctrl＋C＞、＜Ctrl＋V＞键将多段线复制一份，并新建图层"路沿"将其移入。回到"道路"图层，选择"道路"图层里的多段线，单击 ，在 修改器列表 中选择"挤出"，值设为"1mm"。单击"路沿"图层，选择路沿图层内多段线，单击 ，在 修改器列表 中选择"编辑样条线"，单击"样条线"按钮，在"几何体"卷展栏中单击"轮廓"按钮，值设为"50mm"，再在修改器列表中选择"挤出"命令，值设为"50mm"，则道路创建完毕，如图 24-15 所示。

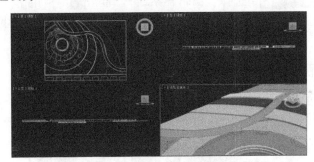

图 24-15　创建道路与路沿

24.1.8　制作绿篱

回到"0 图层"，单击 选择线命令，并将"开始新图形"左边的勾选去掉。将绿篱区域用线命令描绘出来，新建"绿篱"图层，将新建的线全部移入，选择"绿篱"图层全部线型，单击 ，在 修改器列表 中选择"编辑样条线"，单击 ，利用熔合与焊接按钮将分段创建的多段线焊接在一起，使其成为一个整体，并命名为"绿篱"。在 修改器列表 中选择"挤出"命令，值设为"1000mm"，结果如图 24-16 所示。

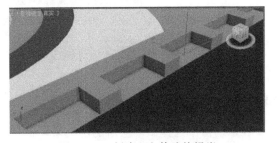

图 24-16　创建立方体连接堤岸

24.1.9　制作树池坐凳

在顶视图中单击  ，在"扩展基本体"类型下选择"切角圆柱体"，在"0 图层"创建半径为 200mm、高为 500mm、圆角 30mm 的切角圆柱体，选择创建好的圆柱体移动到底图树池坐凳的位置，并复制三份，启动移动命令按树池坐凳轮廓排列好，新建图层命名为"石柱"，将建好的切角圆柱体移入。回到"0 图层"，单击 选择圆命令，并在"创建方法"下拉列表中选择"边"，在顶视图中按照树池坐凳外轮廓创建圆，单击 ，在 修改器列表 中选择"编辑样条线"，在弹出的下拉列表中单击 ，在"几何体"卷展栏中单击"轮廓"按钮，值设为

图 24-17　创建树池坐凳

"250mm"。再次点开 修改器列表 选择"挤出"命令，值设为"50mm"，启用移动命令在前视图中将新建的面移动到石柱上方，新建图层命名为"坐凳"，将新建的坐凳移入，则树池坐凳制作完毕，如图 24-17 所示。选择所有石柱与坐凳，按<Ctrl＋C>、<Ctrl＋V>键复制多份，并利用移动工具按底图将复制的对象移动到合适的位置。

24.1.10　制作景墙

回到"0 图层"，单击 选择线命令，并将"开始新图形"左边的勾选去掉。将景墙用线命令描绘出来，新建"景墙"图层，将新建的线全部移入，选择"景墙"图层全部线型，单击 ，在 修改器列表 中选择"编辑样条线"，单击 ，利用熔合与焊接按钮将分段创建的多段线焊接在一起，使其成为一个整体，并命名为"景墙"。在 修改器列表 中选择"挤出"命令，值设为"1500mm"。

24.1.11　给下沉广场赋予材质

单击主工具栏中的 按钮，进入"材质编辑器"，选择一个样本槽，参数设置如图 24-18 所示。

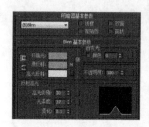

图 24-18　设置"材质编辑器"参数

选择下沉广场，单击 将材质赋予选择对象，单击 使视口中显示明暗处理材质，结果如图 24-19 所示。

24.1.12　台阶材质的制作

在示例窗中选择一个空白的示例球，将其命名为"台阶"。在"明暗器基本参数"卷展栏中设置高光反射强度的值为"30"，漫反射光强度的值为"20"。

图 24-19　给下沉广场赋予材质

在"贴图"卷展栏中单击"漫反射颜色"右侧的长按钮，指定一个台阶的贴图文件，其他参数设置如图 24-20（a）所示。

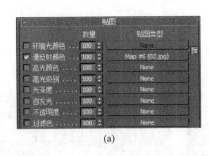

(a)　　　　　　　　　　　(b)

图 24-20　台阶材质制作贴图卷展栏和参数卷展栏

在视图中选择"台阶"造型，单击修改面板的"UVW 贴图"按钮，在"参数"卷展栏中勾选"贴图"下的"长方体"选项，其参数设置如图 24-20（b）所示。

将制作好的材质赋给"台阶"，效果如图 24-21 所示。

图 24-21　台阶的效果

24.1.13　铺地材质的制作

在示例窗中选择一个空白的示例球，将其命名为"铺地 1"。在"明暗器基本参数"卷展栏中设置高光强度的值为"30"，漫反射光强度的值为"20"。

在"贴图"卷展栏中单击"漫反射颜色"右侧的长按钮，指定一个铺地的贴图文件，其他参数设置如图 24-22（a）所示。

在视图中选择"铺地 1"造型，单击修改面板的"贴图坐标"按钮，在"参数"卷展栏中勾选"贴图"下的"长方体"选项，其参数设置如图 24-22（b）所示。

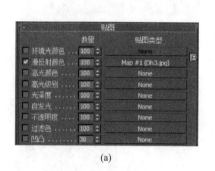 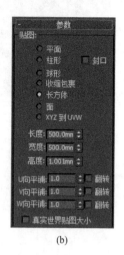

(a)　　　　　　　　　　　(b)

图 24-22　铺地材质制作贴图卷展栏和参数卷展栏

将制作好的材质赋给处于选择状态的造型，效果如图 24-23 所示。

再次选择两个空白的示例球，将其命名为"铺地 2"、"铺地 3"。按以上方法给铺地 2、铺地 3 赋予材质，效果如图 24-24 所示。

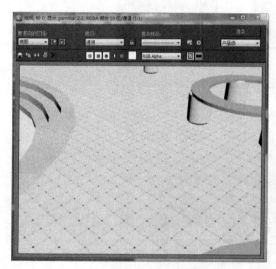 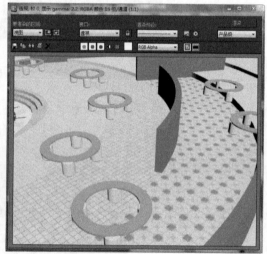

图 24-23　铺地 1 的效果　　　　　　　　图 24-24　铺地的整体效果

24.1.14　给路面赋予材质

在"明暗器基本参数"卷展栏中分别设置环境光和漫反射色的 R、G、B 值为"100"、"100"、"110"，并设置高光反射色的 R、G、B 值为"255"、"255"、"255"。在"贴图"卷展栏中单击"漫反射颜色"右侧的长按钮，指定一个道路铺装的贴图文件。在视图中选择"路面"造型，单击对话框中的■按钮，将制作好的材质赋给"路面"。单击主工具栏中的■按钮快速渲染视图，效果如图 24-25 所示。

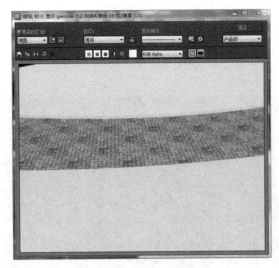

图 24-25　快速渲染的效果

24.1.15　给座椅设置材质

在示例窗中选择一个空白的示例球，将其命名为"石柱"。在"贴图"卷展栏中，单击
"漫反射颜色"右侧的长按钮，指定一个大理石材质的
贴图文件。在视图中选择"石柱"造型，单击对话框
中的 ▓ 按钮，将制作好的材质赋给"石柱"。在修改
器中选择"UVW 贴图"，选择"长方体"，将长度、
高度都设为"300"。再次在示例窗选择一个空白的示
例球，将其命名为"木椅"。在"贴图"卷展栏中，单
击"漫反射颜色"右侧的长按钮，指定一个木纹理的
贴图文件。坐椅整体效果如图 24-26 所示。

图 24-26　座椅的效果

24.1.16　设置相机

设置相机时要考虑展现场景的哪些部分，从而
确定相机的取景角度和视野、视距的调试。单击创建面板中的"相机"命令按钮 ▓，在
"对象类型"面板中单击"目标"，在顶视图中创建"目标相机"。单击 ▓ 按钮，在修改面板
中调整相机的焦距或视野参数，或在视图中直接移动相机。结果如图 24-27 所示。

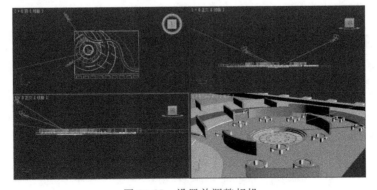

图 24-27　设置并调整相机

24.1.17 设置灯光

灯光设置要灵活。本例中只用了一盏目标聚光灯，已有基本的光影效果。灯光位置如图24-28 所示。

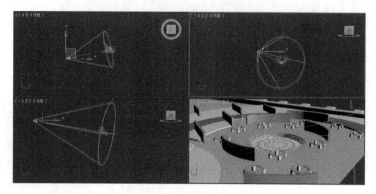

图 24-28 设置灯光

24.1.18 渲染输出

3ds Max 2012 的渲染方式共有以下两类。

① "场景渲染" ：单击按钮后弹出设置框，完成参数设置后进行渲染计算。

② "快速渲染" ：根据已设置的渲染参数直接渲染。在预览图像效果时多用快速渲染方式。

单击工具栏中的 按钮，对相机视图进行渲染，渲染效果如图24-29 所示。

图 24-29 渲染的图像效果

24.2 旅游自然景观设计

24.2.1 创建景观建筑小品

（1）园桥造型的制作

① 拱桥的创建。

重新设定系统，设置系统单位为毫米。单击 按钮，将其下的 "矩形" 按钮激活。在前视图创建一矩形，设置宽度为 "300"，长度为 "15"，并将其命名为 "桥身"，如图24-30（a）所示。

单击 ![按钮]，从 [修改器列表 ▾] 下拉列表中选择"编辑样条线"，选择顶点，然后单击捕捉开关，再右键单击捕捉开关，选择中点。单击"优化"按钮，在矩形上边中间加一顶点，关闭捕捉，关闭"优化"按钮。右键单击，在弹出的菜单中单击"平滑"。单击 ![按钮] 按钮调整顶点的位置。结果如图24-30（b）所示。

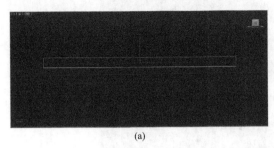
(a)

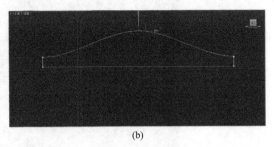
(b)

图24-30　创建桥身

利用"编辑"菜单中的"克隆"命令复制该线形，在出现的对话框中选择"复制"选项。再次进入编辑曲线修改面板，激活按钮 ![按钮]，将复制后的造型除上边曲线以外，全部选中删除，并命名为"桥栏板"。在视图中创建一圆形，半径为"40"。按住<Ctrl>键再选中桥身，单击对齐按钮，并以X轴为中心对齐，结果如图24-31所示。

图24-31　创建圆形并对齐

用鼠标单击视图中的桥身图形，单击"编辑样条线"，再单击下面的"附加"按钮，单击圆，与圆连接在一起，如图24-32（a）所示。

单击 ![按钮] 按钮，选择桥身图形，单击"修剪"按钮，然后在视图中剪切部分线段，结果如图24-32（b）所示。

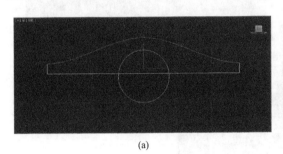
(a)

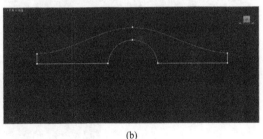
(b)

图24-32　桥身与圆连接并剪切线段的结果

然后用鼠标单击并轻微移动，再回到原来位置，将两个线段焊接在一起。进行挤出操作，数值设为"100"。结果如图24-33所示。

选择刚才复制的"桥栏板"二维曲线，在编辑样条线中进行"轮廓"操作，单位输入"-20"。结果如图24-34所示。

再进行挤出操作，挤出值设为"10"结果如图24-35所示。

在顶视图创建切角长方体和切角圆柱体，切角长方体的长、宽、高、圆角值分别为12mm、12mm、30mm、2mm。切角圆柱体的半径、高、圆角值分别为6mm、10mm、2mm。将切角长方体和切角圆柱体编成组，命名为"栏柱"并复制。选中桥栏板和所有的栏柱，复制到桥身的另一边。位置和效果如图24-36所示。

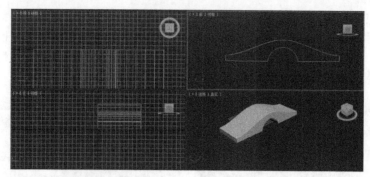

图 24-33　挤出操作的结果

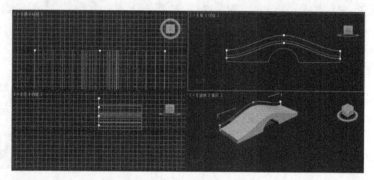

图 24-34　轮廓"桥栏板"

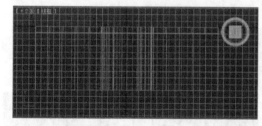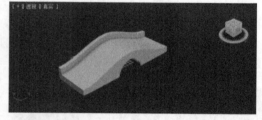

图 24-35　挤出操作的结果

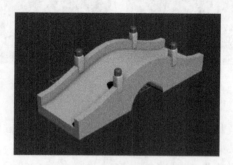

图 24-36　石拱桥效果

② 制作桥体石材。

单击主工具栏中的■按钮，进入"材质编辑器"，选择一个空白的样本示例球，漫反射颜色、环境光颜色和反射高光设置如图 24-37 所示。

选择一个材质贴图和材质凹凸贴图设置如图 24-38（a）所示。在坐标卷展栏里设置瓷砖U 值为"5"。快速渲染，效果如图 24-38（b）所示。

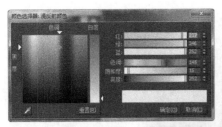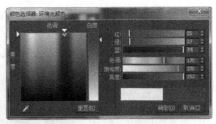

图 24-37　漫反射颜色、环境光颜色和反射高光设置

(a)

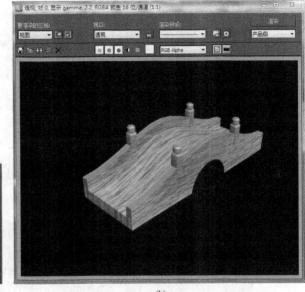
(b)

图 24-38　材质贴图选择和材质凹凸贴图的使用

（2）园亭的制作

① 园亭模型的制作。

重新设定系统，设置系统单位为毫米。单击"长方体"命令，在顶视图创建长度、宽度均为"3000"、高度为"80"的长方体，并将其命名为"基座"，新建"基座"图层，将新建的长方体移入，效果如图 24-39 所示。

单击"矩形"按钮，在顶视图绘制长度及宽度均为"180"的矩形。单击 按钮，在 `修改器列表` ▼中选择"编辑样条线"，选择"样条线"编辑方式，选择绘制的矩形，按住＜Shift＞键的同时拖动矩形，利用移动复制的方法将其复制 3 个。执行修改面板中的"挤出"命令，挤出值设为"2500"，将其命名为"立柱"，新建"立柱"图层将其移入，效果如图 24-40所示。

单击"长方体"按钮，在顶视图创建一个长度为"2500"、宽度为"350"、高度为"60"的长方体，并在前视图中将其上移"350"，将其命名为"座椅"，并新建"座椅"图层将其移入，效果如图 24-41 所示。

单击"线"命令，在前视图中绘制长度为"250"、宽度为"260"的二维线型，执行修改面板中"拉伸"命令，设置拉伸值为"50"，将其命名为"支撑"，在顶视图中选择创建的"支撑"造型，用移动复制的方法复制 2 个，效果如图 24-42 所示。

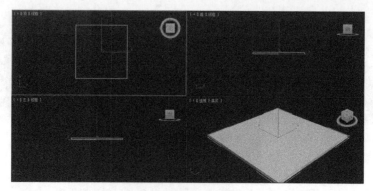

图 24-39　创建基座

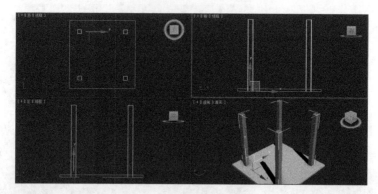

图 24-40　方亭柱子的制作

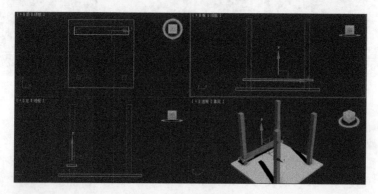

图 24-41　创建座椅

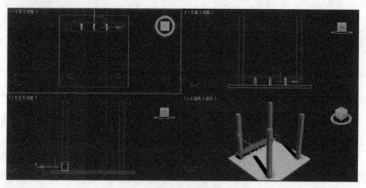

图 24-42　创建座椅支撑

单击"矩形"按钮，在前视图绘制长度为"250"、宽度为"50"的矩形，单击 按钮，在 修改器列表 中选择"编辑样条线"，选择"顶点"编辑方式，单击 按钮，选择矩形上端两个顶点，将它们移动到合适位置。再在 修改器列表 中选择"挤出"命令，设置挤出值为"35"，命名为"靠背"。在顶视图中将其复制6个，并调整它们的位置，结果如图24-43所示。

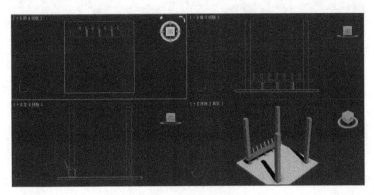

图 24-43　制作靠背

单击"长方体"按钮，在顶视图创建长度为"60"、宽度为"2500"、高度为"60"的长方体，命名为"靠背横杆"，移动其位置，如图24-44所示。

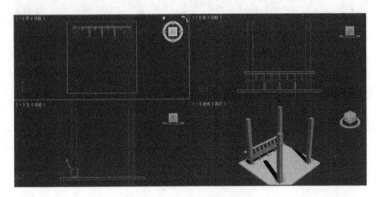

图 24-44　制作靠背横杆

在视图中将刚创建的座椅、靠背、支撑、靠背横杆等造型合并成组，单击 按钮，利用旋转复制复制两组创建的靠背座椅，调整它们的位置，效果如图24-45所示。

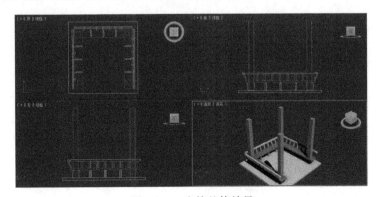

图 24-45　座椅整体效果

单击"长方体"按钮，在顶视图创建长度为"130"、宽度为"2600"、高度为"130"的长方体，利用旋转复制复制 3 根，将它们移动到合适位置后编成组，并命名为"梁"，结果如图 24-46 所示。

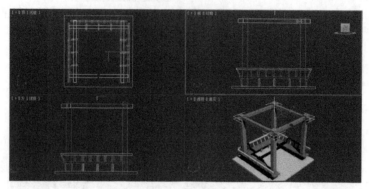

图 24-46　创建梁

单击"矩形"按钮，在顶视图创建长宽均为"3200"的矩形，单击 按钮，在 修改器列表 中选择"编辑样条线"，选择"样条线"层级，设置轮廓值为"160"，再在 修改器列表 中选择"挤出"命令，将挤出值设为"120"，并将其命名为"大梁"，效果如图 24-47 所示。

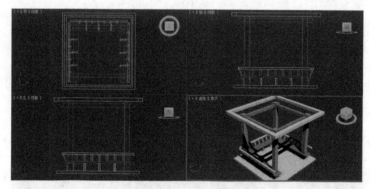

图 24-47　创建大梁

单击"长方体"按钮，在顶视图创建长宽均为"2200"、高度为"720"的长方体，选择修改面板中的"编辑网格"，单击 ，在透视图中选择长方体上方四个顶点，单击 ，对四个顶点进行缩放，效果如图 24-48 所示。

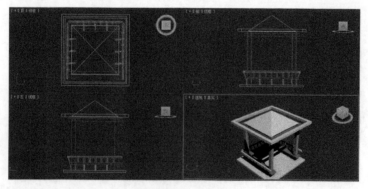

图 24-48　创建顶

按以上方法创建长宽均为"2600"、高为"850"的长方体，选择修改面板中的"编辑网格"，单击▉，在透视图中选择长方体上方四个顶点，单击▉后再在其上右击，在弹出的对话框中设置参数为"20％"。单击"长方体"按钮，在顶视图创建长为"120"、宽为"450"、高为"100"的长方体，将其移动复制 3 个，调整其位置后编成组，再利用旋转复制命令将创建的组复制 3 个并调整其位置，效果如图 24-49 所示。

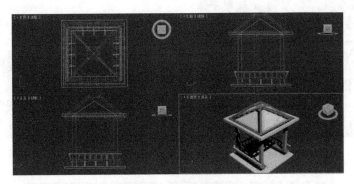

图 24-49 制作镂空顶

单击"长方体"按钮，创建长宽各为"50"、高为"500"的长方体，利用移动复制命令复制 3 个并将它们移动到合适位置。再次选择刚创建的长方体，利用旋转复制命令复制 4 个并将它们移动到合适位置，亭子建好，效果如图 24-50 所示。

② 园亭材质的赋予。

单击▉，在弹出的"材质编辑器"对话框中选择一空白的示例球，在"贴图"卷展栏中单击"漫反射颜色"后面的按钮，在弹出的对话框中选择"位图"，选择一合适的铺装图案单击"确定"。选择基座，单击▉将材质赋予选择对象，再单击▉，使视口中显示明暗处理材质。在"修改器列表"中选择"UVW 贴图"调整材质的大小，如图 24-51 所示。重复以上步骤，分别给亭子的顶、柱及座椅等赋予材质，整体效果如图 24-52 所示。

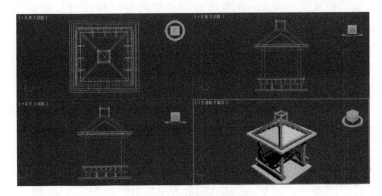

图 24-50 创建顶部装饰柱

图 24-51 UVW 贴图

（3）花架的创建

重新设定系统，设置系统单位为毫米。单击▉按钮，将"开始新图形"前面的勾选去掉，利用线及弧命令绘制如图 24-53 所示图形。

选择刚刚创建的样条线，打开修改面板，选择"编辑样条线"，进入顶点层级，利用移动及熔合、焊接命令将样条线的顶点融合，使其成为一条完整的样条线，并将其命名为"基座"。再在修改面板中选择"挤出"命令，设置挤出值为"100"，创建的基座如图 24-54 所示。

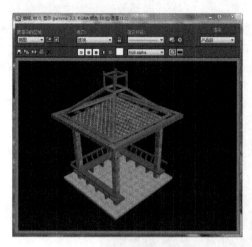

图 24-52　方亭整体效果

图 24-53　花架基座线框

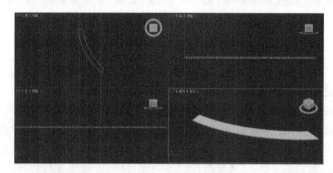

图 24-54　创建基座

新建图层命名为"基座",选择基座将其移入新建图层。按<Ctrl＋C>、<Ctrl＋V>键将基座复制两份,分别命名为"坐凳"、"梁",并新建对应名称的层将新建对象移入新建层中。选择"坐凳"图层中的图像,单击 ,选择"挤出"命令。单击 ,删除"挤出"命令,选择"可编辑样条线"进入线段层级,将样条线两端的线段删除。打开"渲染"卷展栏,选择"在渲染中启用"、"在视口中启用",并调整长度与宽度,如图 24-55(a)所示。再次进入线段层级,利用 选择并移动需要调整的线段,结果如图 24-55(b)所示。

(a)

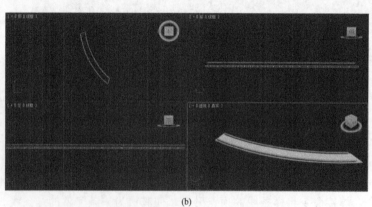

(b)

图 24-55　花架坐凳的创建

单击"矩形"工具，在顶视图创建长宽均为 200 的矩形，单击 按钮，在 修改器列表 中选择"编辑样条线"，选择样条线层级，选择"挤出"命令，将挤出值设为"2000"，将其命名为"柱子"，利用移动复制命令将其复制多份，并调整它们的位置，新建"柱子"图层，将它们全部移入，结果如图 24-56 所示。

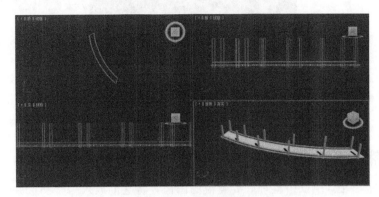

图 24-56 创建花架柱子

参照"坐凳"的创建方法创建梁，将梁的长宽值均设为"200"，效果如图 24-57 所示。

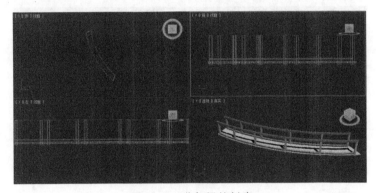

图 24-57 花架梁的创建

单击 ，将"开始新图形"前面的勾选去掉，利用线命令在顶视图创建花架条，并利用移动复制命令将创建的花架条复制多个，调整到合适位置后利用旋转命令使花架条与弧形花架相适应，选择所有花架条将它们编成组，并利用移动命令将花架条移动到梁的上方，则花架创建完毕，效果如图 24-58 所示。

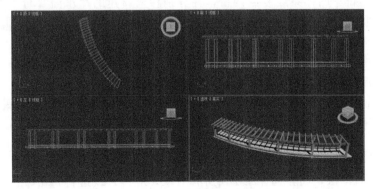

图 24-58 创建花架条

按上例添加材质的方法给花架添加材质，添加材质后的花架如图 24-59 所示。

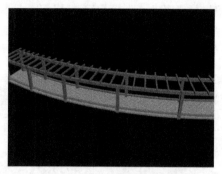

图 24-59　花架整体效果

24.2.2　自然式园林的创建

（1）创建水体　在 CAD 中整理好要建模的图像，将它们放入一个图层并保存。打开 3ds Max，将 CAD 图形导入，选择要建模的图形，将它们放入新建的"底图"图层中，删除导入的图形中的多余的线与图层，如图 24-60 所示。

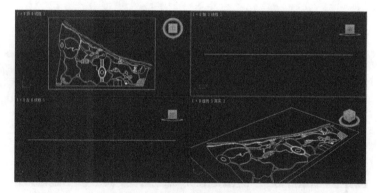

图 24-60　CAD 图形的导入

将"底图"图层冻结，回到"0 图层"，单击 ⬤ 按钮，单击"平面"，在顶视图中创建与图中外框相应大小的平面，并新建"地面"图层将其移入。继续在"0 图层"，单击 ▣ 按钮，激活"线"命令按钮，取消"开始新图形"勾选后，按照图中水体的形状创建闭合的样条线，并新建"水体"图层将其移入，则边缘不规则的水域造型创建完毕。按＜Ctrl＋C＞、＜Ctrl＋V＞键将新建的样条线复制两份，并分别移入新建的"水面"与"水壁"图层中。回到"水体"图层，单击选择新建的样条线，单击 ▱ 按钮，在 修改器列表 中选择"编辑样条线"，对样条线进行挤出，挤出值设为"1"。单击 ⬤ 按钮，在下拉列表中选择"复合对象"，单击选择"布尔"命令，选择"差集（B－A）"命令，单击"拾取操作对象 B"，选择"地面"，结果如图 24-61 所示。

选择"水壁"图层，高亮选择图层内所有对象，单击 ▱ 按钮，在 修改器列表 中选择"编辑样条线"，进入线段层级，删除不需要建模的线段，并用"连接"命令连接删除后断开的点，在"渲染"卷展栏中设置如图 24-62（a）所示参数。利用移动工具移动生成的图像，结果如图 24-62（b）所示。

选择"水面"图层，高亮选择图层内所有对象，对样条线进行挤出，挤出值设为"1"，并在前视图中利用移动工具使其与水壁底面重合，结果如图 24-63 所示。

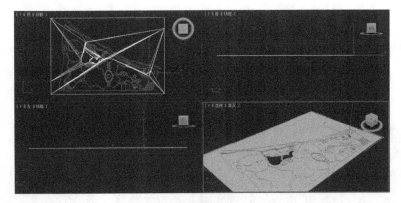

图 24-61　制作水体

(a)

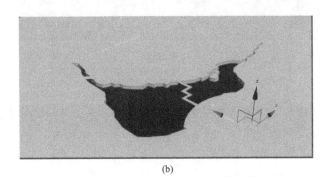

(b)

图 24-62　水壁的制作

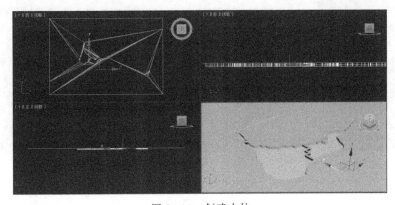

图 24-63　创建水体

（2）创建草坪　回到"0图层"，单击 ◎ 选择弧命令，并将"开始新图形"左边的勾选去掉。将草坪区域用弧与线命令描绘出来，新建"草坪"图层，将新建的线全部移入，选择"草坪"图层全部线形，单击 ◢ ，在 修改器列表 ▼ 中选择"编辑样条线"，单击 ◢ ，利用熔合与焊接按钮将分段创建的多段线焊接在一起，使其成为一个整体，并命名为"草坪"。在 修改器列表 ▼ 中选择"挤出"命令，值设为"2mm"，则草坪制作完成，如图 24-64 所示。

（3）创建道路　选择"草坪"图层所有线形，按＜Ctrl＋C＞、＜Ctrl＋V＞键进行复制，将复制所得的线形移入新建的"道路"图层中。单击 ◢ ，在修改面板中单击 ◢ 将挤出命令删除，再进入线段层级，删除与道路无关的线形。单击 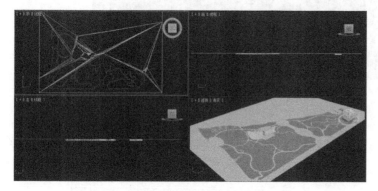 选择弧命令，并将"开始新图形"左边的勾选去掉，将道路的其他部分用弧与线命令描绘出来，单击 ，在 修改器列表 中选择"编辑样条线"，单击 ，利用熔合与焊接按钮将分段创建的多段线焊接在一起，然后对样条线执行"挤出"命令，挤出值设为"1"，则道路创建完成，结果如图 24-65 所示。

图 24-64　创建草坪

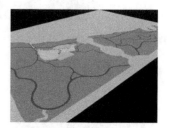

图 24-65　道路的制作

选择"道路"图层所有线形，按<Ctrl＋C>、<Ctrl＋V>键进行复制，将复制所得的线形移入新建的"路沿"图层中。单击 ，在修改面板中单击 将挤出命令删除，在线段层级删除道路两端的线段，在"渲染"卷展栏中设置如图 24-66 (a) 所示参数，则路沿创建完毕，效果如图 24-66 (b) 所示。

(a)

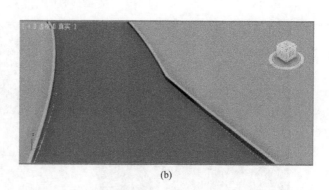

(b)

图 24-66　路沿的制作

(4) 创建铺装区域　单击 ，在"0 图层"使用椭圆命令按底图绘制中心椭圆广场外框线，按<Ctrl＋C>、<Ctrl＋V>键将新建的椭圆复制一份，并新建图层命名为"台阶1"，回到 0 图层，选择椭圆，对其进行挤出，挤出值设为"1"。单击 按钮，在下拉列表中选择"复合对象"，单击选择"布尔"命令，选择"差集（B－A）"命令，单击"拾取操作对象 B"，选择地面，结果如图 24-67 所示。

选择"台阶1"图层所有对象，在修改面板选择"编辑样条线"，进入样条线层级，在"几何体"卷展栏中单击"轮廓"按钮，值设为"2000mm"。再次点开 修改器列表 ，选择"挤出"命令，值设为"150mm"。回到前视图，将创建好的台阶顶面与地面对齐，则台阶 1 创建完毕。再次按<Ctrl＋C>、<Ctrl＋V>键将新建的台阶 1 复制一份，并将其移入新建的图层"台阶 2"中，进入修改面板，将挤出命令删除，进入线段层级，将台阶 1 外侧椭圆线删除，然后按照台阶 1 的制作方法制作台阶 2。按以上方法依次制作台阶 3、台阶 4，轮廓值均为"750"。结果如图 24-68 所示。

图 24-67 布尔运算

图 24-68 台阶的制作

单击 ，在"0 图层"使用线及圆命令按底图绘制水景广场轮廓线，并将断开的点进行熔合、焊接，将新建的线移入"水景广场"图层。在修改面板对线执行"挤出"命令，挤出值设为"3"。在前视图中利用移动工具将新建的水景广场上端与地面平齐，结果如图 24-69 所示。

按以上方法分别制作其他铺装与广场区域，并将它们分别放入不同图层，结果如图 24-70 所示。

（5）创建曲桥 单击 ，激活线命令按钮，用"线"命令绘制出曲桥轨迹，闭合，制出曲桥平面。将绘制的闭合线移入"桥板"图层，按＜Ctrl＋C＞、＜Ctrl＋V＞键将新建的闭合线复制一份，并将其移入新建的"栏杆"图层。回到"桥板"图层，对线进行挤出操作，挤出值设为"100"，并使用移动工具使曲桥桥面高度与"地面"一致。在"栏杆"图层，选择闭合样条线，进入修改面

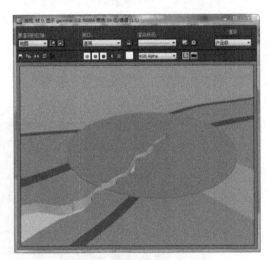

图 24-69 水景广场的制作

板，执行"编辑样条线"，进入线段层级，将闭合线两端线段删除，在"渲染"卷展栏设置参数如图 24-71 所示，并再次进入线段层级，分别选择两侧栏杆，用移动工具使其外边缘与桥板外边缘重合。

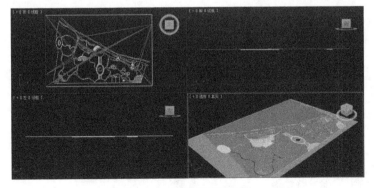

图 24-70 铺装整体效果

图 24-71 渲染窗口设置

回到"0图层"，在顶视图创建长宽均为"100"、高为"1200"的切角长方体，并将其复制多份并移动到合适位置，则曲桥创建完成，结果如图 24-72 所示。

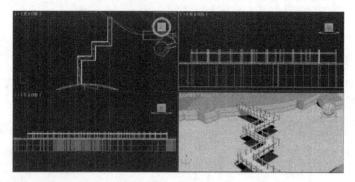

图 24-72　曲桥的创建

（6）创建地形　单击 ⬤ 按钮，将其下的"圆锥体"按钮激活。在顶视图中创建圆锥体。因为要进行编辑网格操作，所以圆锥体的长度、宽度要设置足够的段数。选择圆锥体，单击 按钮，在 修改器列表 ▾ 中选择"编辑网格"，选择"顶点"编辑方式，选择部分顶点并在前视图中移动。在透视图中观察效果并进行调整，打开"软化选择"面板，根据地形结构需要设置衰减范围。将制作好的一个坡地复制并移动到不同位置，各坡地形状可用"缩放工具"按钮 调节。结果如图 24-73 所示。

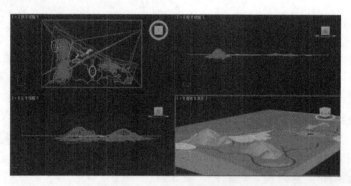

图 24-73　地形的创建

（7）合并场景　单击"文件"菜单下的"合并"命令，将前面制作的亭子和花架及其他3D 模型文件合并到场景中，模型的大小、位置参考底图进行调整。合并所得结果如图 24-74 所示。

图 24-74　合并场景

（8）设置相机　设置相机时要考虑展现场景的哪些部分，从而确定相机的取景角度和视野、视距的调试。单击创建面板中的"相机"命令按钮 ，在"物体类型"面板中单击"目标"按钮，在顶视图中创建"目标相机"。单击 按钮，在修改面板中调整相机的焦距或视野参数，或在视图中直接移动相机。结果如图 24-75 所示。

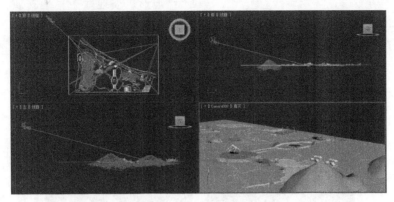

图 24-75　设置并调整相机

（9）设置灯光　灯光设置要灵活，本例中只用了 5 盏泛光灯，已有基本的光影效果。泛光灯可以使场景中物体在局部产生细腻的光影效果，而且在此可以只对起主要照明作用的灯光设置投影。灯光位置如图 24-76 所示。

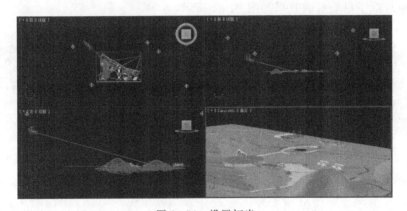

图 24-76　设置灯光

（10）给广场赋予材质　单击主工具栏中的 按钮，进入"材质编辑器"，选择一个样本槽，参数设置如图 24-77 所示。

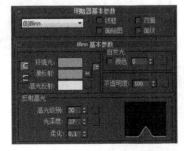

图 24-77　设置"材质编辑器"参数

图 24-78　给广场赋予材质

在层管理器中选择水景广场，使其高亮显示，单击材质编辑器中的"将材质赋予选择对象"，再单击"使材质在视图中可见"，结果如图 24-78 所示。按照水景广场材质的赋予方法给其他广场赋予材质。

（11）给地形、坡地赋予草地材质　选中场景中的地形、坡地以及增加的堤岸，选择"材质编辑器"中的另一个样本槽，在表面色上赋予噪波贴图，并设置高光参数，如图 24-79 所示。

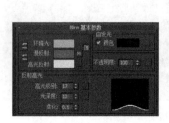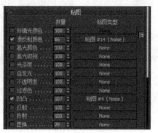

图 24-79　表面色

在坐标参数中设置平铺次数分别为"9"、"14"、"1"。噪波贴图下的贴图类型依次为位图和噪波，位图选用一张草坪贴图。其他参数设置如图 24-80 所示。

地形及草坪赋予材质后的效果如图 24-81 所示。

图 24-80　噪波设置　　　　　　　　　　图 24-81　地形及草坪材质

（12）给水体赋予材质　选择场景中的水体，选择"材质编辑器"中的另一个样本槽，在表面色上赋予平面镜贴图，并设置环境光颜色、漫反射颜色、Blinn 基本参数，如图 24-82 所示。

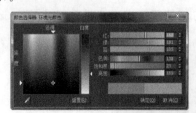

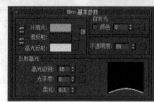

图 24-82　环境光颜色、漫反射颜色、Blinn 基本参数设置

设置平面镜参数下的渲染和扭曲参数，如图 24-83 所示。在"表面色"通道上复制平面贴图至"反射"通道上，反射数量为 25。

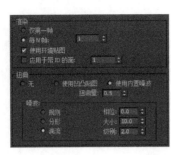

图 24-83　平面镜参数

渲染效果如图 24-84 所示。

（13）给道路赋予材质　道路的材质是由一张砖饰贴图完成的，如图 24-85（a）所示，在"表面色"通道上加入砖饰贴图，并设置高光参数，如图 24-85（b）所示，其他参数不变，效果如图 24-86 所示。

图 24-84　渲染效果

(a)

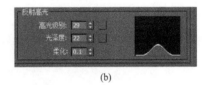

(b)

图 24-85　砖饰贴图、高光参数

（14）渲染输出　单击主工具栏中的 ▦ 按钮，对相机视图进行渲染。在"缺省线性扫描渲染器"对话框中将"时间输出"选择为"单张输出"。将"输出大小"中的"宽度"设置为"2500"、"高度"设置为"1875"。在"渲染输出"中单击"文件名"按钮，保存时选择".tga"格式。点击"渲染"按钮，渲染效果如图 24-87 所示。

图 24-86　道路铺装效果

图 24-87　输出的图像效果

第4篇
计算机其他技术在旅游规划上的应用

Chapter 25

地理信息系统在旅游规划上的应用

25.1 GIS 简介

25.1.1 GIS 概念

地理信息系统（GIS）是专门用于采集、存储、管理、分析和表达空间数据的计算机化信息系统，并采用地理模型分析方法，适时提出多种空间和动态的地理信息，为地理研究和决策服务提供支持。其优势在于将抽象的空间数据直观地表示为图像，并可以得出常规方法难以得出的重要数据。随着社会对 GIS 的认识普遍提高，需求大幅度增加，GIS 已经成为许多机构（特别是政府决策部门）必备的工作系统。

25.1.2 GIS 的构成

地理信息系统从 20 世纪 60 年代开始，历经 50 余年的发展，如今已经从当年功能单一的系统发展为现今集地图学、测量学、计算机科学、数据库技术等多学科于一身的综合系统。

从本质上看，地理信息系统由三部分构成。

① 计算机软硬件系统及其附属设备。

② 地理信息数据库及其数据库管理系统。

③ 应用人员及组织机构。其中，地理信息数据库是整个地理信息系统的核心，人们通过各种途径为地理信息系统提供信息数据，地理信息系统又运用自身强大的分析和处理能力为人们提供经过整合分析的数据。但是，随着时间推移，数据量会变得越来越庞大，数据之间的关系也越来越复杂，处理这些数据就需要强大的计算机处理能力，基于云技术的 GIS 系统也就应运而生。云计算是分布式计算、并行处理和网格计算的进一步发展，它是基于互联网的计算，能够向各种互联网应用提供硬件服务、基础架构服务、平台服务、软件服务、存储服务的系统。利用云 GIS，用户只需要一台笔记本或者一部手机，就可以通过网络来使用 GIS 功能，这就使得 GIS 应用能够快速部署，容易扩展。随着时间的推移和技术的发展，构成地理信息系统的元素也将进一步得到充实。

25.1.3 GIS 的主要功能

（1）数据操作功能

地理信息系统是一款空间数据整合管理系统，它具有数据的输入、存储、编辑、查询、显示和输出等基本功能。其中，输入数据主要采用人工输入和扫描输入两种方法，遥感技术（RS）和全球卫星定位系统（GPS）是常用的数据来源。通过对这些数据的存储和编辑，可以更直观、更准确地对数据进行查询和输出。

（2）综合处理显示功能

运用 GIS 相关软件可以对其数据库中的相关数据进行综合处理，从而生成对应的空间仿真图形。让使用者可以从复杂的数据中解放出来，通过直观的仿真图形提高对目标空间的观察和分析。

（3）数据分析功能

GIS 不仅可以通过相关数据生成空间仿真图形，还可以对数据或图形进行空间分析、网格分析、栅格分析等。得到的分析结果可以为设计者和管理者服务。

（4）结果输出功能

GIS 可以为分析结果提供多种输出方式，包括数据、表格、统计图、专题图等方式。

25.2 GIS 在旅游规划设计中的应用

25.2.1 数据查询与分析

利用 GIS 可以通过特定的 SQL（Structured Query Language）进行空间和非空间数据的查询。人们可以直接、快速、准确地查询被录入到数据库中同时又满足查询语言要求的数据。另外，还可以结合 SQL 的空间条件语句来实现跨图层的联合查询。这样，无论是在旅游规划设计前期、中期还是在后期管理中，都能方便地实现空间数据和非空间数据的相互查询。

25.2.2 地形地势分析

对研究区进行地形地势分析是旅游规划设计的前期基础分析之一。地形地势不仅决定了区域内旅游规划的类型，也对旅游规划格局的形成起着决定性作用。传统方法主要采用实地勘察及图像采集，绘制或从相关部门获得高程图等，之后要通过其他软件绘制三维地形图或只是通过二维的等高线图对地形地势进行分析。传统方法不仅费时费力，而且准确性不足。

GIS 可以利用获得的高程点或等高线数据快速建立数字高程模型（DEM）。数字高程模型是以数字的形式按一定结构组织在一起，表示实际地形特征空间分布的模型，也是地形形状大小和起伏的数字描述。通过直观的三维可视化模型，使人们能准确把握研究区的整体地形地势特征，为旅游规划设计构建良好的分析平台。

25.2.3 坡度和坡向分析

坡度、坡向分析是 GIS 栅格分析中常用功能之一。因为描述一个地形时通常包含地面的倾斜程度和倾斜方向，所以坡度和坡向是两个联系紧密的参数。坡度分析可反映区域内地形的陡峭程度，地形的陡峭程度直接影响着这部分区域内人工旅游资源和自然旅游资源的分布情况。坡向分析则反映了斜坡的倾斜方向。在自然界中，植物受坡向的影响尤为明显，阳性植物多生长在阳坡上，而阴性植物多分布在阴坡上，坡向分析结果对旅游规划区内农田及自然旅游资源的划分有着重要的指导价值。

25.2.4 可视域和可视性分析

可视域分析是指在指定一个或多个位置点后，在 DEM 或 Grid 数据集基础上，通过对区域内的高程差异分析，得出指定点所能通视的区域。可视性分析用来分析两点或多点之间是否可以互相通视。在旅游规划设计中，对景点设计、观景平台设计以及一些不宜暴露在游人视线范围内的区域布置等都要充分考虑可视域可视性因素。灵活运用 GIS 的可视域和可视性分析可以快速准确地得到区域内任意点的视线情况。

25.2.5　水文分析

起伏的地表形状是决定地表水汇流情况的重要因素。水文分析是 GIS 对地理地形分析的重要组成部分，可以基于 DEM 绘制一定区域内的汇水系统。通过对这一汇水系统的分析，人们能够了解区域内多种水文特性，包括流向、汇水量、流长、流域等。综合分析这些数据，在预防洪涝灾害、改善干旱地区集水能力、农林区合理布局等方面均可发挥有效作用。另外，水文分析还可以用来预测在地形进行改造后对汇水系统的影响。

25.2.6　旅游规划格局分析

旅游规划系统是由旅游规划要素有机联系组成的复杂系统，含有等级结构，具有独立的概念特性和明显的视觉特征，是具有明确边界、可辨识的地理实体。鉴于旅游规划系统的复杂性，为了维持一定区域内旅游规划生态系统的稳定性，人们有必要对这一区域的旅游规划格局进行合理的分析与规划。其中，斑块作为构成旅游规划的重要因素之一，通常作为旅游规划格局分析中多样性、优势度、均匀度、分离度、破碎度等参数的基本单位。由于旅游规划格局分析时数据数量通常比较庞大，这时就有必要运用 GIS 的数据存储和运算功能来协助进行旅游规划格局分析。

25.2.7　环境廊道分析

环境廊道的概念由著名旅游规划建筑师菲利普·路易斯（Philip H Lewis）提出，他将地区性坡地、湿地、地表水、矿产资源、植被等基本旅游规划类型视为指导未来发展的"决定因素"。将这些旅游规划类型分别用图纸形式叠加在一起，从而形成环境廊道，然后便可以利用这条环境廊道建立起有关指导未来发展研究的重点区域。

在 GIS 中，利用叠加分析和缓冲区分析来生成环境廊道。在缓冲区分析中，可以在代表河流、湖泊、建筑等实体的点、线、面等数据集周围建立一定宽度的区域，这一功能可确定如水体的保护范围或者污染源的隔离范围等。叠加分析可将各个代表环境实体的数据集进行叠加，通过不同的叠加方式可获得不同的结果，如进行环境廊道分析就是通过"交运算"来获得各数据集的交集部分，从而确定环境廊道的。

25.2.8　三维显示

三维效果一直是展示以及检验设计成果的有效途径。三维效果可以为大众直观地展现所设计对象风貌，在大众参与中，大众可以通过三维效果图所反映的内容为设计者提供宝贵的意见。设计者可以通过建立三维效果来发现设计本身所暴露出的问题，指导下一步的修改。基于 GIS 的三维显示可以通过赋予数字高程，实现从二维到三维图像的换装，通过添加带有属性参数的符号或模型等，可以在本地计算机或网络上实现自主三维可视化浏览，在公众参与、旅游景点展示、规划区后期管理等领域发挥重要作用。

25.3　案例分析

25.3.1　××村 GIS 专题分析

（1）地形分析前的数据准备　地形分析是 GIS 的重要功能之一，也是基于 GIS 的旅游规划设计中必不可少的分析手段。但是，要利用 GIS 进行地形分析，需要大量数据的支持才能完成。通常人们所获取的地形数据主要是包含高程值及坐标的若干采样点和一个区域内的等高线数据，然后将这些数据输入计算机后利用 GIS 的分析整理建立数字高程模型（DEM）。本文所进行的地形分析大多基于 DEM 来完成。

本案例分析所使用的 GIS 软件 SuperMap 提供了 3 种创建 DEM 的途径，分别是线数据集转换成 DEM、点线联合生成 DEM 以及 TIN 数据生成 DEM。在获得村地形扫描图的情况下（图 25-1），本案例采用由线数据集转换成 DEM 的方法。

首先，需要将扫描得到的栅格地形图进行矢量化处理。以栅格地形图作为参照并用 AutoCAD 软件对其进行矢量化处理（图 25-2），保存为开放的矢量数据格式（案例保存格式为：AutoCAD R12/LT2 DXF）。

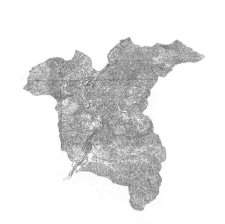

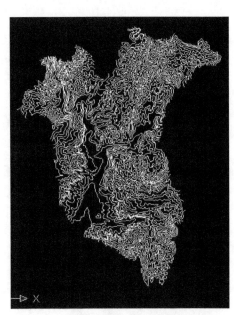

图 25-1　××村地形图　　　　　　　　　图 25-2　栅格地形图矢量

接下来，需要将每条矢量化的等高线赋予高程值。这里使用栅格图矢量化软件 R2V（Raster to Vector），该软件系统将强有力的智能自动数字化技术与方便易用的菜单驱动图形用户界面有机地结合到 Windows 环境中，为用户提供了全面的自动化光栅图像到矢量图形的转换。它可以处理多种格式的光栅（扫描）图像，是一款可以用扫描光栅图像为背景的矢量编辑软件。利用该软件的等高线标注功能可以快速批量化为等高线赋予高程值（图 25-3），最后输入矢量图保存格式，仍然为 DXF 格式。

将含有高程数据的 DXF 文件导入 SuperMap 中，并利用"三维建模"中的线数据集转换成 DEM 数据集功能生成 DEM（图 25-4）。

（2）坡度和坡向分析　在得到××村的 DEM 之后，使用 SuperMap 软件的表面分析功能进行坡度和坡向分析。其中，坡度分析使用百分比法进行表达；坡向分析以顺时针角度为单位，并用不同的颜色区分（图 25-5、图 25-6）。

（3）三维晕渲图　三维晕渲图是通过模拟实际地表的本影和落影的方式反映地形起伏状况的栅格图。通过设置特定时间的光源位置（通常指太阳高度角和方位角），并结合 DEM 数据得到坡度、坡向信息。在生成的栅格图中的不同位置使用不同灰度的颜色进行填充，可以生成拥有逼真效果的三维阴影效果图。通过生成的三维晕渲图可直观分析对象区域的日照变化情况，结合坡度和坡向分析可为区域内的植物分布和配置设计提供重要信息。

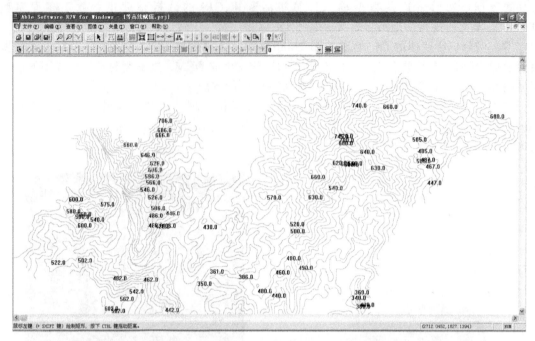

图 25-3　利用 R2V 软件将等高线赋予高程值

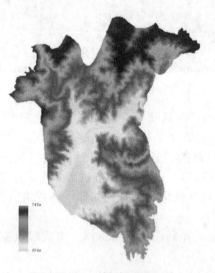

图 25-4　村域 DEM

图 25-5　坡度分析图

本案例分别选取了北京地区冬至日和夏至日两个时间点为参考。其中，冬至日太阳高度角取 26.5°，方位角上午时段取值 130°，下午取 230°；夏至日太阳高度角取 60°，方位角同冬至日（图 25-7～图 25-10）。

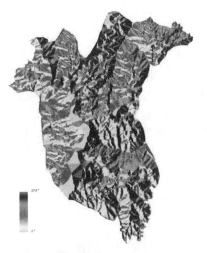

图 25-6　坡向分析

图 25-7　冬至日上午三维晕染

图 25-8　冬至日下午三维晕染

图 25-9　夏至日上午三维晕染

（4）可视域和可视性分析　在旅游规划设计中经常运用隔景与障景、对景与借景等旅游规划艺术手法，这些方法都是通过对旅游规划或景点之间的可视性关系进行巧妙的设计来实现的。在 SuperMap 中所提供的可视域和可视性分析在旅游规划设计中发挥了重要的作用。

可视域分析可在 DEM 或 Grid 数据集上，在给定观察点的基础上，分析并得到观察点所能通视到的区域。可视域分析包括单点可视域分析和多点可视域分析。多点可视域分析可以分析查找多个观察点通视区域的交集。可视性分析即通视分析，包括两点可视性分析和多点可视性分析。两点可视性分析可分析区域内任意两点是否可以互相通视；多点可视性分析可分析多个观察点中两两点之间是否可以通视。

图 25-10　夏至日下午三维晕染

在本案例分析中，作为村域内主要的两处带有俯瞰性质的旅游规划点——马武寨遗址和骆驼石景点进行可视性或可视域分析。

① 马武寨遗址可视域分析。马武寨遗址位于村域内西北方山顶，在规划设计中为游人可登山到达游览的景点，所以有必要以马武寨遗址为观察点进行可视域分析（见图 25-11）。通过可视域分析可有针对性地对可视区域内的旅游规划环境进行优化设计。

② 骆驼石可视域分析。骆驼石位于马武寨遗址北侧山坡上，游人可使用规划的游览路线从不同距离欣赏骆驼石。为了更好地规划骆驼石周边游览路线，需要以骆驼石为观察点进行可视域分析，以保证在游览路线上的特定观察点与骆驼石可互相通视。由于正常人的空间视觉距离上限为 450~500m，在大于 500m 时对景物可有模糊的形象，而对于体量较大的骆驼石可识别距离大约为 1000m，所以在分析中设定的可视半径为 1000m（图 25-12）。

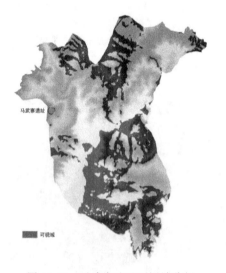 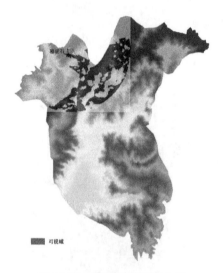

图 25-11　马武寨遗址可视域分析　　　　图 25-12　骆驼石可视域分析

25.3.2　水文分析

水文分析是栅格分析中的另一项重要功能。在自然界中，地表水的汇流情况主要取决于地面高程情况，所以在 GIS 中基于由高程数据生成的 DEM 数据集进行的水文分析，在旅游规划设计中水体设计、集水点设置、种植设计等方面都有重要意义。

（1）水流方向计算　　水文分析建立在栅格数据集之上，在使用 SuperMap 进行流向分析过程中，对每一个栅格周围的 8 个栅格进行特定编码（图 25-13），并将中间的栅格中心与到周围 8 个栅格中心的坡度进行比较，最陡的方向确定为水流方向，该栅格即被赋予代表方向的编码。在流向分析图中使用不同的颜色色块表示不同的水流方向。图 25-14 是以 DEM 为基础得到的村水流流向图。

（2）累积汇水量计算　　在已知水流方向的基础上，累积汇水量计算可以得到栅格数据中每个栅格单元所能累积到的水。图 25-15 是累积汇水量计算的过程，其中累积汇水量栅格网中的数字代表流向栅格数据中指向该栅格单元的数量，即上游水流经过此栅格单元的总量。

图 25-16 是以流向分析为基础的累积汇水量计算结果。

32	64	128
16		1
8	4	2

图 25-13　流向编码

图 25-14　流向分析图

2	2	2	4	4	8
2	2	2	4	4	8
1	1	2	4	8	4
128	128	1	2	4	8
2	2	1	4	4	4
1	1	1	1	4	16

(a) 流向数据

0	0	0	0	0	0
0	1	1	2	2	0
0	3	7	5	4	0
0	0	0	20	0	1
0	0	0	1	24	0
0	2	4	7	35	2

(b) 累积汇流量

图 25-15　汇水量计算

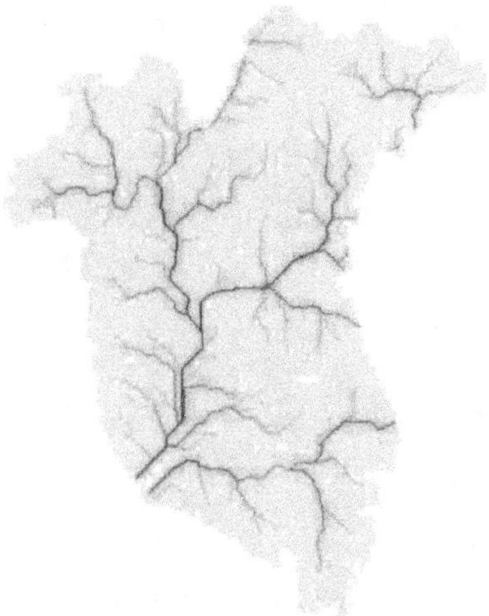

图 25-16　累积汇水量图

（3）确定汇水区　　确定的汇水区直接影响着后面生成矢量河网图的结果。在 SuperMap 中，汇水区域的确定是通过栅格代数运算实现的。在栅格代数运算过程中，需要设定一个汇水量下限值，则在累积汇水量数据中大于该下限值的才会被认定为汇水区域，其他区域将会被忽略。在本案例中，通过已有地形数据、实地考察以及反复试验确定汇水量下限为 1500。

在 SuperMap 的栅格分析模块中打开栅格代数运算器，选择前面分析得到的累积汇水量栅格为基础数据集，将汇水量下限设定为 1500（图 25-17），计算得到的汇水区域图如图 25-18 所示。

通过 SuperMap 水文分析中的水系矢量化功能可以将栅格河网图转换为矢量河网图（图 25-19）。

利用三维显示功能可以更加直观地观察区域内的地形特点。若在三维显示窗口中添加矢量河网图层，可使河网图与三维地形相结合，让设计者对地形地理特征有更全面、更准确的把握（图 25-20）。

图 25-17　进行栅格代数运算

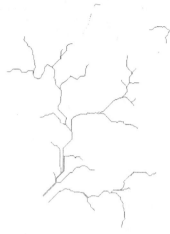

图 25-18　汇水区域图

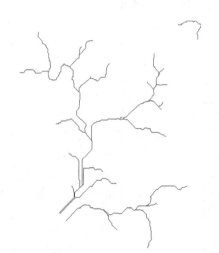

图 25-19　矢量河网图

图 25-20　叠加矢量河网后的三维地形

25.3.3　基于 GIS 的××村相关旅游规划设计

（1）GIS 分析对××村旅游规划设计的指导意义

① 在前期对该村地形的初步了解，并通过图 25-4 的村域 DEM 分析，以及对 DEM 进行三维可视化，可以从宏观层面对该村的地形地貌有更准确的把握，为下面的规划设计提供较为准确的基础支持。

② 通过图 25-5 的坡度分析、图 25-6 的坡向分析可以得出村域内任意定点的坡度大小以及坡度方向，为规划设计出具有坡度变化、方位变化的景区道路系统提供定性和定量指导，在坡度小适宜修建建筑物的地点予以适当保留，以保证今后经济发展及人口增加所需要的居住及其他类型用地。

③ 通过图 25-5 的坡度分析、图 25-6 的坡向分析，以及图 25-7～图 25-10 的不同时段三维晕渲分析图和图 25-20 的矢量河网图可以对村主要林果品种——柿树、核桃树和枣树进行合理的配置，结合各自树种的不同习性同时结合果树的旅游规划价值选择合适的栽植区域，使其充分发挥经济和旅游规划的双重价值。

④ 通过图 25-11 的马武寨遗址的可视域分析发现，在东桥北侧的矿点在可视区域以内，

为了保证在马武寨遗址处游人的观景效果，有必要对该矿点进行适当的遮蔽处理。通过图25-12的骆驼石的可视域分析，得到在1000m的可观赏范围内的可视区域，可以在设置沿道路分布的观景休息平台时保证其处于对骆驼石的可见性或遮蔽性，以达到不同的旅游规划效果。

⑤ 通过图25-13~图25-20的水文分析，得到流向、累积汇水量、河网图等分析图。该村地处多山地带，在夏季多雨季节，如果短时降雨量较大，容易形成地表径流。通过水文分析后，在掌握了地表汇水区域的情况下，可以对这些区域进行引流等处理以避免灾害的发生，同时可以选择合适的地点设置雨水收集设施，用于植物灌溉等用途。另外，水体作为构成旅游规划的重要元素，可在水文分析的基础上，结合村域内河流现状选择汇水量较的区域对该村进行水体恢复性设计，以使水体能够得到可持续性维持，提高该村整体旅游规划效果。

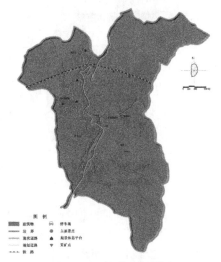

图25-21 村道路规划图

（2）××村旅游设计相关规划

① 道路系统规划图。通过对GIS生成的DEM、坡度、坡向、可视域等进行相关分析得出该村道路系统规划图（图25-21）。图中观景休息平台的设置考虑了与景点或周围环境的通视关系，并通过SuperMap软件提供的坡面生成功能分析了景点与平台间的视线角度关系。如对骆驼石与相关观景休息平台的视线坡面分析结果证明两者视线角度约为9°，在人不转动头部时眼睛的清晰可视范围为26°~30°（图25-22）。

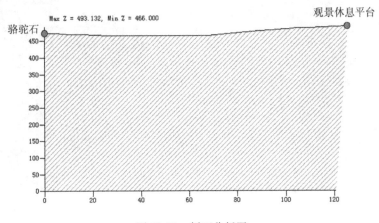

图25-22 剖面分析图

② 植物栽植分布图。该村经济发展以林果业为主，其中以枣树、柿树和核桃树为主，这3种果树均为阳性树种，并且雨水过多会对果实成长不利，特别是核桃树的肉质直根更怕水淹，故需选择阳光充足、不易积水的区域栽植。在GIS坡度、坡向、三维晕渲及水文分析等图的支持下，得到该村村域光照概况图（图25-23），通过综合分析得到果树栽植分布图（图25-24）。

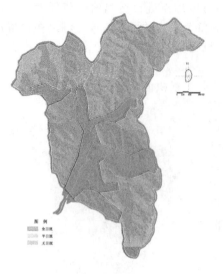

图 25-23　光照概况图

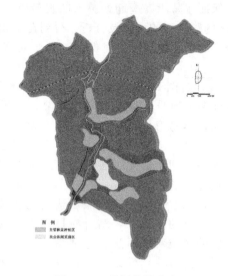

图 25-24　果树栽植分布

③ 水系规划图。根据当地实际情况和 GIS 水文分析，确定了该村至要流域范围，并在此范围内确定了水体恢复的流域。为了使水体得以保持，本案例设计结合了 GIS 汇水量和河网分析设计，布置了用于为主要水体补充水源的汇水渠和用于林果灌溉的蓄水池（图 25-25）。

④ 村综合规划图。综合上述道路、景点、种植和水系规划及设计图，汇总得到该村旅游规划总体规划图（图 25-26）。

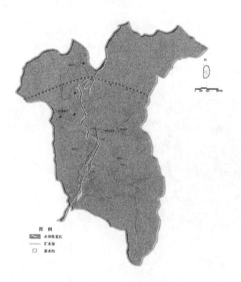

图 25-25　水系规划图

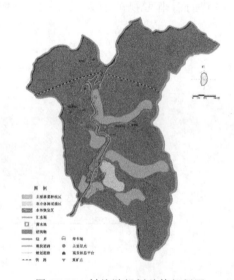

图 25-26　村旅游规划总体规划图

GIS 的技术优势就在于其强大的数据综合、整理、模拟与分析能力，可以让相关人员得到以前用常规方法难以得到或分析的数据信息，通过结合 GIS 技术可以指导人们更加理性地去建设和维护景观，使乡村景观设计更具科学性和可操作性。

第 26 章

虚拟现实技术在旅游规划上的应用

26.1 虚拟现实技术简介

26.1.1 虚拟现实技术概念

虚拟现实技术是美国 VPL Research 公司创始人之一 Jaron Lanier 于 1989 年提出来的。虚拟现实技术只要分为狭义和广义两种。广义的虚拟现实指对虚拟想象和真实世界的模拟，是通过计算机软件等方式把客观世界模拟出来，并通过各种自然的方式模拟环境中各感官的刺激，并与虚拟世界产生交流，使人产生身临其境的感觉；狭义的是指一种智能的人机界面或一种高端的人机接口，是通过听觉、嗅觉、视觉等感知立体景象，听到虚拟环境中的声音，使人产生身临其境的感觉。

综上所述，虚拟现实技术的概念为：虚拟现实是采用以计算机技术为核心的现代高科技，生成逼真的视觉、听觉、嗅觉等为一体的虚拟环境，用户借助一些设备以自然的方式与虚拟世界交流互动，从而产生身临其境的感觉。

26.1.2 虚拟旅游

虚拟旅游主要是依靠虚拟现实技术，在互联网或其他载体上构建一个虚拟现实环境，这个环境既可以是对现实环境的模拟，也可以是超现实的思想设计，在这个虚拟现实环境中，人们通过自己选定的角色进行各种旅游者在现实旅游中进行的活动。

26.2 相关软件介绍

26.2.1 3ds Max 及插件

3ds Max 是一款三维建模、动画和渲染软件，是当今世界业内应用最广的软件。3ds Max 的功能非常强大，被广泛应用于动画、影视、装潢等行业中。在三维动画制作软件中，3ds Max 是一款非常成功的产品。

Real People 是由 Arch Soft 公司出品的全息模型插件，即 RPC。它可以在三维场景中加入照片级真实的模型，如树木、模型、汽车等，并且可让摄像机对其进行 360° 的旋转观察。

Forest 是一款可以在短时间内创建出大面积树林、草丛、人群等的插件，并且渲染速度很快，是制作远景树木和草地常用的插件。Forest 创建造型实际上是对一个面片或十字面片使用透空贴图。它提供了一种方便的管理方式，使人们可以轻松地管理数以千计的树木造型。

26.2.2　VRP

VRP（Virtual Reality Platform）即虚拟现实平台。VRP是一款由中视典数字科技有限公司独立开发的，具有完全自主知识产权的，直接面向三维美工的虚拟现实软件，是目前中国虚拟现实领域市场占有率较高的虚拟现实软件。

VRP具有适用性强、操作简单、功能强大、高度可视化、所见即所得等特点。

26.2.3　Photoshop

Photoshop简称"PS"，是一款由Adobe Systems开发和发行的图像处理软件。Photoshop主要处理以像素构成的数字图像，使用其众多的编修与绘图工具，可以更有效地进行图片编辑工作。

26.3　虚拟环境建立

26.3.1　动画场景的制作（使用3ds Max）

（1）楼的模型制作　首先根据拍摄的照片和测量尺寸建造楼的模型（图26-1～图26-8）

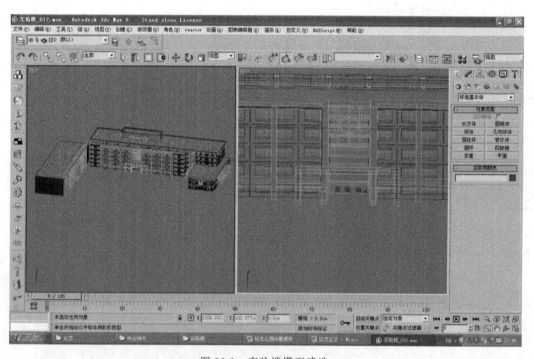

图26-1　实验楼模型建造

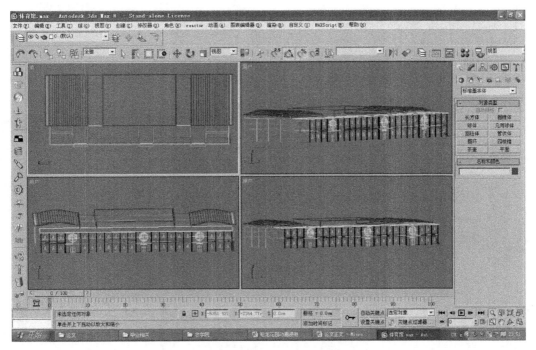

图 26-2　体育馆模型建造

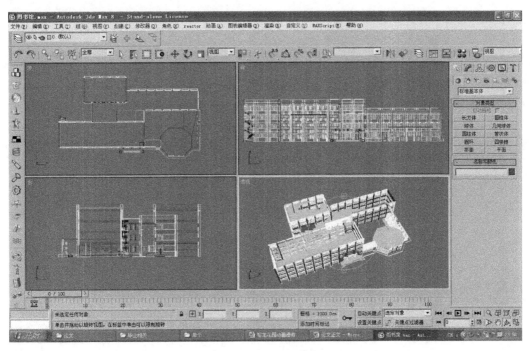

图 26-3　图书馆模型建造

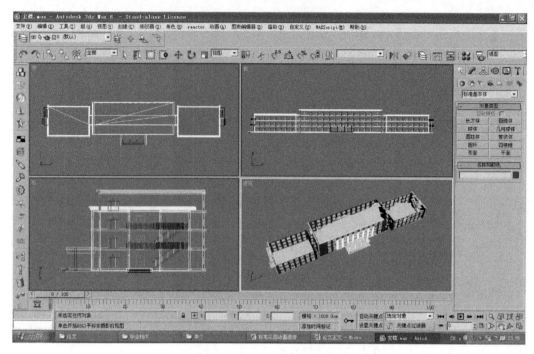

图 26-4　行政办公楼模型建造

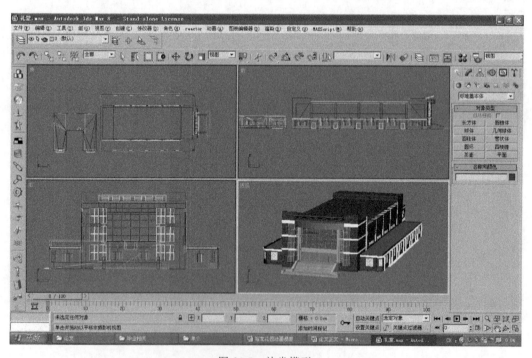

图 26-5　礼堂模型

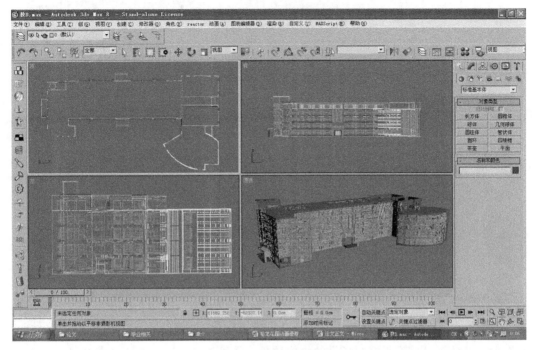

图 26-6 教学楼 B 座模型

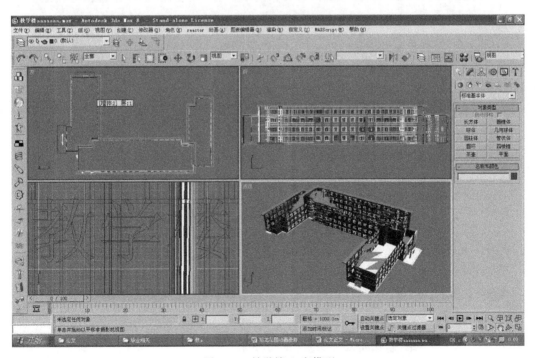

图 26-7 教学楼 A 座模型

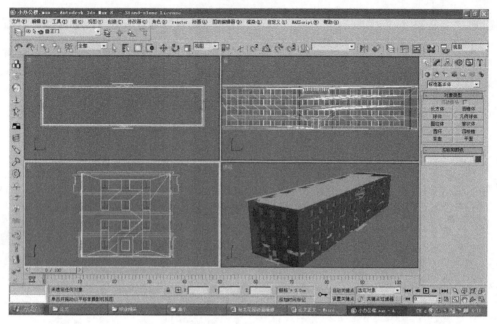

图 26-8　学院办公楼模型

　　在做漫游动画时，需要控制场景的物体数量，数量越多，运算的速度就越慢。所以，可使用编辑网格命令将住宅楼的某些形体合并在一起。

　　（2）制作雕塑造型　　如图 26-9 所示。

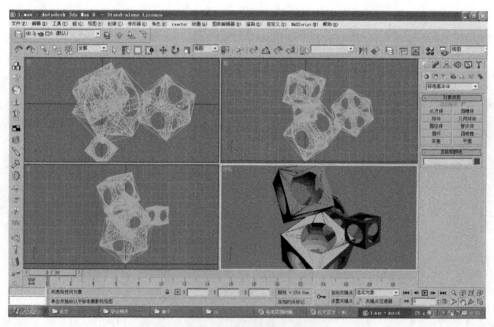

图 26-9　雕塑模型建造

　　（3）运用 speed tree 制作树木　　如图 26-10 所示。

图 26-10　树模型

（4）创建一个球体模拟天空　在顶部视图中，创建一个球体模拟天空，选择一个空的材质球，赋上一张天空的贴图。

（5）设置镜头　设置镜头时，应注意画面构图的饱满，将近景、中景和远景之间的变化，层次等清楚明白地表达出来了。近景中的造型，应实实在在地呈现完整的轮廓和体积感；远景中的造型则尽量虚化，使画面秩序井然，层次分明。

在顶视图创建四架目标摄像机后，再用 NURBS 曲线在顶视图分别创建摄像机视点运动的路径。用路径约束把摄像机的视点约束到 NURBS 曲线上，再在摄像机视点上右击，在弹出的快捷菜单中选择"曲线编辑"选项，在弹出的"轨迹视窗-曲线编辑"对话框中设置摄像机的运动方式。

使用同样的方法调节目标摄像机的目标点的运动轨迹。

26.3.2　交互设置

此步骤为产品制作的重点步骤。在此步骤中，场景中的材质已经设置完成，在制作过程中，使用 VRP 的脚本编辑器进行场景的交互设置，主要包括骨骼角色动作的设置、天气变化、特效切换、镜头切换、多种漫游方式和视频添加等，以实现场景丰富的交互效果。

（1）相机设置

① 创建行走相机。打开"创建对象"⇨"相机"面板，在"创建相机"栏中单击"行走相机"按钮，在弹出的对话框中输入所创建相机的名称，然后设置行走相机的相关参数。如图 26-11 所示。

② 创建动画相机。动画相机的创建有三种方法，这里使用的是最广泛、最方便的一种方法：在 VRP 编辑器中，按<F5>快捷键进行运行浏览，然后在运行状态下。按<F11>快捷键进行动画的录制，接着结合键盘上的<W>、<A>、<S>、<D>键来控制场景中相机的运动方向，再次按<F11>快捷键停止录制。

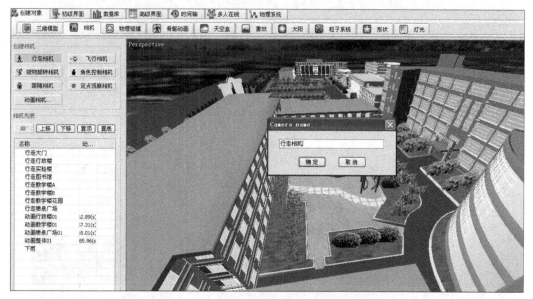

图 26-11　相机创建

（2）环境特效的添加　添加太阳光晕效果。打开"创建对象"⇨"太阳"面板，在"样式"列表中双击"样式"，添加"太阳光晕"，同时调整方向和高度参数，让场景中的太阳光晕与场景中的太阳光方向一致。

（3）界面设置　场景中的交互界面是非常重要的元素，与脚本编辑器结合，可以实现多功能的交互效果。

① 创建图片。打开"初级界面"⇨"主界面"面板，单击"创建新面板"按钮，在弹出的列表中选择"图片"命令，然后在资源管理器中选择名称为"界面底图"的图片。添加底图后，在右边的属性面板中修改底图名称为"下面底图"，使用与创建底图同样的方法创建"左边龙"、"右边龙"的图片，并打开"透明"卷展栏，勾选使用"贴图 alpha"复选框，按下<Ctrl>键，加选两张龙的图片，然后单击对齐工具中的底部对齐按钮，将两张图片的底部对齐。如图 26-12 所示。

② 创建按钮。打开"初级界面"⇨"主页面"面板，单击"创建新面板"按钮，在弹出的列表中选择"按钮"命令，然后在弹出的"打开"对话框中选择名称为"按钮"的图片，并修改按钮的名称为"景点查询按钮"，在"透明"卷展栏下面勾选"使用贴图alpha"复选框，然后在"标注"卷展栏下输入文字"景点查询"，单击"字体"按钮，修改字体的样式。

使用同样的方法创建界面中的其他按钮。结果如图 26-13 所示。

（4）创建色块　打开"初级界面"⇨"主页面"面板，单击"创建新面板"按钮，在弹出的列表中选择"色块"命令，然后在窗口中创建色块。打开右侧属性面板，修改按钮的名称为"景点底色"，打开"透明"卷展栏，勾选"整体透明"复选框，并修改透明度为"128"。使用与创建按钮同样的方法创建其他景点切换的按钮，结合<Ctrl>键加选所有的景点切换按钮，然后单击主工具栏中的"现实物体编组"按钮，对景点切换按钮进行编组，以方便后期的脚本设置。

使用同样的方法创建其他的色块。

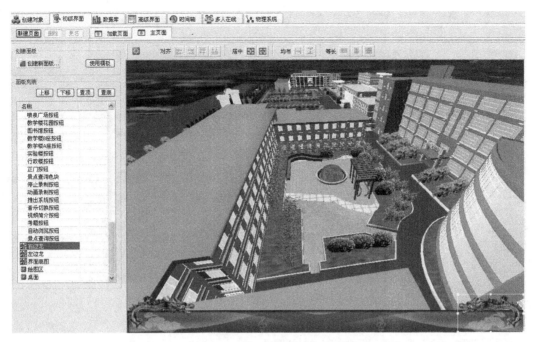

图 26-12　创建图片

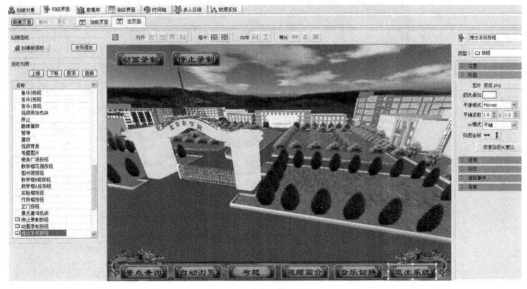

图 26-13　创建按钮

（5）创建导航图　创建图片，添加导航图外轮廓的图片并打开"透明"卷展栏，勾选"使用贴图 alpha"复选框。使用同样的方法创建其他导航图。如图 26-14 所示。

按 T 键，将视图切换到顶视图，单击主工具栏中的"距离测量"按钮，修改测量方式为"点测量"，打开工具菜单，选择"坐标捕捉"命令，在弹出的对话框中勾选"开启坐标捕捉"复选框，按住<Ctrl>键，然后单击进行点拾取，获取场景最上面的顶点坐标 Z 为 85.77m，双击取消，结束点拾取。打开导航面板，输入捕捉到的坐标值，上下对应 Z 轴的数值，左右对应 X 轴的数值。如图 26-15 所示。

图 26-14　创建导航图

图 26-15　点拾取

　　在箭头按钮位置添加箭头图片，替换系统默认的导航箭头，同时可以修改导航箭头的长度和宽度。

　　创建热点切换按钮，添加"导航图1"图片，同时打开"透明"卷展栏，勾选"使用贴图 alpha"复选框。在"初级界面"面板中选择"色块"命令创建色块，打开"透明"卷展栏，勾选"整体透明"复选框，并设置透明度为"1"，然后在标注卷展栏下面添加"导航还原"文字，修改文字颜色为白色。

　　使用同样的方法创建场景中的其他色块，并添加相应的文字标注。同时将所有与导航图有关系的按钮、色块、图片等进行编组。

（6）脚本交互　VRP 的脚本交互是比较丰富的，除了简单的景点切换以外，还有音乐脚本的切换、特效脚本的切换以及导航图的路线切换等，结合初级界面的使用，可创造出丰富多彩的交互效果。

① 设置初始化脚本。

场景最初运行的时候，有部分按钮和图片是需要隐藏的。隐藏初级界面的方法有两种：可以通过脚本隐藏；也可以通过初级界面面板下面的隐藏按钮或者图片前面的小按钮进行显示或者隐藏。这里采用第二种方法。

② 设置景点切换按钮脚本。

选择名称为"景点查询按钮"的按钮，实现显示或者隐藏景点按钮组的切换，进行二次变量脚本的编写，在初始化函数中添加定义变量脚本函数。如图 26-16 所示。

图 26-16　设置"初始化"脚本

选择名称为"景点查询按钮"的按钮，在"鼠标事件"卷展栏中的"左键按下"按钮下面添加比较变量值脚本，设置变量名称为"景点查询"，变量对比值为"0"；继续添加显示隐藏物体脚本，设置物体名称为"景点查询"，选项为"1＝显示"；添加变量赋值脚本，完成场景中景点查询按钮依次单击所执行的脚本函数。如图 26-17 所示。

继续添加否则脚本函数，然后编写景点查询按钮第二次单机的脚本函数，第二次单击的时候，对景点查询组的按钮进行显示，最后添加结束脚本函数，完成一次完整的二次变量脚本函数的编写。

使用同样的方法编写场景中其他二次变量的脚本。

③ 设置自动浏览按钮脚本。

选择场景中的"自动浏览按钮"，在"鼠标事件"卷展栏中的"左键按下"按钮下面添加切换相机（通过名称）脚本，设置相机名称为"动画相机02"，重置相机参数为"0＝重置"。

④ 设置考题按钮脚本。

考题按钮脚本与前面编写的自动浏览按钮脚本一样，是使用二次变量脚本编写的。在初始化函数中添加定义变量脚本函数，在"鼠标事件"卷展栏中的"左键按下"按钮下面添加

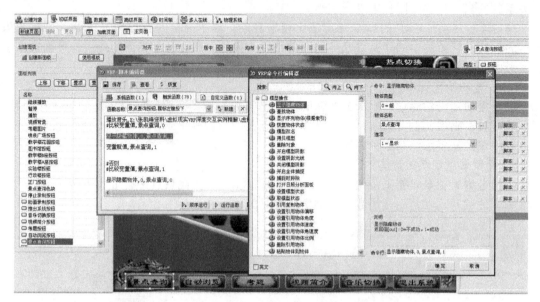

图 26-17　设置"景点查询按钮"脚本

显示隐藏物体脚本，将考试题目进行显示或隐藏。

⑤ 设置视频简介按钮脚本。

视频控制同样使用二次变量函数进行编写，在初始化函数中添加定义变量脚本函数，在"鼠标事件"卷展栏中的"左键按下"按钮下面添加视频播放的脚本，首先添加显示视频控制组的脚本和加载视频的文件脚本，添加应用视频到模型脚本函数，设置模型名称为"视频添加色块"，操作为"1＝添加"。

然后添加视频播放控制脚本函数，设置模型名称为"视频添加色块"，播放为"1＝播放"。

最后添加否则和比较变量值脚本函数，让脚本继续执行视频脚本函数。如图 26-18 所示。

⑥ 设置退出系统按钮脚本。

选择名称为"退出系统按钮"的按钮，添加关闭程序脚本函数，设置"是否显示确认"栏为"1＝显示"，设置提示信息为"是否关闭场景"。

⑦ 设置导航图切换按钮脚本。

设置导航图切换按钮的脚本交互，使用二次变量脚本实现显示或隐藏导航图的效果。在初始化函数中添加定义变量脚本函数，选择名称为"导航图切换按钮"的按钮，编写二次变量脚本函数，实现显示或隐藏导航图的效果。

设置热点切换脚本交互，使用二次变量脚本实现显示或隐藏按钮的效果。在初始化函数中添加定义变量脚本函数，选择名称为"热点切换"的按钮，编写二次变量脚本函数，实现显示或隐藏热点切换的效果。

选择名称为"线路预设 1"的按钮，添加切换相机脚本切换相机到"线路 1"，然后添加设置相机循环模式脚本，设置相机"线路 1"进行循环播放。

按 F7 快捷键打开"VRP-脚本编辑器"窗口，在"自定义函数"面板下面新建名称为"rain"的函数，然后添加下雨的脚本。首先添加开启雨雪脚本，然后添加设置雨雪的边界脚本，接着设置雨雪粒子的大小、个数、速度、颜色和贴图等脚本。选择名称为"雨天"的按钮，添加相应的脚本函数，首先切换相机到下雨视角，接着添加执行内部函数脚本，同时设置雾色的颜色、范围，并显示闪电模型，最后添加播放 atx 动画脚本函数，并添加打雷与

图 26-18　设置"视频简介按钮"脚本

下雨的声音文件，使场景更加真实。如图 26-19 所示。

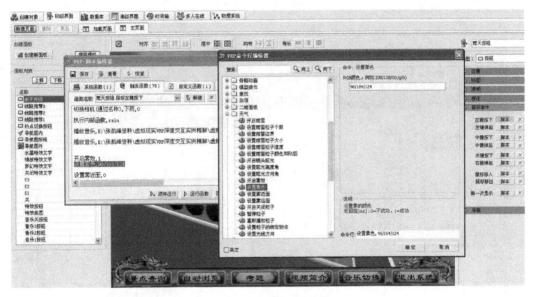

图 26-19　设置下雨特效

　　选择名称为"热点切换"的按钮，在"鼠标移入"按钮下面添加显示热点切换文字的脚本，在"鼠标移出"按钮下添加隐藏热点切换文字的脚本。

　　⑧ 添加相关音乐。

　　在场景中凡是有脚本函数的按钮的"左键按下"按钮下面添加播放名称为"鼠标点击"的音乐文件。

　　在场景中凡是有脚本函数的按钮的"鼠标移入"按钮下面添加播放名称为"移入"的音乐文件。

　　添加背景音乐，按＜F7＞快捷键打开"VRP-脚本编辑器"窗口，在初始化函数中添加背景音乐文件。如图 26-20、图 26-21 所示。

图 26-20　背景音乐添加

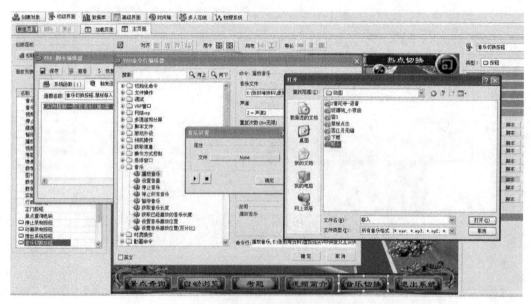

图 26-21　按键音效的添加

（7）交互完成　完成场景的制作后，通过 VRP 编译器可将场景编译成可独立执行的 EXE 文件，方便用户在不同的计算机上进行场景的浏览和交互。

按 F4 快捷键，在弹出的"项目设置"对话框中设置启动窗口标题文字、启动界面以及说明文字等效果，如图 26-22 所示。

选择"运行窗口"选项卡，设置标题文字、初始相机以及桌面等效果。

图 26-22　项目设置

在主工具栏中单击"编译独立执行 EXE 文件"按钮，在弹出的对话框中设置文件名称与保存路径，然后单击"开始编译"按钮，在弹出的"脚本资源搜集"对话框中单击"全部选择"按钮选择全部的外部文件，然后单击"确定"按钮。如图 26-23 所示。

图 26-23　编译 EXE 文件

执行 EXE 文件，对场景进行浏览或者交互，查看最终效果。如图 26-24 所示。

该案例是利用中视典数字科技有限公司的 VRP 虚拟现实软件制作的一款北京农学院的虚拟旅游产品（制作方法引自《虚拟现实 VRP 深度交互实例精解》）。通过该产品，游客可

图 26-24　最终效果

以使用个人电子计算机对北京农学院部分地区进行虚拟旅游，通过多种漫游方式，使用视觉、听觉体验不同天气状况、不同特效环境，实现场景丰富多彩的交互效果。

参 考 文 献

[1] 罗寿枚. 旅游规划图件及其编制内容之我见 [J]. 华南师范大学学报（自然科学版），2006，03：127-133.

[2] 邵国军，董伟华. 计算机辅助设计在旅游规划当中的应用 [J]. 电脑知识与技术（学术交流），2007，20：438-439，465.

[3] 孙进平. 计算机辅助设计的现状与发展 [J]. 海淀走读大学学报，2003，04：82-86.

[4] 黄艾，计算机园林景观效果图制作 [M]. 北京：科学出版社，2011.

[5] 曲梅，园林计算机辅助设计 [M]. 北京：中国农业大学出版社，2010.

[6] 高志清，林英. 3DS MAX 现代园林景观艺术设计 [M]. 北京：机械工业出版社，2010.

[7] 梁栋栋，凌善金，陆林. 旅游规划图制图规范研究 [J]. 安徽师范大学学报（自然科学版），2006，06：591-594.

[8] 魏翔，陈俊侃. 浅谈 GIS 的应用与发展 [J]. 2011，（02）：33-35.

[9] 浦玉强. GIS 在新农村规划中的应用——以安徽省肥西县为例 [D]. 合肥：合肥工业大学. 2008.

[10] 吴信才. 地理信息系统原理与方法 [M]. 北京：电子工业出版社，2002.

[11] 邵技新，张凤太，苏维词等. 基于 GIS 的贵州乡村景观格局特征分析 [J]. 广东农业科学，2011（03）：6-9.

[12] 宋力，王宏，余焕. 在国外环境及景观规划中的应用 [J]. 中国园林，2002（06）：56-59.

[13] 徐明珠，杨洋，王海荣. GIS 在景观规划中的应用综述 [J]. 技术与市场，2010，17（7）：67-68.

[14] 胡祎. 地理信息系统（GIS）发展史及前景展望 [D]. 北京：中国地质大学. 2011.

[15] 常会宁. 园林计算机辅助设计 [M]. 北京：高等教育出版社，2005.

[16] 徐峰，曲梅，丛磊，AutoCAD 辅助园林制图 [M]. 北京：化学工业出版社，2006.

[17] 骆天庆. 计算机辅助园林设计 [M]. 北京：中国建筑工业出版社，2008.

[18] 干媛. 基于 VRMLⅨ 3D 交互式虚拟旅游系统的应用研究 [D]. 昆明：昆明理工大学，2005.

[19] 冯伟. 高职院校三维虚拟校园的设计与实施 [D]. 济南：山东大学，2011.

[20] 刘文静. 基于虚拟现实技术的校园漫游系统 [D]. 青岛：中国海洋大学，2010.

[21] 庄春华，王普. 虚拟现实技术及其应用 [M]. 北京：电子工业出版社，2010.

[22] 杨红波，凌连భ. 高校校园旅游的概念辨析及功能探讨 [J]. 宜春学院学报，2010（10）：113-115.

[23] 王正盛，陈征. VRP11 虚拟现实编辑器标准教程 [M]. 北京：印刷工业出版社，2011.

[24] 方浩，马静波. 虚拟现实 VRP 深度交互实例精解 [M]. 北京：印刷工业出版社，2012.

[25] 李庆雷，明庆忠. 旅游规划：技术与方法 [M]. 天津：南开大学出版社，2008.